融汇贯通

大运河非遗论丛

第／一／辑

张　旗　｜ 主编
杨慧子　｜
赵佳琪　｜

山东美术出版社

图书在版编目（CIP）数据

融汇贯通：大运河非遗论丛. 第一辑 / 张旗, 杨慧子, 赵佳琪主编. — 济南：山东美术出版社, 2022.6
ISBN 978-7-5330-9070-8

Ⅰ.①融… Ⅱ.①张…②杨…③赵… Ⅲ.①大运河 – 非物质文化遗产 – 中国 – 文集 Ⅳ.①K928.42-53

中国版本图书馆CIP数据核字(2022)第003735号

责任编辑：常馨鑫　贾琼
装帧设计：王海涛

主管单位：山东出版传媒股份有限公司
出版发行：山东美术出版社
　　　　　济南市市中区舜耕路517号书苑广场（邮编：250003）
　　　　　http://www.sdmspub.com
　　　　　E-mail:sdmscbs@163.com
　　　　　电话：(0531) 82098268　传真：(0531) 82066185
　　　　　山东美术出版社发行部
　　　　　济南市市中区舜耕路517号书苑广场（邮编：250003）
　　　　　电话：(0531) 86193028　86193029
制版印刷：济南申汇印务有限责任公司
开　　本：787mm×1092mm　1/16　15印张
字　　数：250千
印　　数：1–1900
版　　次：2022年6月第1版　2022年6月第1次印刷
定　　价：72.00元

目 录

一、史影寻踪 ······ 1

论荣宝斋木版水印技艺在绢本复制领域的发展　陈宽 ······ 2
从《敦煌供养人》木版水印复制品的诞生看荣宝斋木版水印的发展理念　迟真 ··· 12
论《萝轩变古笺谱》与朵云轩木版水印的发展　庄翊蓉 ······ 22
从《西湖十景》到《燕京八景》：沿运河而来的山水审美与文化旅游　宋子昂 ··· 35
从中国古代铜镜的发展看南北文化的融合　戴夏涵 ······ 43
近现代苏绣技法的演变与发展论略　张扬 ······ 55
在大运河沿线地区方言保护与继承中建立文化认同——以北京话为例　孙博 ··· 63
运河畔的"福禄"工艺文脉传承——北京火绘葫芦工艺　高阳 ······ 70
方寸间的"趣"与"雅"——以新石器时代龙山文化的高柄杯为例　崔九霄 ······ 79

二、设计巧思 ······ 85

多工序技艺类"非遗"的简化现象及其背景探析
　　——以景德镇制瓷剐坯技艺为例　姜现甲 ······ 86
景泰蓝造型设计初探　卢子雄　高阳 ······ 93
用文创让非遗"活"起来——以杨家埠木版年画为例　冯晨 ······ 100
东昌府木版年画的艺术价值——论灶君年画与传统的延续　王远哲 ······ 109
大运河文脉与传统技艺的历史与传承
　　——错金银工艺在当代工艺美术中的应用研究　刘童 ······ 121

凉山彝族披毡、查尔瓦服饰文化分析及创新运用　张国云　李素云 …………132
白族扎染技艺在面料设计中的应用初探　肖宛亭 ……………………………141
非遗"语境下武强木版年画的传承与发展问题研究　曹玉婷 ………………157

三、传承传播 ………………………………………………… **171**

北京段运河文化遗产传承存在的问题与对策分析　黄琪 ……………………172
在非遗语境下谈振兴传统工艺　尚青玉晶 ……………………………………178
运用多元媒介，使大运河非遗成为共同历史记忆　孙嘉 ……………………183
移动短视频平台中的非遗传播——以抖音为例　宋俊瑶 ……………………190
非遗传统舞蹈在高校艺术教学中的传承与推广　汤旭梅 ……………………202
从三部戏谈作为非遗的戏曲如何良性传承发展　景俊美 ……………………209
京韵大鼓代表人骆玉笙唱腔艺术传承探究　吕勇 ……………………………221
民间陶瓷技艺的"消亡——复兴"
　　——以邛窑古瓷烧造技艺为中心的讨论　吴秋雨　张祖群 ……………227

一、史影寻踪

论荣宝斋木版水印技艺在绢本复制领域的发展

陈宽[1]

摘要：本文通过研究荣宝斋的发展历程，概述了自中华人民共和国成立后荣宝斋木版水印在绢本复制领域的发展历史，论述了荣宝斋木版水印在绢本复制领域中的技艺创新，并从工匠精神、技艺传承、文物保护、文化传播和国家文化战略的角度探讨绢本复制对于荣宝斋木版水印技艺传承发展的意义与价值。绢本木版水印对荣宝斋的发展起到了重要的推动作用，木版水印技艺在对古代绢本名作的复制中得到了进一步的应用创新。复制古代绢本也使得荣宝斋在文物保护、文化交流等方面扮演着更重要的角色。

关键词：荣宝斋木版水印；绢本复制；技艺创新

木版水印作为用于创作和复制中国书画艺术的中国传统印刷技艺，是中华民族的艺术瑰宝。荣宝斋作为传承和保护木版水印的代表性单位，通过近百年的发展将这项传统技艺发扬光大，推向世界舞台，为传播中国文化贡献着重要的力量。荣宝斋木版水印也于2006年入选第一批国家级非物质文化遗产名录。纵观荣宝斋木版水印取得的那些举世瞩目的成果，古代绢本的复制一直在其中扮演着重要的角色。

一、亘古弥新：荣宝斋木版水印在绢本复制领域的发展历史

荣宝斋自前身松竹斋发展至今已有三百多年的历史。从封建社会覆灭到中华人民共和国成立，木版水印技艺因满足传承文化的需要，且其技艺本身作为传统文化的一部分得以被时代保留。20世纪初期的荣宝斋在饾版印刷术的基础上，通过刻印《北平笺谱》和《十竹斋笺谱》，将这项传统印刷技艺继承下来。20世纪50年代初期荣宝斋通过复制

---

[1] 陈宽：北京印刷学院硕士研究生。

当代画家的国画作品形成了改良创新的木版水印技艺，迎来新的发展机遇。自1952年成为国营文化企业后，荣宝斋与当代书画名家建立广泛的合作，复制出媲美原作的木版水印画，得到了诸多画家及业内的认可，并被广大书画爱好者收藏。荣宝斋在取得纸本复制成果的同时，为继续寻求木版水印技艺的突破，开始尝试复制古代绢本书画。

由于雕版绢本印刷历史的空白，加之木版水印纸本的经验又存在局限性，这促使荣宝斋艺人们推动木版水印技艺进入一个新的发展阶段。20世纪50年代由田永庆先生复制清代王云所作的《月夜楼阁》，是木版水印用于绢本复制的开端，从初期复制小幅绢本开始积累经验，为后期复制古代巨幅绢本奠定基础。第一幅成功复制的古代巨幅绢本是唐代周昉所作的《簪花仕女图》，标志着木版水印复制绢本的技艺基本实现成熟，这幅木版水印画也被毛主席和周总理作为传播中国文化的国礼赠送给外国领导人。20世纪60年代初期荣宝斋开始着手复制由五代顾闳中所作的重彩人物画《韩熙载夜宴图》，最终历经近十年的时间，共刻1667套版，克服了原作在用线、用色上的诸多还原难度，在勾、刻、印、裱的技艺上都取得了更大的突破，标志着木版水印技术的发展步入新的阶段，更被外国友人认为"这是只有中国的社会制度和印刷技术才能创造出的奇迹"，具有划时代意义。由唐代张萱所作巨幅绢本《虢国夫人游春图》的木版水印画复制周期很长，冯忠莲先生在临摹完《虢国夫人游春图》的宋代摹本后，实际的复制计划因故被搁置。而后又赶上荣宝斋新老交替，前后参与的艺人众多，实际复制时又遇到分版、勾描、安版等诸多环节的问题。但通过勾描、刻版、印刷三方的协调配合和反复校验，使得整体的复制过程相当顺利。这件作品的成功复制也标志着荣宝斋木版水印各个环节之间的配合度达到了最高水平。荣宝斋在复制《清明上河图》时经历了一波三折，因种种原因，最后的只得对照原作照片完成复制工作。《簪花仕女图》《韩熙载夜宴图》《虢国夫人游春图》和《清明上河图》的木版水印画是木版水印技艺复制古代绢本的集大成之作，为荣宝斋木版水印技艺得以顺应时代创新，开花结果，印下了浓墨重彩的一笔。

荣宝斋木版水印发展至今所取得的成就，离不开国家政策的扶持、书画大家们的支持、管理者的运营和市场的欢迎，更离不开这些几十年如一日投身技艺传承和创新的艺人们。像以临摹和勾描见长的陈林斋、冯忠莲、王宗光、魏惠兰；精于刻版的张延洲、张进申、崇德福；长于印刷的田永庆、孙连旺、王玉良、徐新友等木版水印奠基人们，通过那些名扬中外的古代绢本木版水印画，把木版水印技艺推向印刷艺术的顶峰，将中国传统印刷文化开枝散叶，立于世界艺术之林，令世人为之震撼。

二、寻古之道：荣宝斋绢本木版水印的核心技艺

20世纪50年代的荣宝斋，在复制当代画家的纸本作品取得了丰硕的成果后，逐渐把精力投入到探寻古代绢本复制的道路上。绢本，即绘制在绢、绫、帛等丝织品上的字画。唐五代及以前的国画主要以绢本为主。随着造纸技术的成熟，宋代之后纸本才逐渐流行并沿用至今。

复制古代绢本名画的想法源于荣宝斋的老艺人们，他们看到在20世纪30年代日本出版的《中国名画宝鉴》（*ThePageantofChinesePainting*）中有运用中国传统木版印刷技术复制出的绢本佛像。虽然当时的日本受到技术限制还无法复制出与原画尺幅相同的作品，但其在丝绢上所呈现出的精美印制，仍然激发了荣宝斋的老艺人们将木版水印这项中国印刷技艺进一步发展的信念，希望在丝绢上复制出尺幅完全相同的古代绢本作品。

早期的木版水印画多用宣纸进行印制，如果把原本用绢所作的画转而用纸去印制，是无法再现原作神韵的。然而，在绢上用木版水印来复制却非常困难，丝绢本就不易着色，其质地又导致木版无法像毛笔一样在上面柔润均匀地反复施色，木版水印用于绢本复制的经验又是空白的。面临诸多困难，木版水印技艺在绢本复制中迎来了挑战与创新。

（一）勾描

在分版勾描时，要对原作进行临摹。由于古代绢本画都是珍贵的国家级文物，为了在临摹时保证原作不被污浊损坏，通常先用赛璐珞纸覆在原作或照片上勾描出完整的线稿，再根据先前分好的版，用雁皮纸覆在赛璐珞的线稿上，透过薄薄的雁皮纸并参照原作进行复描，最终勾描出用于雕版的底稿，这个方法被称为"复描勾版"。复描的技艺也在复制古代绢本中逐渐精进。

分版勾描的水平不仅决定了复制品能否还原原作的气韵，也决定了后期的雕版和印刷工作能否顺利进行、最终复制的木版水印画是否足够逼真。担任临摹、勾描工作的都是本身就具备高超绘画水平的画师，像临摹《簪花仕女图》的王宗光、临摹《韩熙载夜宴图》的陈林斋和临摹《虢国夫人游春图》《清明上河图》的冯忠莲等荣宝斋的老先生们，临摹的技艺都达到了堪比原作的水准。对这些古代巨幅绢本名作的临摹，也是对原作进行充分解读的过程，研究作品的历史背景、艺术风格和绘画技法，在落下的每一笔中都要还原得通透。勾描底稿时，结合木版水印的技术特点与印刷者沟通，根据不同作品的具体情况制定不同的分版方案。在这个不断积累实践经验的过程中，荣宝斋的老艺人们

也开创了边临摹边分套版样的方法,也就是由画师先对照原作进行临摹,每临摹一部分,就紧接着完成这部分的勾描分版工作,再对照原作去校对版样。

(二)练绢

木版水印在绢本复制中的材料使用格外严苛。古典画的复制讲究的就是使用与原作相同的丝绢、墨色和颜料,印出的画才能够乱真,因此对绢的要求很高。木版水印所用丝绢分为生和熟两种。生丝绢是用未经煮炼的蚕丝织成,也称"圆丝绢",是绘制古典画的常用绢。熟丝绢是用煮炼过的蚕丝织成,也称"扁丝绢",是现代画家作画的常用绢。生丝绢从质地到印制效果都更贴合古代绢本画的印制要求,因此在临摹时也多用此绢。荣宝斋木版水印所用绢取自安徽芜湖的素绢,由生丝定织而成。古代的绢本大都呈旧米色或棕色,历经千年至今,丝绢所呈的旧色也会多少发生变化,显色存在差异。

生丝绢无法被直接用作印制,还需要经过煮练、染色、上胶矾和托裱等精心加工,也称为"练绢"的过程。练绢先要进行煮绢,经过三到四小时的水煮后悬挂晾干,使生丝绢变熟。晾干后为了使白色的绢呈现出古本的色调,要使用天然的植物性颜色对丝绢进行染色做旧,根据原作进一步还原古绢的质感。像荣宝斋的金振之先生,会用到红茶、橡碗、栀子等原料,按不同比例调和,根据原画的需要,再适当添加其他原料以达旧色效果;王丽菊先生为复制 2013 年为复制《簪花仕女图》所练的绢,由于原作年代久远,绢本发黄发暗,故将橡树壳中提取的咖啡色作为植物染料,将绢染旧出棕黄色的味道。练绢中最重要的一步是在染旧后为绢刷上胶矾,以使印制时水墨、颜色呈现出更均匀的晕染效果,更易控制着色。胶矾需要刷的均匀且适量,胶矾上得少,印制时颜色会过于吃到绢里,表面不但不易显色,在反复上色后,颜色还容易浸染到不需要上色的部分;胶矾上得多,颜色就不容易沾染在绢上,只能浮在表面,还会露出丝绢本身的纹路,颜色也不匀称。胶矾一般需刷两遍,第一遍阴干后再复刷,待胶矾达到印色标准后,再进行托裱。练绢的过程只能在夏天,此时的温度和湿度更适宜上胶。夏天胶干得慢,刷胶更能循序渐进地达到均匀;若天气冷,胶干得快,绢干后就会变硬,复刷时就无法上胶。胶矾刷好后还要进行托裱,把绢裱到旧色纸上,使本身又软又薄的绢在印制时不易产生扭曲。托裱中胶矾也会存在部分脱落的现象,要适当补胶。

(三)制色与用墨

荣宝斋木版水印基于中国传统绘画的用色,在中华人民共和国成立前只以植物色为主。随着木版水印技艺的发展,涉猎更繁复的作品内容,所需的颜色也更加丰富。根据印制古典重彩画的需要，诸如石青、石绿、赭石、朱砂、赤金和蛤粉等矿物质颜色也被应用其中。矿物质色的色彩比植物色更稳定，但因其颗粒状质地的特点，对印刷着色提出了更高的要求。印刷前，根据分版的数量将常用色二次加工调制成对应分版套色的具体用色。调制颜色时艺人们多是根据多年来对颜色性质的理解、调配方式的实验以及制色经验的总结，依据个人的色感，选用不同的颜色来搭配调制，并没有统一的规范，一切以达到原作色彩为基准。蛤粉，即以贝壳研制的白色颜料，在古代作品中应用广泛。金振之先生在临摹《虢国夫人游春图》时便提出，用蛤粉来渲染美人的粉面，以还原古画中面颜的石质感，此后，在复制唐宋绘画时，凡敷粉处，皆用蛤粉临摹和印刷。

在绢本复制的发展初期，由于可用于复制绢本的古墨有限，对此金振之先生还提出了用新墨做旧晕染乌黑云鬓的方法。虽然原作在最初绘制时也使用新墨，但经过千年的洗礼，墨色早已呈现出脱胶的色质。此时若用新墨复制古画现在所呈现的效果，则会泛出不自然的亮光，定是印不出那般自然的时代褪质感。后来的艺人们也有意识的保存放置了几十年的古墨，便于自然脱胶后在复制时使用。在云鬓的黑色中也蕴含着细微的变化，有的泛着白霜或淡蓝。在还原白霜的色质时会在墨中加入香烟灰；在还原淡蓝时，则将花青叶沤烂沥出花青后，用剩下的青黛渣掺入墨中，亦可还原出古色的韵味。根据不同颜色的性质和使用需要，在诸如朱砂、蛤粉等颜色中适量兑入清胶，可使颜色更显光泽厚重。

（四）印前工作

印刷前，安版的工作十分重要，即把复制所用的套色木版，先后固定于印案之上。安版的重点在于确定核心版套，只有围绕核心版套才能依次准确无误地完成全部套版的拼装。像复制古代巨幅绢本通常要用到几百套大大小小的版，分版的多少直接决定了安版的难度，而安版的精准度更决定了最终印品的质量。拼版时只要有一套版存在问题，整体的误差就会被一版接一版的数倍放大。为了保证安版的顺利进行，需要勾描、雕版和印刷这三方的共同协调。安版时会对勾描、雕版的工作进行校验，如果发现安版困难是前两道工序所致，则需要及时沟通，予以修正。像复制《虢国夫人游春图》时，王玉良与孙树梅两位先生发现画中人物与马之间存在相互遮挡的关系，为方便印刷，人物和所骑的马不能放在同一版中，安版成为难题。经反复研究，确定了以不受遮挡的虢国夫人为中心版套，问题才得以顺利解决。印刷前，还要制定印刷方案，对印版主次、印刷先后、颜色调制和线条效果都要了熟于心。

古代巨幅绢本的复制周期较长，诸如《韩熙载夜宴图》这样的作品，都是边临摹边分套版样。由于素绢刷有胶矾，绢本印刷又需反复上色，时间越长，压印次数越多，丝绢越易出现破损。为了保证最终的印刷效果，就需要采用试印的办法，在有色熟纸上进行试样，对比原作查找不足，核对印版和颜色的准确度，进而制定修正方案，力图在更少压印绢的同时，更贴近原作效果。

古代绢本根据画作风格和用绢来决定是否闷纸，即在画绢上喷水。闷纸可使丝绢的晕染效果更加平整自然，设色部分不易产生褶皱。写意画相对更适宜闷水，晕染层次丰富，但具体印刷时，还要注意绢本的薄厚和室内湿度，适当调整水量，控制丝绢湿度。若印制工笔画，画绢的湿度过大，会造成线条晕染的偏差，因此不适宜闷纸。

（五）印刷技艺

在复制古代巨幅绢本的历程中，更多的木版水印印刷技艺应运而生。由于在练绢后对丝绢进行了托裱固定，使得绢本无法像纸本一样可以正反施色，无疑增加了染色均匀且牢固的难度。对此便发明了墩染法，即在每次染色时，用自制的小墩子反复按压正面的着色部分，即使遇到大面积着色，也可使颜色快且均匀地渗透进丝绢中。根据染色面积需要，亦可随时调整填充小墩子的棉花用量以改变其大小，同样能达到背面托染的印制效果。孙连旺先生还创新出铺垫染色的方法，即在印制所需的颜色前，先用其他颜色做一层底色，在此基础上施以印色，有底色的衬托，同样能达到颜色厚重的感觉，即便原作此处颜色较薄，也不会显得过于单薄。

分版勾描是根据颜色和用线分版，对于同一线条上颜色的过渡或同面几种深浅颜色的相互交融并没有明确的界限，分版时不会予以区分。在印制时，就需要艺人根据分版情况并对照原作着色的变化，在复制时采取适宜的印刷技法直接印出来。为了用一块版染印出浓淡不同、色度不同的几种颜色，便创新应用了色阶标志法，即在不同色阶处做好标记，用毛笔根据分好的色阶施以富有水色变化的掸色，再抻平印绢，用砑印的技法予以施染，可使色彩自然交融、层次丰富得显现，效果更胜于多块分版印制。在运用掸色的技法时，还要研究作者运笔的笔意线路。由于版面上的用线和着色与原作是相反的，掸色时只有准确理解，才可再现原作的笔趣。砑印是常用的木版水印方法，绢本不易上色，砑印时就需要根据实际情况选择复印，如果第一次印的"吃"到了绢里，表面显色不足，就需要多次砑印。但遇到印制连贯的线条时，则需一气呵成，不可反复砑印，否则线条的气韵就达不到一以贯之。

蛤色在绢本印制中应用广泛，在调配人物皮肤、饰品和服饰等颜色时都需要用到，但其色浅又不易着色，具有更大的印制难度。如王丽菊先生在印制《簪花仕女图》时，需要用手施以更大力度反复砑印，印制后要开着白炽灯近距离观察，对比原作查看颜色呈现的状态。若蛤色过于吃到绢里，表面会漏出丝绢纹路，有颗粒感；若只是浮在表面，随后便易脱落。颜色若无法自然均匀地呈现，仕女典雅丰腴之美也就无从谈起，纱罗和肌肤的质感同样无法表现。印制人物身上不同位置的线条，如轮廓线、衣折、五官等，要根据线条的粗细、深浅、虚实，给予不同力度、不同次数的印染来表现细微的层次变化。这都对掸色和砑印技艺提出了更高的要求。

绢本的复制要还原古典画的绘画原貌，其历经千百年的斑驳美同样要在印品中表现出来。除了在练绢时对丝绢进行仿古染色，在印刷时也要对照原作进行做旧，如原作中由于丝绢磨损，致使画中线条断裂，便在复制刷色后，用纸蘸去原画中对应缺失的墨色。

古代绢本画的复制是技术的展现，产生于与原作交流和切磋中的人类智慧，基于对材料使用的高度要求，得力于荣宝斋木版水印在各个环节中的协调配合。勾描、雕版和印刷的每一步都是艺人们精湛技艺与艺术修养的融合。

三、中流砥柱：荣宝斋绢本木版水印技艺的传承和发展

木版水印作为传统手工技艺，通过绢本的复制将工匠精神一以贯之。古代绢本名画的复制周期有的长至数年，技艺难度极高，所雕印版可数以千计。越是珍贵古本的复制，其影响就越为深远，投入的精力和成本也更多，成品数量越有限。能担当古代绢本复制工作的艺人屈指可数，除了具备精湛的技术和深厚的艺术修为，更需要怀揣着把木版水印志于终生事业不断奋进的敬业心和使命感。艺人们往往要在复制绢本中倾注巨大的心血才能铸成不朽之作，能参与过一次古代绢本名作的复制都可称作毕生荣耀。纵观荣宝斋蓬勃发展时奉献出的举世瞩目的绢本作品，背后都有来自以数十年的热爱不断精益这一真功夫的荣宝斋"领航人"们的努力，他们在继承中踏浪前行，始终专注于木版水印技艺的创新研究与艺术创作的最前沿，为荣宝斋后来的发展积蓄了珍贵的实践经验，凝练的工匠精神也影响着一代代的后辈力量。如今荣宝斋木版水印的代表性技艺传承人们都是师从上几代的老艺人，并且将木版水印的精神继续传给下一代的年轻工作者。复制绢本既是追溯历史，又是体现当下和未来。

绢本复制是荣宝斋木版水印技艺发展的必然选择，对中华人民共和国成立初期荣宝斋的发展具有重要意义。它是老一辈艺术家们克服极其困难的生活条件，坚持艺术创作，传承技艺文明的见证。绢本复制一方面为了满足传承古人艺术智慧、传播中华文化和开拓木版水印画艺术市场的现实需要，另一方面体现了在广泛拓展复制题材的同时，对木

版水印技艺探索创新的不懈追求。它是荣宝斋突破复制技术局限，迈向更高发展阶段的标志性研究成果，代表了木版水印技艺的巅峰水平，更打开了新中国对外传播中国文化的窗口，提升了木版水印艺术的国际影响力，也为后期荣宝斋的蓬勃发展带来了足够的支持与关注。

木版水印作为一种复制艺术和"特殊的"文物保护技艺，是文物保护工作的延续。古代绢本画是具有历史价值与艺术价值的人类活动产物，凝结着不同时期的物质文化与精神文化，是中华民族精神文明的象征。虽然古代绢本画属于可移动文物，但因其具有不可再造的特殊性，出于保护的考虑，不能实现广泛地流动，文化展出活动的开展也受限于此。而书画类文物的日常保护工作又极为的复杂，对环境和气温要求严苛。因此用木版水印的方式复制古代绢本成为一种留存文化和展示文化的不二选择，极大地丰富了木版水印技艺独特的应用价值。

木版水印画讲究的是使用与原作相同的材料，不受尺幅限制地呈现作品原貌，被称为"下真迹一等"，是现代印刷技术在中国画复制领域"只达形、不具神"的表现力所不能及的。许多古代绢本历经千百年也只流传下了摹本，而荣宝斋木版水印的画师所临摹的摹本很多都被列为馆藏一级文物。复制出的木版水印画能够被用来投入更多的国内外展出，作为文化交流的载体，发挥着文化传播的作用；可以被更多的书画爱好者收藏，使其具备流通价值；由绢本复制孕育出的木版水印技法也可被用于相关学科的教学研究，是对内普及和传承传统文化的一种方式。因此无论从作品本身的艺术价值、保护和传播文化的功能性都被当下所需要。绢本复制之于木版水印技艺的意义便在于此，即通过木版水印使文物价值与艺术品价值实现有机结合。

木版水印技艺复制绢本的整个实践和推广过程，对国家文化战略具有重要意义。在荣宝斋事业的发展期，复制绢本木版水印画的工作得到了国家领导人的关心，《簪花仕女图》《韩熙载夜宴图》的成功复制，在国际艺林引起了巨大的轰动。即使在特殊的历史时期，周总理依然坚定荣宝斋对于国家文化和国际市场的重要地位。在中日建交和中美建交的重要历史时期，荣宝斋木版水印作为中国优秀传统文化，吸引两国领导人及国外书画界艺人来华访问，参观交流。荣宝斋在发展过程中，始终坚持对木版水印技艺的全力保护和继承，2006年木版水印技艺入选国家非物质文化遗产。为弘扬这项艺术专门成立工艺坊进行木版水印技艺的展示活动，为中外宾客搭建互动体验的平台，又通过在数十个国家的展览和远销海外的木版水印产品，扩大其国际影响力和知名度，带动木版水印艺术市场的发展。荣宝斋在保护继承传统文化的同时，更加适应市场经济大环境的发展，一直发挥着作为企业坚持文化责任，坚持高品质发展的文化战略作用。

古代绢本体现的是中国古人的艺术智慧和创造力，记载了特定时代的多彩文明，而通过复制经典绢本画作亦可使这段文明源远流长。作为文明古国的中国，与其他国家的区别在于可以追溯悠久的历史，继承自身文明孕育的优秀成果。在国家倡导文化自信的新时代，如何凝练和继承具有中国印记的特色文化，如何推动优秀文化走出去，运用市场化方式弘扬中国优秀传统文化正是现阶段国家的重点文化发展战略。木版水印技艺在绢本复制领域的伟大成果、文化交流历史和继承保护的完整性，使其具备作为优秀文化走出去的必要条件，具备文化传播的价值和使命。对于独一无二的国家级书画文物，我们无法让其经历跨地域流动的展出，但通过木版水印的复制手段，可以将木版水印的绢本画传播到世界各地，继续发挥原作文化传播与交流的作用。对内加深国人对传统文化的认知和肯定，树立文化自信，形成文化认同；对外展示中华文化的力量，在国际社会引发广泛的关注和探讨，形成文化共识。木版水印画的优势就在于通过直观的视觉呈现和表现形式来讲述中国故事。

近年来，荣宝斋在国内外参与了更多的文化交流活动，以实际行动担当非遗传承单位的重任。在国内，参与高雅艺术进校园活动，将木版水印技艺带入高校，向中国青年群体普及民族文化；举办国家级非物质文化遗产木版水印作品展，展示百年丰硕成果；参加以"一带一路"国际文化交流为主题的敦煌文博会和第13届中国（深圳）国际文化产业博览交易会，与"一带一路"沿线国家紧密互动，彰显丝路精神。在国外，于2016年走进联合国，应邀参加中国日的庆祝活动；赴希腊参加2019中国主题图书文化创意展，让当地的希腊儿童参与到体验活动中，亲自动手感受木版水印带来的艺术乐趣。荣宝斋木版水印正向世界展现着中国印刷文化的独特魅力。荣宝斋对外传播传统文化的方式也为更多非遗传承单位提供了积极的经验。

四、结语

从有限的文献资料中很难一窥木版水印技艺的全貌，其中关于绢本复制技艺的内容更多为片段式描述，因此对木版水印技艺在绢本复制领域中的具体应用还存在继续发掘的空间。尤其在后疫情时代，如何拓展木版水印技艺跨平台的展示和传播方式，将是今后荣宝斋及其相关研究者们需要思考的问题。在新媒体快速发展的今天，开展线上合作，扩宽多平台展示渠道，充分利用数字媒体优势，多维度的展示传统文化独特的艺术魅力，让文化信息在社会中实现更快而广的传播，也将是未来相关文化产业、单位及个人的工作方向。信息爆炸的今天，年轻人不光需要快销式流行文化带来的愉悦体验，更需要来自民族血脉孕育的优秀文化带来的活力滋养。只有与人和社会形成真正的联系，才能让优秀传统文化葆有新时代的生命力，贴得近又走得远，这也是从荣宝斋过往的发展经历中显现出的优秀基因和潜能。相信未来的荣宝斋能够迎来更多的发展机遇，再攀高峰。

参考文献

[1] 曲刚，姚凤林.荣宝斋木版水印[M].北京：北京美术摄影出版社，2012.

[2] 王宗光.木版水印[M].北京：荣宝斋出版社，2011.

[3] 孙树梅，孙志萍.荣宝斋木版水印背后的故事（二）[J].荣宝斋，2013-3.

[4] 孙树梅，孙志萍.荣宝斋木版水印背后的故事（四）[J].荣宝斋，2013-5.

[5] 刘畅.北京荣宝斋木版水印工艺调研[D].北京印刷学院，2013-12.

从《敦煌供养人》木版水印复制品的诞生看荣宝斋木版水印的发展理念

迟真[1]

摘要：本文以荣宝斋木版水印复制品《敦煌供养人》为切入点，从它生产的前提条件、技术突破、参与人员等情况入手，讨论荣宝斋的木版水印艺术品经营模式，并试图为当下传统技艺的生存与发展策略提供新思路。

关键词：荣宝斋；木版水印；敦煌供养人

一、重拾技艺

荣宝斋的前身松竹斋是一个南纸店，销售文人所用的笔墨纸砚等各种书画器具，因其售卖的物品质量上佳被当时的文人口口相传，并在与文人官员打交道的过程中逐渐建立良好信誉，而后扩大经营范围，涉及刻印文玩、古董字画等生意。直至乾隆年间，松竹斋的发展达到鼎盛。清朝末年，由于后代不擅经营以致家道中落，松竹斋入不敷出，无力偿还贷款，1894年聘请荣禄堂的大伙计庄虎臣接管经营，更名为荣宝斋，取"以文会友、荣名为宝"之意，并使之起死回生。

除售卖经营文玩物品外，荣宝斋自身也有一门好手艺——木版水印技艺，2006年被国务院列为第一批"国家级非物质文化遗产"。荣宝斋木版水印源于我国古代的雕版印刷术，由明代胡正言所创"饾版拱花"技术基础上发展创新而来，是属于荣宝斋独有的印刷技艺。

---

[1] 迟真：北京印刷学院硕士研究生。

（一）笺纸印制

20世纪30年代，荣宝斋在庄虎臣、王仁山两代人的合理经营下渡过了危机，在同类商铺中具有了一定地位，也在书画界尤其是笺纸的印制方面博得了一些名声。1933年，鲁迅先生和郑振铎先生遍访琉璃厂南纸店，欲做成《北平笺谱》，保留即将遗失的笺纸图谱，振兴中国的木刻技艺。但由于印量少、工艺复杂、成本较高，当时的大多数纸铺都不愿承办。两人费尽周折，最终敲定以荣宝斋为主，联合清秘阁、静文斋、淳菁阁等几家南纸店，共同负责《北平笺谱》的刊印。其中，荣宝斋承担的工作量最大，几乎占到五分之一，印制质量也非常高，鲁迅先生给予"琉璃厂诸笺之白眉"的美誉。次年，荣宝斋又承接了《十竹斋笺谱》的印制。

两册笺谱的问世对于荣宝斋意义非凡，使荣宝斋的地位声望又一次提升，也使荣宝斋对饾版拱花技术达到全面的继承。这些任务带来的回报如此丰厚，其难度也非常之高。郑先生曾在《访笺杂记》中记录下奔走于各个纸铺间洽谈时对方给出的拒绝理由，或是技艺难度较高，印厂难以完成；或是工序繁琐，印量过少，有人不敷出的风险。虽然郑先生晓之以理、动之以情，但总是因于各种实际问题无法签订合同。当时的荣宝斋虽然也有种种顾虑，但是支撑其敢于接受这项委托的前提条件，一是荣宝斋的责任感，同鲁迅先生和郑振铎先生一样，荣宝斋也十分看重这两部笺谱的印制工作，希望这两本即将失传的佳作能够得以保留、制作副本，让后世了解。另一个原因就是1896年荣宝斋创办的"帖套作"。其他的南纸店多为分工印制，有专人刻版，工厂制作，而店铺只提供样品，负责接洽、售卖，店家无法掌握整个生产流程。而"帖套作"的设立，使得荣宝斋从此具备了独立制作的能力。荣宝斋还在建成之初专门重金聘请制作过宫廷印品的京城木印大家王月轩进驻，使得荣宝斋的雕版印刷术多了一丝正统典范的味道，也为后来将"饾版拱花"技术发展为"木版水印"技艺打下基础。

（二）道路探索

在历经7年时间制作的《十竹斋笺谱》成功发行后，荣宝斋已然将传统的"饾版拱花"技艺充分拾起，对于其所具备的优势、可以提升的空间和尚待改进的缺陷了解清楚。恰逢1945年，张大千自敦煌归来，画风和技巧都有了不小的提升，身价暴增，前来求画之人众多，却苦于分身乏术。在他将苦恼同好友王仁山提起后，王经理意识到使荣宝斋雕版印刷技术更上一层楼的契机就在眼前，便说动张大千将《敦煌供养人》交由荣宝斋复制，以解燃眉之急。

"在荣宝斋木版水印诞生之前,复制中国画唯有临摹一途"[1],荣宝斋把对国画的临摹复制变成一套标准化、规范化的技艺,降低了对画工的依赖。虽然以木版水印进行复制仍然是一项对技术人员要求颇高的手艺,但较之前每幅画都需从零开始的传统临摹,仍是一个不小的进步。

《敦煌供养人》纵105厘米,横38厘米,是荣宝斋第一次复制的国画作品。张大千也曾表示,此前荣宝斋所做多为笺纸印刷一类,技艺高超,产品精美,但尺寸较小,未有复制大幅画作的经验。张大千本人敦煌临摹一行之后,画技与以前大不相同,更为精深,所以担心荣宝斋是否有把握做好。王仁山明白张大千的顾虑,他经营荣宝斋多年,同时也深谙木版水印技艺,他了解荣宝斋的木版水印技术在当时已经突破了部分技术难关,达到了能够印制国画的高度,才向张大千许诺成品一定会令他满意。

原作一经送达,王仁山便马上着手进行前期工作的准备。王经理对于第一幅作品要求务必尽善尽美。勾描质量对成品的质量至关重要,便交由经验更为丰富的王宗光先生勾描。直至满意,方才送到荣宝斋颇为信任的刻板工匠"板冯"冯华庭手中,待刻版完成后再送回荣宝斋;由印刷工匠田永庆最终完成这幅作品的印刷。

荣宝斋在《北平笺谱》与《十竹斋笺谱》印制完成后就完全掌握"饾版印刷术"的技术,可以将一幅图按照不同的颜色分版,再按照由浅到深的顺序进行多色套印。这种套色印刷技术,是明朝胡正言在整版的雕版印刷术上的进一步发展,多用于印制笺纸,使作品具有或清新淡雅,或明丽饱满的色彩,后拓展为线条、色彩、皴笔分别刻板套印。"拱花"技术则是在此基础上,将纸张放置于凸版上或凹凸两版中间,施压砑印出不同花纹,添加作品的层次感与空间感。在通过这幅作品向荣宝斋独有的木版水印技艺迈进的过程中,优秀的匠人们也对这门手艺再次进行了发展和创新。

由于张大千送来的《敦煌供养人》与原先最多印制十六开的尺寸相比大了数倍不止,制作难度相应增加,无法再以原来的单版刻印方式进行复制。分版时不仅需要分解色彩、笔触,还需要对画面进行分割,印制时再拼合在一起,如此一来木版的数量翻倍增长。如何在印制时固定木版成了需要解决的一个难题。在制作过程中因为套色不准的问题,经常性地出现瑕疵品,套版的增加使这个问题也变得更为严重,亟待解决。荣宝斋的工匠们最终想到利用狗皮膏药黏度极高的特性,使得木版排列固定好后不会再轻易因为外力的作用改变位置,大大减少了产出残次品的概率。这样一来不仅可以按原作大小进行复制,甚至可以放大复制一些作品的细微之处,将复制品与原作的差异降到最小,终于

---

[1] 孙树梅,孙志萍.我所亲历的……历程(一)[J].荣宝斋,2012,2:248-255.

攻破了这一难题。荣宝斋的木版水印最大的特色就是复制品从画面到质感都与原作完全一致，真假难辨，但这幅画所使用的原料金粉已经难以得到，印刷工匠田永庆在经过多次试验后找到了绝佳的替代品，将掺入黄色颜料的蛤粉置于画中，足以以假乱真，起到画龙点睛的作用。

雷德侯曾经在《万物》一书中提出中国特有的模件化生产的概念，其中一项是将个人独立完成的制作工序分派到众人手中，由集体完成，每个工匠只负责整个流程中的某一个或几个环节。在整个环节经过经验的积累完成调整升级、优化结构成功运行之后，就可以节省时间成本，提高生产效率，这种集体制造的模式还可以使工匠对自己负责的那部分工艺达到专精的程度，从而使成品的质量达到一个新的高度。荣宝斋的木版水印技艺应用在国画的复制方面也是如此，传统的国画作品若想备份，唯有临摹一途，也多是由书画家独立完成，这样的方式容易受到个人、状态、水平等诸多因素的影响，十分耗费人力与时间成本，并且一次只能得到一幅作品。荣宝斋开发的这种新模式，经过分版、勾描、刻版、印刷四道工序，由于画材完全一致，匠人专攻一项技艺，整体水平增长，不仅使成品在数量与质量方面不降反升，也为中国画的复制开辟了更多可能。

二、人才培养

从庄虎臣设立"帖套作"开始，荣宝斋便形成了这种前店后厂的经营模式，也可以看作是画廊加作坊的形式，将进货销售与部分经营项目的生产环节掌握在自己手中。至此，荣宝斋集鉴赏、印刷、装裱、书画器具售卖于一体，大大提升在同行间的竞争力。顾客走进店门，便能将书画相关的事宜物件一并在荣宝斋置办齐全。画家走进店门，也可将画材采买、作品寄售等一次性办好，无须辗转于多家店铺来回奔波。荣宝斋就是在这种与人方便、与己方便的策略中无形地聚拢客源，也吸纳了众多职业人才和书画家。

（一）结缘大家

荣宝斋为张大千复制《敦煌供养人》是在1946年前后的事。那时抗战刚结束不久，张大千先生结束敦煌之行，来北平长住了一段时间，期间不仅敲定了这桩大事，春节时还为荣宝斋一口气画了十几张窗档画，在当时这是一件不寻常的事，足见张大千对荣宝斋颇有好感。这种青睐既得益于当时的荣宝斋在琉璃厂已是首屈一指的店面，也要归功于经理王仁山与张大千的私人交情。郑茂达先生曾经发表过一篇文章，记述了张大千与荣宝斋的交往之间相互尊重、相互帮助的一些事情。王仁山先生身为经理，本人平时从不铺张，但只要涉及与书画家交往时需要花费的钱财，也从不俭省，避免因小失大。对张大千等画家的扶持也是荣宝斋对中国近现代美术行业发展做出的贡献，推动了20世纪30年代群星闪耀、人才辈出的中国画坛发展，在近现代中国美术史中留下了重要的一笔。

因其收藏的古玩字画数量繁多，荣宝斋素有"民间故宫"之称。木版水印以复制为主，精工细作，成本极高，在研发前期荣宝斋资金并不宽裕的时候不能随意启用。当时所用多为张大千、徐悲鸿、齐白石这样的大家之作，尽管不是每幅画都有印制，但荣宝斋却不会放过任何一个收藏原作的机会。张大千在京期间，王仁山尽心帮助张大千采购难寻的颜料，以诚相待，一般画店老板一画难求的事在荣宝斋可以说并不存在。除此之外荣宝斋也通过各种途径搜寻散落在外的张大千字画，张大千曾经为感激"春华楼饭庄"所作的两幅山水也在之后被荣宝斋收入囊中。

事实上张大千的敦煌之行还有王仁山的一份功劳。1940年，张大千的学生肖建初需要从北平经由四川与张大千一道前往敦煌，苦于战事正值紧要之时，道道关隘都被日寇严防死守，无法出城。王仁山知晓此事后，帮肖建初乔装改扮，装作荣宝斋的二掌柜前去收购字画，这才成功抵达四川。王仁山的为人处世之道不仅是在人风光正盛时锦上添花，也敢于在危难时伸以援手，如此才能使这份情谊如此牢靠。荣宝斋结缘大家，且被赞为"书画家之家"。王仁山经理以身作则，对书画家给予充分的尊重，对书画艺术本身也始终保持敬畏之心，并同样要求店内的伙计，身在书画文玩行业，需要展现出应具备的文化素养，器具称谓也都必须按照行内的叫法来说。荣宝斋深得现代营销之道，重视与合作伙伴的关系，打造长期互帮互助、良性交往的关系，为自己培养了稳定的原创画作来源和顾客群，也间接提升荣宝斋在书画界的地位和权威性影响，使其日后拥有能够复制更多传世名作的机会。

（二）技术人才

若要完善一门技艺，除了辨明市场需求，找准发展方向，还必须要有专业人才的支撑。参与《敦煌供养人》复制工作的人员，大都是王仁山经理精挑细选出的各工序中最老练、最顶尖的师傅。负责《敦煌供养人》印刷工作的田永庆先生是1914年生人，于1933年进入荣宝斋工作，在《敦煌供养人》之后也先后参与了许多当代大家如徐悲鸿《平原奔马》、《漓江春雨》，齐白石《白茶花》，吴昌硕《寿者相》等作品的印制工作，并成功印制绢本山水《月夜楼阁》以及名作《簪花仕女图》等重要作品，后来成为荣宝斋木版水印印刷专家,也担任过木版水印车间的主任,被誉为"中国木版水印画的奠基人"。

其他参与人员还有负责刻版的冯华庭及其弟子,与荣宝斋为合作关系,师承于京城雕版高手戴文斋。孙树梅先生,1944年来到荣宝斋从事"木版水印"勾描临摹工作,曾任荣宝斋经理助理兼艺术指导,其后代整理出版了《荣宝旧事——孙树梅回忆录》一书,以当事人的视角留下了很多关于荣宝斋的宝贵资料。

接替孙树梅先生完成勾描工作的王宗光先生,字荣麟,1917年生人,14岁就进入荣宝斋,后成为荣宝斋的木版水印技艺专家。除《敦煌供养人》等当代名作外,还陆续负责《韩熙载夜宴图》《簪花仕女图》《清明上河图》等重量级古画的临摹勾描工作。在此之前《十竹斋笺谱》中鲁迅先生亲笔写着"编者鲁迅、西谛,画者王荣麟……"[1]当时的王先生进入荣宝斋不过3年,17岁便已参与如此重要的工作,可见其天资聪颖又刻苦用功。晚年时王先生将一生积累下的所有经验技艺著书成稿,由荣宝斋和他的子女整理出版为《木版水印》一书。

《木版水印》的正文部分详细阐述了荣宝斋木版水印技术,细看开头结尾处,却能从并不大的篇幅中窥见王宗光先生投身于木版水印事业和为荣宝斋奉献的一生,也能看到荣宝斋对于员工的培养和爱惜。17岁已经有所成就的王宗光也一样有过学徒的苦日子,"一律穿大褂、布鞋、短平头,3年为一节。店方管食宿,每天吃两顿饭,没有休息日,半年可有1次探家。"[2]荣宝斋对员工的着装造型有统一的要求,既起到约束、规范的作用,也使店内看上去规矩整洁。其余还有一些学徒分内的事,帮前辈师兄整理被褥,端茶送水,寒冬腊月跑腿送件……诸如此类,只有一项比较特殊,学徒们闲时可在店里读书、写字、画画,师傅若懂些学问,徒弟跟在身前,日子一长也会略通一二。所以荣宝斋从上到下,从经理到伙计,都时时受到这种浓郁的文化氛围的熏陶。

普通学徒尚且如此,王宗光先生在进荣宝斋之前,就已然习得四书五经,并且受到《芥子园画谱》的影响。他少时展现出不俗的绘画天赋,一进荣宝斋便被王经理分派去学习勾描分色,继续精进画艺。当时与王先生同期进入荣宝斋的还有一同参与《敦煌供养人》印制的田永庆先生,还有徐庆儒先生、孙连旺先生等,也分别去了几个不同的部门,日后各有所成。王宗光先生有基础、有悟性、有天赋,人也踏实肯干,不出几年,不仅勾描这份本门手艺已经熟练掌握,还将荣宝斋的业务经营了解了七七八八。

提起荣宝斋的经理,庄虎臣、王仁山、侯恺这几位先生自然是当仁不让,但独木难支,

---

[1] 徐永哲:《木版水印〈虾〉让齐白石都难辨真假》,《文汇报》,2016-04-29。

[2] 同1。

荣宝斋能够持续向好发展离不开下属员工的得力。王宗光先生的另一个身份就是荣宝斋南纸店业务专家，正是在 20 世纪 40 年代初，年纪尚轻的王先生就被王仁山经理看重，认为他的业务能力已足够独当一面，委派他去担任修竹斋南纸店的经理。虽然荣宝斋的业务经过发展扩大，南纸店也不再只是简单售卖文房四宝，王宗光仍不负所托，将店铺经营得有声有色。由于现在各大院校向社会输出的毕业生往往是高精尖的专业人才，在所学领域内颇为精通，却鲜少有人擅长专业范围之外的技能，通常是在进入工作岗位后花费时间进行二次磨合，传统作坊这种师父带徒弟的传承式教学模式，学徒在出师之后会更具备现代人才所缺乏的优势和资源。就是这独当一面的能力，需要在出师前就对领域内相关的各种知识都有所掌握，而普通作坊的学徒虽然具备这种优势，比起荣宝斋则少了学徒时期的文化素质培养和相关人脉关系的建立。荣宝斋在探索木版水印的道路上深知这不是一份简单机械复制就可以完成的工艺，它拟神拟真的特性要求匠人充分贴近原作的每一丝细微之处，倾注心血来完成，其难度不亚于一次再创造，没有学识和眼界的匠人是难以达到这种标准的，所以他们转变思路，在与书画家保持良好交往的基础上利用这种良好的学术氛围培养出众多技艺精湛、眼界开阔的学徒，虽然个人创造的收益难以与艺术家达到相同的程度，但员工协力合作之后足以开辟新的经营领域，获得更多的效益。现在很多非物质文化遗产的技艺面临失传，很大程度上也是由于很多传承人只会做、不会说，而荣宝斋得益于早年间对工匠文化素养的重视，孙树梅、王宗光先生等老一辈专家又带出新一批学徒，不断为木版水印技艺的传承和发展做出贡献。

三、文化支撑

荣宝斋的木版水印作品在今天的高端国画复制品当中独树一帜，也成了荣宝斋的一项主营业务，传承人肖刚认为其独特性在于"木版水印技艺重在纯手工，以版代纸展现画家原作的水墨精神。其中的墨韵味道也是木版水印最有魅力的地方，是现代复制品难以表现的，也是我们将这门技艺保护传承至今的原因。"一项技术的革新通常意味着大量资金和人力物力的投入，是存在风险的。从光绪年间，中国传统印刷行业随着西方印刷技术与先进印刷设备的引进而逐渐没落，印刷的机械化以其高效率、大批量的特点满足了大众需求，以彩色铜版来复制、印刷画作对于印制方来说也非常便捷且易于操作。至民国初年，可经营传统手工印刷的店铺的生存空间已经被压缩至很小的范围，大部分都被印厂所代替，这种状况也影响到传统印刷技艺的发展与传承。

《敦煌供养人》是荣宝斋在木版水印技术应用转型上做出的一次尝试，木版水印的工序与成本等决定了它不适用于印制低端大众消费品，传统笺纸虽然精美雅致，其价格却是普通老百姓难以承受的，他们更趋向于购买品相稍次但价格低廉的机械印刷品。这次实验的成功拓宽了这项技术的应用范围，不仅将经营业务延伸到书画作品的复制，使现有资源能够得到更加充分的运用，改变了客户人群，也在一定程度上起到了推进中国书画艺术普及的作用，为荣宝斋沿此道路继续探索打下基础，使荣宝斋日后肩负起历代名画的副本制作、资料保存以及传承弘扬的重要使命。

木版水印是一项传统手工艺，与机械化印刷相比，它不具备大规模生产的条件，也无法以薄利多销的方式占有市场。它的优势在于，木版水印作品具有更强的艺术性，有收藏价值，单件商品能够产生更高的经济利润，中国画讲求传神达意，它所达到的还原程度与技术水平是目前任何一种机械印刷都难以实现的，这是它最核心的价值，也是手工艺的魂，是人的精神和人的价值的更好体现。

木版水印技艺的发展与书画艺术的关系并不是此消彼长，而是相辅相成，形成了一种良性循环。王仁山经理在任时，受种种条件制约，刻印只是副业，名人名作以及书画器具的售卖才是荣宝斋的主营业务，迎来送往皆是文人墨客，也正是由于这样的前提条件才促成《敦煌供养人》木版水印复制品的诞生。印刷术，现可追溯到唐代的佛教印刷品，从其诞生之日起就具有传播、推广的意义，并与纸张结合实现了知识的普及。随着社会的进步与印刷技术的发展，除文字外更为精美的图像和色彩出现在印刷术的历史舞台上，其功能发生了改变，变得更加多元化和具有娱乐性质，这种精美印制品的服务对象也拓展为有财力购买的地主阶层与文人官僚阶层。随着资本主义萌芽的发展和商品经济的繁荣，普通民众的生活水平逐渐提高，娱乐需求日益增长，各书坊、画坊为追求更高的商业利润大肆印刷品质拙劣的出版物，日用书籍已逐渐脱离可供鉴赏审美的范畴，唯有被文人阶层所看重的画谱还算印制精良，胡正言通过工艺手法的改良将画谱印制提升到新的高度。

荣宝斋对艺术的追求影响到荣宝斋的经营方针，即走高质量发展之路。荣宝斋从重拾木版水印技艺的初期就承袭了胡正言的观念，保持文人的风骨和作品的品质，不在前期吝啬人力、物力、财力投入以免降低工艺水准。在销路不好的困难时期，整个木版水印部门几乎没有产出，虽然经营店铺追求盈利，但荣宝斋始终坚持尝试与探索，对木版水印的每一道工序都追求极致，从未敷衍了事，可以看出匠人的工作态度和荣宝斋的目标与宗旨，这是荣宝斋木版水印技艺能够在不同时代背景下求新求变而不故步自封的重要因素。

近年来国家一直投入资源来大力扶持非物质文化遗产，根本目的是保护与传承技艺，作品的产出可以算作一项成果，更重要的是技艺本身在日益变化的社会中顺应时代发展出新的存在意义。荣宝斋木版水印作为首批被列入国家级非物质文化遗产名录的传统技艺，也始终坚持为木版水印技艺寻找能够充分发挥其作用的位置。传统技艺源于人们的生活与需求，这样才能充分融入市场，并延续其生命力。传统语境与现代商业语境之间有时代变迁和技术发展所带来的巨大鸿沟，但在某些方面仍然具有一定的相似之处。如《敦煌供养人》这幅作品，是由张大千授权给荣宝斋然后由双方共同完成的一次合作，荣宝斋掌握技术，张大千负责保障作品的艺术价值和商业价值。甚至在知识产权的保护方面，荣宝斋也给出了可行的解决方案，每幅木版水印复制品都打上了防伪标记，既方便与原作区分，也可防止复制品泛滥。在今天的非遗振兴课题中，传统工艺与艺术家或设计师结合创作依然是一个很重要的方式，实际上是推广传统工艺的一种渠道，通过与知名艺术家合作、生产热门IP名下产品的方式来提升知名度，打开某些领域的市场或吸引特定人群前来消费，而这样的思路荣宝斋在几十年前便已经开始进行尝试了。

现在有一些新型平台，线上线下双轨运行，负责联系和帮助非遗传承人或掌握传统手工艺，但不了解商品经营的人进行市场运营、产品推广、包装设计和实际售卖，起到一个"经纪人"的作用，平台收取提成，手工艺人增加销量。荣宝斋的木版水印背后是以荣宝斋的运营作支撑，比起其他独立的手工艺匠人在发展手工技艺时可能会面临的窘境情况会稍好一些。经营模式的不同决定了两者营销路线和方法的不同，荣宝斋将技艺发展与艺术审美和文化传承紧密结合在一起，对于具体如何产生收益、能产生多少收益的问题，是荣宝斋经营商铺需要考虑的事情，但不是首要问题。最应关注的是它的核心竞争力是否得到了持续不断的发展，木版水印不仅是一项需要被保护的技艺，也是一项能为荣宝斋带来收益的良性业务，这是非物质文化遗产所能达到的一个比较理想的状态。

四、结语

从荣宝斋《敦煌供养人》木版水印复制品诞生的条件和意义来看，这件作品是荣宝斋考虑到其自身所具备的特点，并结合实际情况对木版水印技艺做出的一次新的尝试和探索。传统手工艺有它固有的生存空间与存在价值，由掌握技艺的个人或群体主动发掘新环境下技艺被需要的因素并做出调整是手工艺者在当下所需要具备的本领。荣宝斋在这次尝试中扩大了木版水印作品的受众群体，提升了它所蕴含的文化价值，使它更符合技艺所耗费的人力与时间成本，并将其作为一种新的经营路线。传统笺纸由于精良的制作使得印制成本较高，昂贵的售价对于普通民众来说只能成为一种奢侈品，对于文人精英阶层又不具备很高的艺术与文化价值，所以面临进退两难的局面。在此状况下，王仁山先生以《敦煌供养人》为跳板，将木版水印技术同传统书画联系在一起，赋予其新的文化意义与价值，可以看到当时的荣宝斋通过大量的实践使木版水印技术替代传统国画临摹成了一项集体合作式的技艺，这样的转变带动了机制的变化，培养出的优秀木版水印技艺传人成为荣宝斋的重要支撑。荣宝斋凭借足够的长远格局与商业敏感性以及对艺术市场发展趋势的准确预测和判断，大胆进行跨界融合，将传统技艺与书画艺术联系在一起，从上到下提升企业的文化基础，实现了文化、技术、艺术统一的经营之道，为荣宝斋木版水印在当代的发展铺垫出一条新的道路。这次成功的实践也使我们进一步思考如何为传统技艺注入新的灵魂，要在当代的语境中积极探索跨界联系，找寻新的定位。

论《萝轩变古笺谱》与朵云轩木版水印的发展

庄翊蓉[1]

摘要：《萝轩变古笺谱》是我国目前发现最早的笺谱，也是我国古代最早使用饾版和拱花印刷技艺的出版物。本文以文献研究、描述性研究为研究方法，以1981年上海朵云轩重梓《萝轩变古笺谱》作品为例，对比分析原版与重梓作品，论述重梓缘由以及作品特殊的工艺技法——饾版和拱花，并以此为例论述朵云轩木版水印的三大印制过程，即勾描、刻版、印制三个步骤。

关键词：木版水印；笺谱；饾版；拱花

一、写意风格的朵云轩木版水印

1900年，朵云轩成立于上海，至今已有120年的发展历史，其工艺特色深受上海地区特色文化影响。上海从19世纪中叶以来逐渐发展成为一个工商业发达的沿海城市，在此背景下既给北方的富商提供了优越的经商环境，同时也吸引了诸多江浙地区的书画家聚集于此，形成了著名的海上画派[2]。

在海纳百川、中西交汇的经济、文化氛围以及近代涌动的社会变革潮流的互动中，不同于过去审美满足的艺术创新应运而生，这对于海上画派的形成与发展起到重要作用。上海绘画市场在商品化发展的大背景下形成发展及至繁荣，海上画派最先接受维新思想和外来文化，对传统中国画进行大胆的改革和创新，作品体现时代生活气息，融合外来艺术技法因素，融贯中西，独成一派。其作品内容虽以花鸟画最多，但不论是花鸟画还是人物画，都具有象征的手法，讲究内涵的充实。在笔法墨法的应用上，简洁明快，追求其意境略其形式。造型与色彩颇能迎合商业性的活动，也较受一般人群喜爱。海上画派的作品有世俗化和平民化的特点，传播性强，如海派代表画家谢稚柳的作品《秋山红

---

1 庄翊蓉：北京印刷学院硕士研究生。
2 朱明清. 木版水印技艺的保护和传承[D]. 中国艺术研究院，2014.

一、史影寻踪

树》。（图1）

朵云轩起初作为书画市场的运作主体之一的笺扇庄，从晚清时期就已经是书画交易最主要的途径，它是书画市场兴起的产物，同时又推动了书画市场的繁荣。20世纪二三十年代，上海的笺扇业进入繁荣时期，并且形成了南市和北市两个中心。朵云轩作为笺扇店，除了经营手工制作的笺扇，1914年已经开始采用石印法印刷。因为上海经济发达、文化包容，印刷技术受到国外先进技术的影响，朵云轩也受到影响，面临解体的危机。直至1957年，朵云轩成立木版水印工作室，将传统制作笺画的手工技艺保存下来并且渐渐复苏，发展壮大；不但能复制画面较为复杂、尺幅较大的

图1　谢稚柳《秋山红树》1986年创作

工笔重彩和泼墨写意的中国画精品，而且达到了形神兼备以至乱真的境地[1]。

几经发展，朵云轩悉心致力于探究前人经验，在长期的艺术实践中，逐步形成了自己的水墨写意风格；作品粗枝大叶而雄壮有力、活泼生动，线条简练概括，笔墨狂放自由；这与北方荣宝斋木版水印所形成的线条精美、典雅的工笔风格有所不同。

二、《萝轩变古笺谱》发现始末

《萝轩变古笺谱》是我国目前发现最早的笺谱。这部作品刊制于明天启六年（1626年）金陵地区；由明代颜继祖辑稿，吴发祥刻版，二人共同完成。共收录178幅笺画，分为上下两册[2]。这部作品的发现有一段较为曲折的历程。

早在1923年，日本著名美术史学家大村西崖寻找到《萝轩变古笺谱》下册残本，并校辑重印笺谱，由东京丛刊会出版发行，并收录他所主编的《图木丛刊》之中。他所

1　朱明清. 木版水印技艺的保护和传承[D]. 中国艺术研究院，2014.
2　邵文菁. 无双国宝《萝轩变古笺谱》[J]. 检察风云，2017(01)：94-95.

收藏的这本笺谱是最早见于世人的《萝轩变古笺谱》版本，但是此版本并非全本，仅为下册，所以不能确定原书的刊刻年代和作者。大村西崖从"萝轩"二字入手，考证"萝轩"为清康熙年间翁嵩年的别号，将其认定为此笺谱作者，并将这些研究与考证写在重刻版的《跋语》之中。此时由于没有其他的版本进行参照，很长一段时间里人们只能采用大村西崖的推论。这一错误认识长达数十年之久，直到20世纪60年代《萝轩变古笺谱》全帙版本的出现，才将此误解彻底推翻。郑振铎在与鲁迅编写《北平笺谱》和《十竹斋笺谱》时，多次提及《萝轩变古笺谱》，由此可见郑振铎寻求《萝轩变古笺谱》全帙版本的强烈期望，然而郑振铎先生一生却未能得见这本笺谱的全帙版，成为终生遗憾。虽然大村西崖这一重梓版本的内容不全，作者、年代推断有误，但依然满足了想一睹《萝轩变古笺谱》风采的收藏家和研究者们的热切之心；并且也为后世笺谱的发现和重梓留下宝贵资料。

1962年，嘉兴政府文化部组织成立了代表嘉兴向外界征集、收购书画等作品的社团"南湖书画社"。同年深秋，南湖书画社的职员臧松年和在嘉兴图书馆帮忙的高可安聊天时，获悉其海盐一亲戚家有一部奇书。高可安记得幼年曾见外祖母家中有本版画书，现被八十多岁的娘舅用作夹鞋样，于是便带着好友臧松年前往征购。此笺谱封面有"清绮斋藏"的题词，为海盐藏书大家张宗松所藏，其《清绮斋书目》卷二史部食货类萝轩笺谱二册，即为此书，这部笺谱后以数十元转让给了嘉兴古旧书店。

1963年初，嘉兴古旧书店负责人史念先生派人专程送往上海博物馆请徐森玉馆长鉴定。这部笺谱的征集和收藏，主要归功于版本目录学家徐森玉先生。徐森玉一见此笺谱，便鉴定出这是明朝天启年的版本，是海内外仅存的孤本，是他和郑振铎梦寐以求的笺谱。欣喜之余，徐森玉还嘱咐汪庆正让人把此书送到上海图书馆，请顾师廷龙先生、潘师景郑先生、瞿师凤起先生过目，三位先生看过后均纷纷称赞。徐森玉将这一发现立即报告给时任上海市文化局主管社文的副局长方行先生，并坚持要把笺谱留在上海。上海博物馆派资料室主任丁义忠数次来嘉兴协商，嘉兴方面决定以书面行文形式将该书赠予上海市博物馆，上海方面出具公文感谢嘉兴。

此《萝轩变古笺谱》全帙版本共上、下两册，共收录178幅笺画，每面版心框高21厘米，宽14.5厘米，白口，四周单栏，每版一叶二面，版口直行"萝轩变古笺谱"六字，用明代黄锦纸印制而成[1]。

此笺谱的名称为《萝轩变古笺谱》，"萝轩"是吴发祥的自称。"变古"一词的意

1　刘运峰.《萝轩变古笺谱》述略[J]. 文学与文化，2011(04)：107-113.

思是权衡古今变化而裁之的意思。由此可以推断在《萝轩变古笺谱》之前，已经有类似笺谱的存在。

笺谱上册首页的《小引》是一篇富有价值的文献资料，对于揭开此笺谱的作者尤为重要，由小引可得知《萝轩变古笺谱》是由吴发祥刻版、颜继祖辑稿，两人合作印制而成。

记载为顾与治所作《寿发祥八十》诗中，提及"少君二十岁，别君三十年"之句。吴发祥生于明万历七年（1579年），与明末清初的顾与治是好朋友，顾与治卒于清顺治十七年（1660年），享年六十三岁。由此推算，吴发祥享年至少八十岁，则《萝轩变古笺谱》成书之际在明天启六年（1626年），吴发祥年龄为四十八岁，正值壮年。

笺谱《小引》的作者颜继祖，字绳其，漳州龙溪人。根据文献记载，可以推断，在明朝的官僚集团中，颜继祖是比较有才能、有作为的一位。此篇小引的落款为"天启丙寅"，是《萝轩变古笺谱》成书之年，此时颜继祖尚未得到崇祯帝的赏识，是他在中进士七年之后所作。小引结尾处有印记为"白门散吏"，由此可以推断是崇祯元年上疏言事之前，颜继祖尚未成名时与刻者吴发祥交往并应邀而作。

笺谱上册共九十八面，有颜继祖撰写的小引三页、目录一页，画诗二十幅，筠篮十二幅，飞白八幅，博物八幅，折赠十二幅，琱玉十二幅，斗草十六幅，杂稿两幅。画诗，即画与诗的结合，诗画相融以求托物言情、意象统一。绘制主题为山水小景，一部分为纯色墨笔绘制而成，另一部分为淡彩勾勒而成。画面笔墨精严、格局简致，给人以极静谧清雅的意境。笺画旁边配以诗句，诗中有画，画中有诗。其中有七幅作品运用了无色拱花技法，用来表现山水小景中的水波纹、云雾等，增强了表现效果，别具新意。（图2）

筠篮，即竹篮。其中四幅笺画为拱花技法。飞白，即素色不加任何色彩，用拱花技法在纸上压印出笔画图案，这种刻印手法使得笔画图案在视觉效果上显得素白清雅，朴实无华，线条精微纤细，仔细观看有立体的效果。此组笺画全部用拱花技法印制，主题为昆虫。博物，即通晓众物、见多识广的意思。此组笺画主题绘制的是典故，借以教谕世人明事理、通古今之意。折赠，即古代文人有折花枝以赠友人的习惯。此组笺画十二幅，笺画的工艺为细笔双钩，主题绘制的是香草，所绘图案的精细程度宛如植物图谱。每幅笺谱配以古风名句，其句多取自《诗经》《楚辞》，呼应折赠的主题，使笺画极富古雅、诗意盎然。琱玉，即刻制精美的玉器。此组笺画十二幅，主题为古代玉器，与本谱"飞白十二种"相似，用无色的拱花技法印制而成，图案花纹明显凸现于纸面。斗草，是古时流行的一种游戏，又称"斗百草"，主题为花草，用工笔双钩技法绘制而成，有小写意画风。杂稿，为本谱编集时没有明确主题的归类，单独分为一组。此组笺画两幅。其中一幅"云鹭"是以拱花技法印制鹭鸟的身体，羽毛清晰可见，加以用细笔绘的嘴、眼、

图2 朵云轩1981年再刻雕版壬辰年重刊画诗作品局部　左图树枝部分用淡彩勾勒而成；右图云雾部分用无色拱花技法完成

脚和云纹。另一幅"陇上云"是用双钩技法绘制的梅花一枝，小写意画风。（图3）

　　笺谱下册共九十面，有目录一页，选石十二幅，遗赠八幅，仙灵八幅，代步八幅，搜奇二十四幅，龙种九幅，择栖十一幅，杂稿八幅。选石，即拣选名石。笺画均以淡彩双钩的技法绘制，名石造型各异、千奇百态。遗赠，为人们在离别时互赠礼物来表达不舍与挽留之意。笺画的内容不是直接描绘出离别之景，而是以物喻景，以赠物喻离别。每幅笺谱在旁边配有古诗句，出自《古诗十九首》、张衡、李白等人的诗歌。每幅笺谱用工笔勾描技法绘制而成，写形既工，设色尤妙。代步，即为乘车、船、骡马等替代步行的交通工具。笺画内容为车、舟各四种，均以细笔双钩技法绘制，并配有笺名。搜奇，即搜求奇特事物之意，绘制内容为古代典故，并配有笺名。画中的印石和松枝，不用渲染烘托的手法，而是采用刚劲的线条勾勒，表现出的质感，给人一种独特的木刻韵味。龙种，取自中国古代"龙生九子"的传说；古时以龙有九子，九子各有所好，比喻同胞兄弟品性、特点不一的含义。笺画描绘龙种九种，九子形象与《十竹斋笺谱》基本相同，但本笺谱为素色拱花技法印制而成。（图4）择栖，即择木而栖。笺画内容并非只描绘草木，还有禽鸟在草木间嬉戏休憩的场景。笺画多为拱花技法印制，印出禽鸟、山石等物。杂稿，此杂稿与上册含义相同，笺画描绘内容多为古书中记载的珍贵树木。

一、史影寻踪

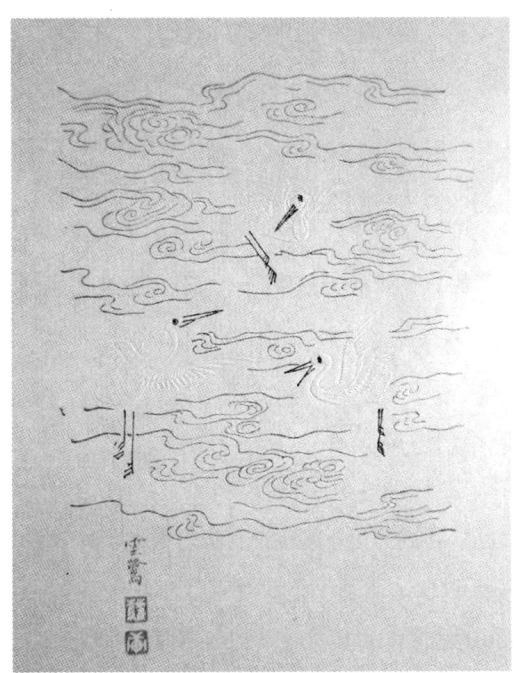 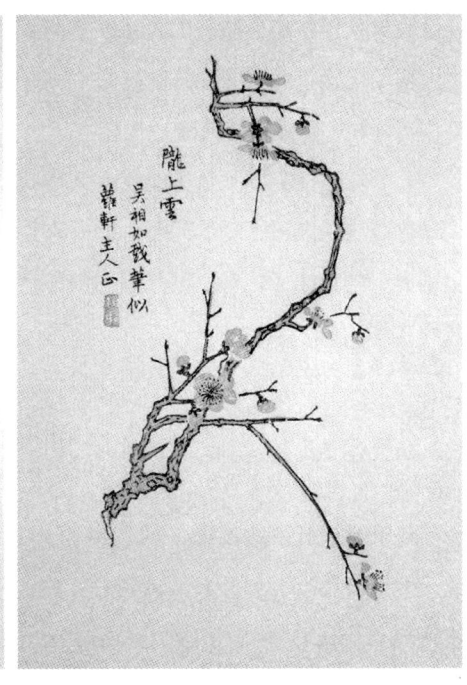

图3 朵云轩1981年再刻雕版壬辰年重刊杂稿两幅 左图为云鹭；右图为陇上云

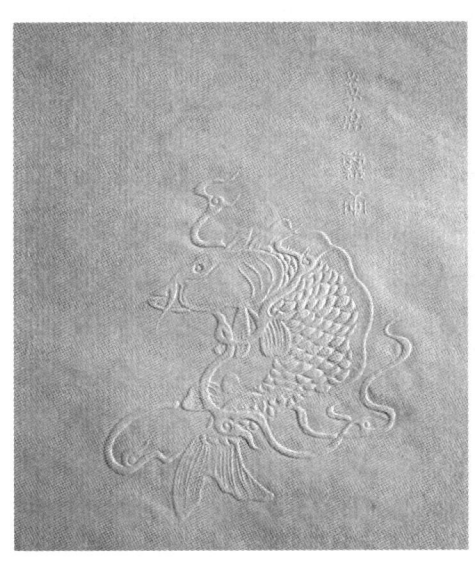 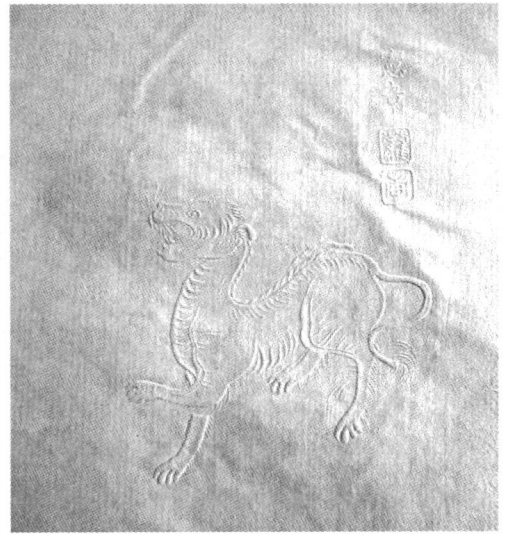

图4 朵云轩1981年再刻雕版壬辰年重刊龙种局部作品 全用无色拱花技艺完成

《萝轩变古笺谱》笺谱大多为彩色套印，具有很高的艺术性。整体风格朴实淡雅，显示出一种宁静高雅的气质。在制作工艺方面虽然用了饾版、拱花的印刷方式，但设色沉着古雅，较少在版面刷色后再加一道较浓的颜色，所以色调缺少深浅变化。笺谱中也几乎没有使用渲染、烘托的技法，多用线条勾勒，富有强烈的木刻韵味。在题材选择、画面构图、笔墨运用等方面也追求一种典雅精致、超凡脱俗的境界[1]。构思巧妙隽永，镌刻细腻传神，色彩和谐典雅。

《萝轩变古笺谱》是在继承前代传统技法的基础上，加以融会贯通，推陈出新，运用新的技法，开创了新的风格。同时它也是中国版画史上的一座丰碑，开创了中国古代印刷史上的新纪元，对后世笺谱的制作产生了深远的影响，是中国木版雕刻套色印刷的巅峰之作。

三、朵云轩重梓技艺

鉴于《萝轩变古笺谱》的艺术和文物价值，方行和徐森玉等人商讨将此笺谱交给朵云轩进行重梓，便于日后的保存。由于任务艰巨，准备工作议而未定，直到1978年才恢复重梓工作。1979年11月，上海书画出版社和上海博物馆就这部笺谱的复制工作进行了第一次协商，并确定了编辑、刻印方针，作为重点出版物，计划在1981年10月前出版，以此来纪念即将到来的鲁迅先生百年诞辰。为了保证这部笺谱的印制质量，特地聘请著名书画家、鉴定家谢稚柳担任艺术顾问，并由上海博物馆汪庆正具体负责复制工作的编撰、组织、质量检验工作。

堪称我国古代拱花木刻彩印笺谱之首的《萝轩变古笺谱》是目前发现最早使用"饾版"和"拱花"印刷技艺的出版物。这一海内外孤本的发现，不但纠正了对于《萝轩变古笺谱》年代、作者的讹传，而且也把古代版画中"饾版拱花"这一工艺的使用时间提前。笺谱不仅有无色拱花的"白拱"，还有将"饾版"与"拱花"相结合的"色拱"。对"饾版"与"拱花"的娴熟应用和创新变通，也正印证了在刻印技术上"变古"之意[2]。

饾版是以套版印刷为基础，进而升级的工艺技术，比套版印刷更为成熟、作品更为精细。饾版印刷的印版，形状复杂，颜色鲜明，堆砌拼凑在一起宛如饾钉，所以称为"饾版"。优秀的饾版印刷作品几乎可以做到与手绘原稿无差别。饾版印刷的原理是根据原画稿的不同色彩色调，一个颜色雕一版，再分色彩的浓淡层次，由浅到深、由大至小逐色套印。饾版印刷对工人手艺有较高的要求。首先要求工人对画稿的色调和明暗做出准确地分解，并用笔和雁皮纸勾画出每个色块的轮廓。其次再按照原稿的线条和笔法雕刻

---

1 孟宪钧. 书苑掇英话笺谱——萝轩变古笺谱 [J]. 收藏家，1999(02)：3-5.
2 邵文菁. 无双国宝《萝轩变古笺谱》[J]. 检察风云，2017(01)：94-95.

一、史影寻踪

图5 饾版

每个色版。最后印刷要注意不仅套版的位置要精确吻合，还要通过掌握施彩的干湿和轻重来实现色彩浓淡变化的效果，表现原作的笔墨风韵。（图5、图6）

拱花，也称为"凹凸版"，用来制作有立体感的图案，类似于现在的浮雕印刷工艺。其工艺原理是先将图案的轮廓线条雕刻在刨

图6 饾版印刷效果图

平的木版上，把纸铺在雕版上，然后再盖上羊毛毡，用木棍压印，使纸面上形成有拱起的花纹。此工艺也可以用凹凸两版嵌合压印，使纸面形成无色的浅浮雕效果。拱花印刷所呈现的效果脉络清晰立体，画面素雅别致。（图7）

《萝轩变古笺谱》中有三分之一都是拱花版。拱花版层次繁多、图案变化精微、细微而生动，在呈现形式上不用色彩，只依靠雕版凹凸来表现。而这项无色拱花技艺工艺早已失传，在朵云轩的工人们反复研究试验下，使得饾版和拱花技术得以重现，同时也是重梓的难点所在。

重梓《萝轩变古笺谱》是一个十分繁难、艰苦的过程。为了此次重梓过程更加顺利，朵云轩特请上海博物馆的专家编选了《萝轩变古笺谱·小引》、《十竹斋笺谱·序、跋》、郑振铎的《访笺杂记》及与鲁迅商讨复印《北平笺谱》的书信摘录等有关文字资料，加深参与复制人员对笺谱的理解，提高其工作的热情和兴趣。

29

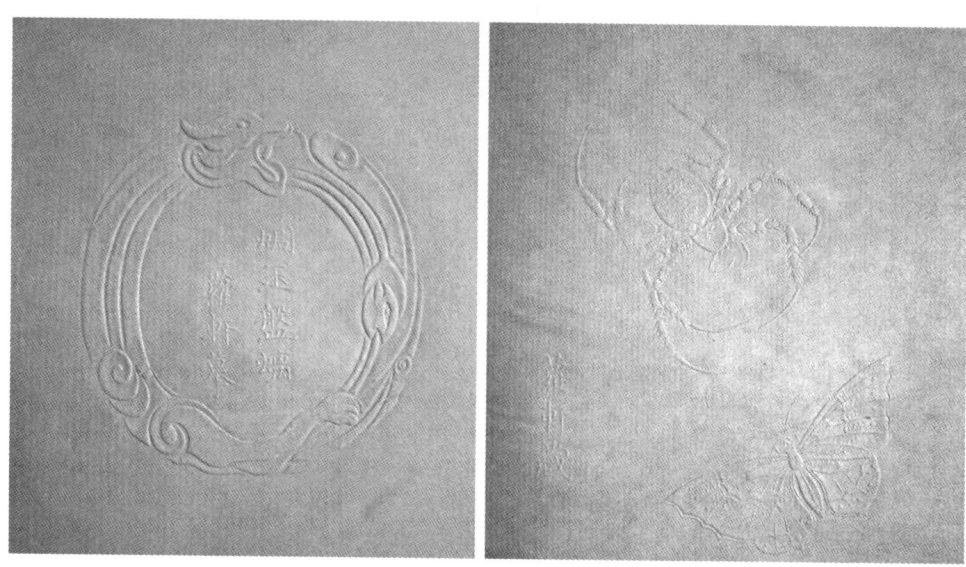

图 7　朵云轩 1981 年再刻雕版壬辰年重刊拱花艺术效果图　左图为璊玉局部；右图为飞白局部

参加重梓工作的李慧珠、蒋敏、王崇礼发表《复制〈萝轩变古笺谱〉的体会》一文来记录此次重梓过程。木版水印工艺所使用的主要工具为毛笔、拳刀、棕刷、棕耙。整个重梓过程，要经过勾描、刻版、印制、装订多道工序合力完成，每一个步骤中的技艺大都是关键，细节不得有差错。

勾描是木版水印的第一道工序，主要用到的工具是毛笔，把一幅画按照不同颜色区分开，分好之后描稿，把画描在雁皮纸上。雁皮纸是一种以树皮为原料制成的半生熟纸，薄如蝉翼，透若月光，是最适宜用于勾描的纸张。勾描的难点和要点在于勾勒一条线条时，要尽可能地还原原作的笔法[1]。在勾描时，工作人员对古人表现的线条进行了细致深入的研究，发现这本笺谱，无论是山水花鸟，还是博物、题字等，线条的运用都浑厚有力，刀锋精细，作品呈现出简练而富有质感的特点，内含无穷情趣。因此，在勾勒一条线时，不仅仅是看到的一条线，亦要重理解线条表现物体的各种运笔方法，做到勾出其形、不忘其神。还特别注意线条的运笔动势，将刻稿贴样勾得极其精确，便于刻工雕刻。拱花版的勾描是颇费力气的，首先要细心揣摩原作，勾稿时要绝对忠实于原稿，要做到尽可能地接近原画，否则下笔差之毫厘，刻、印就会差之千里。其次要根据自己的观察分析，在勾稿上作出反应不同凹凸程度的记号。这种记号是勾刻者共同商定的，便于刻版参考。

---

[1] 长歌.朵云轩传承木版水印技艺[J].中国拍卖，2018(11)：78-83.

勾描完成之后就会把样稿送去刻版，刻版是木版水印的第二道工序，也是承上启下的关键一环。在正式上手雕刻前要先选版，从整体上观察木头是否有暗伤，然后用木节草打光。接下来是上样，取少量糨糊把勾描的样稿反贴在梨木板上，起定位作用，等定好位之后就可以把糨糊均匀地涂抹在木版上了，等糨糊干了进行刻制。刻版的时候主要依靠一把拳刀，在刻版师傅手里，这把刀就好像画家手中的画笔一样，能够刻出各种各样的线条。具体刻制时，则必须注意选用不同的刻刀和掌握正确的刻版技术，木版水印雕刻的难点也在于线条。

水印，是木版水印的第三道工序；在刻好的木版上刷掸上颜色，然后以拓印的形式印到纸张上去，主要用到的工具有毛笔、棕刷、棕耙等。水印的难点在于不同的画需要采用不同的纸张和印制技巧。在印刷用纸上，对于重梓笺谱的选纸几经周折，要用不同的方法去完全还原作者的原作。所以最难的地方在于要几乎一样地去还原它，但是要以不同的形式。选用染色仿旧的宣纸，不是纸张厚度不够，就是纸质太毛，不够光洁，不能达到印刷质量。而直接用宣纸染旧，颜色不是太深就是稍浅，或是色相不准，印起来容易发花，不能很好地重现作品。因此，根据谢稚柳的意见，经过反复试验，最终决定采用夹宣染古色，一张张挑选，剔除发花、有杂质的宣纸，并且人工磨光，从而达到较为理想的效果。

刻拱花版时极为工细，拱花的线条亦极其匀称，尤其是有弧度的线条，每根线条又纵横交错在一起，十分复杂。稍不留神，就会将一根细若发丝的线条刻坏，使整个版面难以补救。为此，在刻制这块版时，首先用拳刀将整个图案的外围轮廓线准确地刻出来，线条非常的细和匀称，所以会比较复杂一点。拳刀下刀的深度、坡度及执刀的形状，都力求恰到好处。然后，用平的铲刀把表层铲除干净，使底部光滑平整，在刀口的衔接处不留下拳刀的痕迹。再用微型铲刀沿着第一层的刀锋轻轻地铲除最外围的一层木屑，这样，图案的两个块面就显示出来了。加上其他物象的衬托，所雕刻的图案就更加栩栩如生，鲜明突出。

最终《萝轩变古笺谱》的重梓版本如期高质量地完成，本全帙分为两册，外配象签锦套。笺谱用纸分为仿古宣纸本和素宣纸本两种，仿古宣纸本共印300部，装以精致宋锦函套，按编号依次发行。书成之后，由赵朴初题签；上海博物馆和朵云轩撰后记；谢稚柳作跋，在跋语中他从笺纸的来源、发展和演变做了回顾，并对改笺谱的重刊进行了评价；当时年近九十高龄的复旦大学中文系教授郭绍虞为其作序，并且在序言中从文化传承的角度对刊刻《萝轩变古笺谱》之举给予了高度评价，称其为："谢氏亦不独居其名，备载雕刻者姓氏，俾与此书同不朽。更可见社会通力之学，仍必藉社会通力以维护而光大之也。"

此次重梓增补了上海博物馆所藏该部笺谱残本另有的拱花4幅,合计182幅画笺。

这部《萝轩变古笺谱》全帙重梓本的问世,从技术的角度看,首次重现了木版水印的拱花技术,并在重梓过程中克服了拱花技术精细、严谨的技术要领;也使朵云轩的木版水印重梓技术有了新的突破和进步,为后续的作品重梓留下宝贵经验。从历史的角度看,使这部失传已久、弥足珍贵的孤本,能为艺术学界所共赏,这也有助于笺谱艺术传统的进一步发扬光大。[1]

四、木版水印的传承

此次重梓作品之后,朵云轩重梓木版水印作品的步伐并没有因此停止,朵云轩木版水印从此走上了文化遗产的传承和保护之路。2012年,朵云轩又重梓《萝轩变古笺谱》300部,并根据日本残本补足了择栖中的两种,按编号发行。以上这两次印制,在一定程度上提升了《萝轩变古笺谱》在中国版画史上的地位,也提升了它在文化界的知名度。

在如今机械复制的时代中,印刷技术不断进步,木版水印不再成为复制、保存、研究古画真迹的唯一方法,但是朵云轩的精美复制技术一直令美术界叹为观止。如今上海朵云轩的木版水印复制艺术更有了骄人的发展,2008年6月,上海朵云轩木版水印技术继北京荣宝斋木版水印后,列入国家级非物质文化遗产名录,这也使得传统木版水印制作工艺的保护和传承项目变得更加完整。作为木版水印技艺的传承保护单位,朵云轩坚持以传承人才队伍建设为核心,以精品项目确保技艺的传承品质。2014年5月,木版水印技艺传承保护单位上海朵云轩艺术发展有限公司被文化部认定为第二批国家级非物质文化遗产生产性保护示范基地,与北京的荣宝斋一起,素有"南朵北荣"之称。朵云轩随着技艺的不断精湛,先后系统地复制出版了从唐代到近现代国画名家的各种题材,不同材料、形式的千余种作品。重梓的主要作品有《萝轩变古笺谱》《十竹斋书画谱》《西厢记》《杂花图》《任伯年群仙祝寿图》等,其中重梓作品《十竹斋书画谱》在1989年荣获"莱比锡国际图书展览会"最高奖项——国家大奖。(图8)

朵云轩历经百年发展,为了顺应时代潮流的变迁,朵云轩木版水印也积极地进行经营的升级和转型。当今木版水印依旧属于比较小众的一个行业,同很多传统工艺一样,也涉及从业人员收入水平低,传承手艺枯燥,重复劳动等问题。朵云轩从产品种类出发,将产品分为三大类:收藏类、书画类和纸笺类作品。收藏类的作品制作周期长、成本较

---

1 孟宪钧.书苑掇英话笺谱——萝轩变古笺谱[J].收藏家,1999(02):3-5.

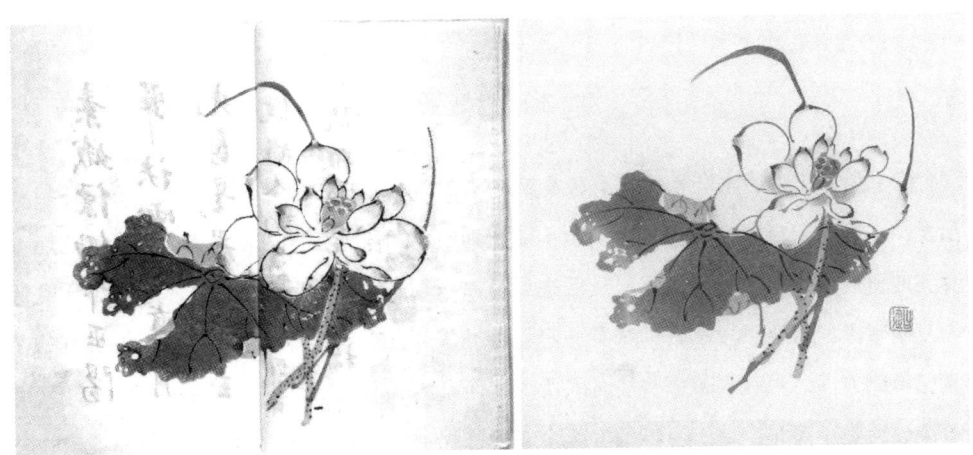

图8 十竹斋书画谱原版与重梓版本对比 左图为嘉庆二十二年芥子园重刊胡氏彩色套印本局部；右图为朵云轩再造完成的新善本局部

高，而笺纸类作品则属于制作周期较短、成本较低的产品，既需要有长期文化积淀的东西，也需要短平快的作品，使受众群体更为广泛。2009年上海朵云轩组建集团，形成了六大主题产业结构，使其影响力更大，传承木版水印技术也有了更为坚实的经济基础和市场。

朵云轩的木版水印技艺在中国书画复制、古籍善本再造、传统水印笺纸的制作以及水印版画语言的实践与探索等方面仍然发挥着不可替代的作用。当今的木版水印已经发展为一门综合了绘画、雕刻和印刷的再创造艺术形式，[1]并且全部由手工制作完成，它具有用网线分色、油墨印刷的现代印刷所不能达到的奇妙效果，能更真实地重现原作的笔情墨趣，从而达到以假乱真的效果。在朵云轩的文化平台上，雕刻者得到书画家们的理论和实践指导，又得以近距离地观赏到许多征集收藏的真迹，从而在提升艺术鉴赏能力的同时，也提高了他们在实践过程中处理木版水印的技术水平。木版水印因其具有艺术价值、文物价值和既有一定的存世量的原因，也使其具备了艺术品投资的属性。木版水印印制数量少的原因有两个，第一是因为版子易磨损，随着印刷次数的增加，版子的磨损程度也随之增加，越印到后面，作品就会越模糊，一般一套版子仅可印一百部作品；第二是印制费时费工，成本过高。作品重梓首先要求的是艺术上的尽善尽美，这种做法使木版水印技艺发展到了巅峰，与创作版画一样具有艺术价值。由此过程，也使木版水印作品具有极高的价值。

---

1 朱明清.木版水印技艺的保护和传承[D].中国艺术研究院，2014.

总结

　　综上所述，木版水印作品具有极高的艺术价值、经济价值与文化价值。从艺术角度出发，木版水印技艺拥有现代印刷所不能达到的艺术效果，作为艺术再创造形式，能更真实地重现原作的笔墨和情趣，从而达到与原作几乎以假乱真的效果。木版水印作品作为复制版画的重要手段，其本身有一定的存世量，也使其具备了艺术品投资的属性。在文化价值方面，木版水印那些被时间所洗礼而流传下来的精巧技艺代表的是一个时代的繁荣与历史，因此，在当今传承木版水印的过程中需要不断革新技艺，在保留原有技艺的基础上，利用新的技术来完善木版水印，使所印制的作品更加精细、精巧。在内容与工艺方面，更具时代内涵，被更多的人知晓。而朵云轩作为传承木版水印技艺的中华老字号品牌，从1900年一路走来，历经120年的传承和发展，长期以来致力于木版水印文化遗产的传承和保护，并且取得了不凡的成就。1981年，朵云轩历尽坎坷重梓《萝轩变古笺谱》这一著作，使木版水印重梓技术有了新的突破和进步，也为后续的作品重梓留下宝贵经验。朵云轩以此经验为契机，依托上海的地域特色，发扬了"海派"精神的包容和革新。虽然当今世界已经是数字化、机械化时代，但木版水印所包含的技艺和精神却是这个时代不可磨灭的部分，它伴随着时代共同成长。

从《西湖十景》到《燕京八景》：
沿运河而来的山水审美与文化旅游

宋子昂[1]

摘要：八景画题在宋代确立，"潇湘八景"画题作为其中的代表，对后世八景题材发展均有影响，其中包括"西湖十景"与"燕京八景"。"西湖十景"与"燕京八景"分别描绘杭州与北京的八景画题，两地也是大运河的起止点。本文主要探究八景画题的词语要素构成及特点，论述"西湖十景"与"燕京八景"画题在词语要素上对八景画题的继承与发展，总结两个话题的命名可供当代旅游景观借鉴吸纳的特点以及两个画题对当代大运河沿岸文化保护、传播与发展的积极意义。

关键词：八景；西湖十景；燕京八景；京杭大运河

一、八景画题的起源与特点

"八景"指国内名胜组景，是一个地区范围景观的组合。"八景"多为八个组景，也有十景、十二景等不同数量组景被归为"八景"。"八景"文化源于中国宋朝，至今被应用于绘画、诗歌等领域。在绘画领域中，以潇湘八景画题为代表。潇湘八景最早可追溯于五代时期画家黄筌，随后，北宋画家宋迪创作《潇湘八景图》，使潇湘八景画题定型，潇湘八景画题逐渐开始流传和发展。

（一）潇湘八景的渊源

"八景"绘画的起源目前仍有争议，多数学者认为八景绘画源于北宋时期宋迪的《潇湘八景图》或五代黄筌的作品，也有学者将八景绘画源头追溯至先秦时期。笔者认为，

---

[1] 宋子昂：北京印刷学院硕士研究生

在先秦时代到隋唐时期，山水题材作品逐渐融入自然美学，同时中国传统画家开始寄情山水，这一时期成为八景绘画的萌芽时期。两宋时期八景绘画开始成熟，宋迪的《潇湘八景图》作为八景题材的代表，所确立的潇湘八景画题样式被后世沿用和发展。宋迪的《潇湘八景图》虽不是最早的潇湘八景作品，但是其通过八幅作品的题目命名直接展现出画面描绘的事物，这些事物在后世的潇湘八景作品中也得以保留。

"潇湘八景"是描绘中国潇湘楚地的经典画题，分别为"山市晴岚""远浦归帆""渔村夕照""潇湘夜雨""烟寺晚钟""洞庭秋月""平沙落雁""江天暮雪"八幅场景。由北宋时期的宋迪确立，在此后被历代画家沿用和发展，展示出不同风貌。

潇湘八景画题意象的形成与潇湘地区本就蕴含多样的文化意象有关。既有史料和神话传说记载有关潇湘区域的故事表现出幽怨、苍凉的氛围，也有屈原忠烈而死所带来的高洁品格，同时唐代及以往有大量士官文人被贬于湖南，潇湘也逐渐被赋予文人气息。

（二）潇湘八景的词语要素

潇湘八景的八个题目明确指出画面所描绘的事物和要素，所以我们可以从宋迪《潇湘八景图》的八个题目进行分析。"潇湘夜雨""洞庭秋月""烟寺晚钟""远浦归帆""山市晴岚""渔村夕照""江天暮雪""平沙落雁"八个题目的词语构成拥有统一的特点。首先，八个标题中的词语要素限定了时间和空间。例如"潇湘""洞庭""渔村""山""寺"等词语明确了画面的场所和事物，其中只有"潇湘"和"洞庭"明确到了具体地域，其他场景均为指向模糊的场所。"夜雨""秋月""落雁"限定了画面中的季节和时间段，另外一些词语，例如"青岚""雨""雪""照"则是明确了画面的气候。其次，描述画面场景和事物的词语都组合在标题的前二字，后二字多表现时间季节和气候，但也有"晚钟""归帆"少数词组表现人事。

此外，对潇湘八景画题的词性进行分析，八组画题的前两个字多为代表地域或场所的名词，第三个字多为对第四个字的修饰，前三个字共同限定的第四个字代表的事物发生的场所与时间。

表 1 潇湘八景画题词语要素分析

潇湘八景画题	空间要素	时间要素
潇湘夜雨	潇湘（地域）	夜雨（时间与天气）
洞庭秋月	洞庭（地域）	秋月（季节）

烟寺晚钟	烟寺（场所）	晚（时间）
远浦归帆	远浦（场所）	归帆（时间）
山市晴岚	山市（场所）	晴岚（时间与天气）
渔村夕照	渔村（场所）	夕照（时间）
江天暮雪	江天（场所）	暮雪（季节与天气）
平沙落雁	平沙（场所）	落雁（季节）

总体上八个标题的词语要素组合呈现出"场所+景物"的规律，并且分别表现出画面的地域景观、时间季节或气候。在这种规律下，不同地区的八景画师不仅能绘制自己心中的潇湘楚地，也可以在规律下将潇湘置换为其他景别，构成八景的不同变体并不断传播和变化，同时在一定程度上保留潇湘八景的原有特征。在传播的过程中与当地景观融合，在地理位置和表现内容上展示出不同于潇湘八景的新貌。

二、西湖十景与燕京八景的词语要素

关于八景景观的展开，潇湘八景成为古代各地胜景的评选典范，成为各地八景诞生的范本。八景逐渐脱离潇湘地区，成为国内普遍的地域文化景观。其中南宋的"西湖十景"和"燕京八景"成为八景画题在中国发展的代表。

（一）西湖十景的词语要素

西湖十景创始于南宋，由南宋宫廷画院的画师创作而成。随后成为画题并在历代得到发展。西湖十景有十个小画题，描绘浙江省杭州西湖的十处景观，分别为"苏堤春晓""曲院风荷""平湖秋月""断桥残雪""花港观鱼""南屏晚钟""双峰插云""雷峰夕照""三潭印月""柳浪闻莺"。西湖十景在一定程度上沿用了画题名称的组词规律，"秋""雪""月"等一些表示时间要素的字词被沿用。其中"平湖秋月""雷峰夕照"和"南屏晚钟"三个画题将代表地理位置的前二字置换，后两字延续了潇湘八景中的小画题组词。

与潇湘八景画题的组词规律不同的是，首先，虽然西湖十景的多数词语组合保留了潇湘八景"场所+景物"的规律，且景物均与季节、天气等表示时间的词语结合，但是"柳浪闻莺"画题的词语均由场所内的景物组合而成，不见其场所词汇，词组顺序也变为时间要素在前空间要素在后。其次，"曲院风荷""花港观鱼"和"双峰插云"画题的词语构成不再包含表示时间的词语。季节、天气、一天中具体的时间段这三个要素在标题中有所削弱。

再次，潇湘八景画题的词语构成基本为名词或其他修饰词，动词要素少，或者说动词不够明确。但是在西湖十景中，动词要素更加突出，例如"花港观鱼"中的"观"、"双峰插云"中的"插"、"三潭印月"中的"印"以及"柳浪闻莺"中的"闻"。四组画题的动词要素均为第三个字，打破了潇湘八景的词性规律。

最后是最为重要的改变，即西湖十景的各个小画题指代的场景相较于潇湘八景更加明确。这种现象之所以产生，可能是因为潇湘八景画题没有规定所描绘的具体场所，也可能与具体的指代场所因为种种原因未能有效传播有关。一些西湖十景所描绘的场景也能对应到现代的西湖景观，例如"南屏晚钟"对应杭州西湖南岸的南屏山净慈寺，"雷峰夕照"对应净慈寺前夕照山上的雷峰塔。在对应景观的选择上，西湖十景的不少景观具有人文特色，例如"断桥残雪"可以联系到白娘子的爱情故事，"花港观鱼"有乾隆皇帝游访的题诗。西湖十景的对应与人文特色发展了八景画题。

表2 西湖十景画题词语要素分析

西湖十景画题	空间要素	时间要素
苏堤春晓	苏堤（场所）	春（季节）
曲院风荷	曲园（场所）荷、（景物）	
平湖秋月	平湖（场所）	秋月（季节与时间）
断桥残雪	断桥（场所）	雪（季节与天气）
花港观鱼	花港（场所）、鱼（景物）	
南屏晚钟	南屏山（场所）	晚钟（时间）
双峰插云	双峰、云（场所）	
雷峰夕照	雷峰塔（场所）	夕照（时间）
三潭印月	潭（场所）	月（时间）
柳浪闻莺	黄莺（景物）	柳浪（季节）

（二）燕京八景的词语要素

燕京八景是北京八处著名景点，画题诞生于金代。燕京八景画题词语要素的情况要比西湖十景的更加复杂。燕京八景的名称在明清时期分别被称为燕台八景和燕山八景，在个别时期被称为宛平八景等名称。其中部分小画题在不同朝代也有词语要素的调整。

例如"琼岛春阴"画题在清代以前被称作"瑶岛春阴""琼岛春云","太液秋风"画题在明清时期与"太液晴波"交替使用。明代燕京八景甚至在原有基础上新添两景。现在人们提及的燕京八景多为清代乾隆更定的版本，分别为"琼岛春阴""太液秋风""玉泉趵突""西山晴雪""蓟门烟树""居庸叠翠""卢沟晓月""金台夕照"。比起西湖十景的自然风光，燕京八景所指的是北京城内的景观，随着北京城的不断建设，燕京八景也和城市景观联系在一起。

表3 燕京八景画题词语要素分析

燕京八景画题	空间要素	时间要素
琼岛春阴	琼岛（场所）	春（季节）
太液秋风	太液池（场所）	秋（季节）
玉泉趵突	玉泉山（场所）	
西山晴雪	西山（场所）	晴雪（天气与季节）
蓟门烟树	蓟州城门（场所）树（景物）	
居庸叠翠	居庸关（场所）植物（景物）	
卢沟晓月	卢沟桥（场所）	晓月（时间）
金台夕照	陵墓（场所）	夕照（时间）

燕京八景的词语组合大体上符合潇湘八景"场所+事物"的组合，潇湘八景画题中的"秋""雪""夕照"表示时间要素的词汇也被燕京八景沿用。在词性上，延续潇湘八景画题缺少动词的特点，只有"玉泉趵突"中"趵突"一词表示泉水的喷涌而出。同时，与潇湘八景画题组词规律不同的是，"玉泉趵突""蓟门烟树""居庸叠翠"画题词组不再含有表示时间要素的词汇。燕京八景的八个画题同西湖十景都有现实景观相对应，例如"居庸叠翠"对应居庸关，"玉泉趵突"与玉泉山相对应。此外西湖十景所对应的部分实景同样具有人文特色，但不同于西湖十景，燕京八景的人文特色是历史典故与乾隆钦定结合的产物。例如"金台夕照"中的金台指燕昭王的黄金台，或是沿用曾经更换过的"道陵夕照"画题表示金代帝王陵墓，同时清代乾隆皇帝立碑于景地让画题具有更丰富的人文特色。

西湖十景与燕京八景都是潇湘八景画题的变体，两者在八景画题的词语组成的变化中呈现出不一样的趋势。西湖十景的部分画题突出了动词，燕京八景的词语组成则受到帝王的影响。而更加值得注意的是两者在变化发展过程中展示出的共同点，即画题在保留潇湘八景画题简洁清晰特点的基础上，与现实场景相对应，并赋予其人文特色。

三、八景题材在海外的影响

总体上八景的八个标题的词语要素组合呈现出一定的规律。在这种规律下，不同地区的八景画师不仅能绘制自己心中的潇湘楚地，也可以在规律下将潇湘置换为其他景别，构成八景的不同变体并不断传播和变化，同时也一定程度保留潇湘八景的原有特征。南宋时期诞生的《西湖十景》和《燕京八景》是八景题材传播与变化的代表。明代八景文化更是向市民阶层渗透，被推广至全国。更多脱离潇湘地域的本地八景画题出现。

八景画题的影响不局限于国内，随着八景题材的传播，日本、韩国等邻国都受到八景画题的影响，同时产生了属于当地的"在地化"八景作品。例如日本在17世纪出现了《近江八景》与《金泽八景》，这些是脱离了潇湘地域限制的八景题材作品。以《近江八景》为例，它将八景画题的地域范围从中国潇湘地区置换为日本的琵琶湖地区。八幅图的主题分别被置换为"唐崎夜雨""石山秋月""三井晚钟""矢桥归帆""粟津青岚""濑田夕照""比良暮雪""坚田落雁"。可以看出，在潇湘八景画题的原有规律下，每个标题代表地点的前两个字被置换，代表时间季节和气候的后二字得以保留。《金泽八景》采取同样的置换方式。14世纪出现的《博多八景》和《大慈八景》虽然无法从标题中明确词语置换的规律，但在内容上保留了潇湘八景画题原有的元素。例如《博多八景》中的"暮雪""月""归帆"等事物或气候。日本在14-17世纪的八景题材画作表现出八景作品"在地化"不同表现的同时，也保留了潇湘八景画题原先所描绘的场景和事物。

18世纪，日本浮世绘师铃木春信创作《坐铺八景》，将其与日本的见立绘相结合。《坐铺八景》的话题命名也反映出八景题材的新貌。八幅作品分别为"台子夜雨""镜台秋月""时计晚钟""手拭掛归帆""扇子晴岚""行灯夕照""涂桶暮雪"和"琴柱落雁"。对比以往的八景作品可以发现，铃木春信依旧采用替换前两字的方式，但是不同的是，不论是国内的《潇湘八景图》还是日本的"在地化"八景，它们表现出的八景题材的变化依然没有打破"场所+景物"的组合。但是在《坐铺八景》中，从标题可知，前两个字不再局限于场所，而是变为"镜台""扇子""涂桶"等室内的物件，将地点替换为生活用品。铃木春信对以往只描绘大自然景观的八景画题做出改变，依靠日本的"见立"手法，《坐铺八景》展现了日本当世女子日常生活图景，展示出不同于此前中国八景绘画作品的景观。

四、八景画题在当代旅游业的应用

"八景"在当代常见于旅游业,为宣传旅游景点、推动八景所在地旅游业发展提供积极影响。古代八景描绘自然景观,是人文化的山水图景,古代文人借此抒发感情陶冶情操。"八景"在当代被赋予一种目的性,用于宣传和包装当地旅游景观吸引大批游客参观,同时城市借助"八景"模式保护和开发旅游景观。"八景"在旅游业中成为开发现代城市或原有组景的资源,也是现代城市对八景景观的保护方式,原有的"八景"模式展现出新的特点。古代八景画题的组词规律应用于当代旅游景点,有一定的启示意义。

(一)八景画题对当代旅游业的启示

在当代旅游业中,我们可以从原有八景画题的命名规律中得到一定启示。首先从上述对西湖十景与燕京八景中可以得知,八景画题由四个字组合而成,简洁清晰,有"场所+景物"的组词规律。这种特点应用在给旅游景观命名上,可以更好地帮助旅游景点进行宣传。旅游景观简洁直观地展现在标题中,让参观者阅读标题即可知旅游参观的对象,不用借助其他资料便可了解景观包含的内容。其次,两个八景画题分别与西湖和北京城的实景对应,以至于当我们一提到"金台夕照""三潭印月"等画题,就能联想到景观的大概位置。这种与实景联系紧密的命名方式应用于旅游景观的宣传中,无疑是有益的。最后,西湖十景与燕京八景画题背后都有人文特色,这种人文特色丰富了景观。在现代,城市在面临景观宣传时应当深入挖掘有历史底蕴、文化内涵的景观,同时尽可能在已有的景观中寻找人文特色。[1] 在原有八景画题组词的规律上,许多城市创造出不同于原有组词的"新八景"。这种新八景同样不同于古代的八景,具有古代文人面对八景题材时不曾有过的实用性。例如杭州在1984年与2007年分别评选的两个"新西湖十景"。二者在八景命名上沿袭了原西湖十景的组词优势,旅行者可以从题目明确景物的内容,例如"吴山天风""云栖竹径""虎跑梦泉"等景观。实景与名称对应的同时,部分场景的人文特色也同原西湖十景一样被发掘出来,例如"六和听涛"指向西湖南侧六和塔的历史,"梅坞春早"背后则是梅家坞的茶文化,等等。

---

1 任唤麟.八景文化的旅游学分析[J].旅游学刊,2012,27(07):35-40.

(二)西湖十景与燕京八景的当代价值

西湖十景与燕京八景和京杭大运河有紧密联系。京杭大运河北起北京南至杭州,贯通多个水系,是古代人民劳动创造的结晶,带动了沿岸的经济文化发展以及南北地区的交流,在当代被纳入"南水北调"工程,依然具有重要意义。"西湖十景"与"燕京八景"分别描绘京杭大运河起止点的景观,能够反映大运河沿线城市的自然与人文风貌。在当代积极宣传西湖十景与燕京八景画题,不仅可以弘扬大运河两岸的文化,也可以促进两地以及大运河沿线的旅游景观建设和旅游业的发展。

总体上,对"西湖十景"与"燕京八景"画题词语要素的研究,可以给当代旅游景观发展提供一种文化保护、传播与发展的新思路。当代的"新西湖十景"一定程度上吸收了八景画题词语要素组合的优势,也像"西湖十景"与"燕京八景"一样把旅游景观和人文特点结合,对促进大运河沿岸文化的发展和传播起到正面作用,也为大运河沿岸文化保护提供了优秀范例。

从中国古代铜镜的发展看南北文化的融合

戴夏涵[1]

摘要：中国古代铜镜的发展源远流长，从新石器时代的齐家文化开始，每个朝代都展现了自己独特的风貌和特色。可以说铜镜文化的历史就是中华文化历史的一个缩影。大部分关于中国古代铜镜的文献都是从朝代的角度去分析其样式和风格。笔者通过基本文物研究的方法，从空间的纬度，以大运河开凿前、隋唐大运河开凿后以及京杭大运河开凿后三个时间点为前提条件，分析各个朝代铜镜的地域特色以探究南北方文化的差异与融合。从古代铜镜的视角，探究大运河对中国南北方文化带来的影响。

关键词：铜镜；南北文化；大运河；物质文化

一、铜镜的起源

黑格尔认为，人与自然的最本质的区别在于人是自在而自为的，而自然是自在而不自为的。[2]当人知道自我存在（自在），同时而又自为（对自己实践行为有整体的认知）时，镜子以及镜子背后的装饰便是人在认知自我同时对自我有美好期待的一种具体外化。

无论是关于纳克索斯的神话还是那些散落在山顶洞人头部骨骸附近的带孔的小砾石、海蚶壳、兽牙、兽骨等就是他们认知自我形象、改造自我形象的证据。在镜子还没有被发明以前，人类只能以水观容。郭沫若曾在《三门峡出土铜器二三事》中推断古人是如何从以水为鉴过渡到以铜为鉴的：

"普通人用陶器盛水，贵族用铜器盛水，铜器打磨得很洁净，即无水也可以鉴容。故进一步，即由铜盆扁平化而成镜。铜镜背面有花纹，背心有钮乳，既是盛水铜器扁平

1　戴夏涵：英国皇家艺术学院硕士研究生
2　朱光潜.西方美学史（下）[M].北京：中国友谊出版公司，2019：743-744.

化的遗痕。盛水铜器的花纹是表面的，扁平化后则变成背面了。钮乳是器足的根底。"[1]

1975年在甘肃广河齐家坪墓葬中发现的素铜镜以及次年考古学家在甘肃省青海贵南县尕马台村25号墓中出土的七角星纹镜，将中国铜镜发展的历史向前推进到公元前2000年左右的齐家文化。铜镜作为日常实用物品同时又作为艺术品在明清终于逐渐被玻璃镜取代，那么我们将从时间和空间两个纬度去考察铜镜整体样式和背后纹样的变化，来窥视中国南北方文化的差异与逐渐融合的关系。

为了更加严谨地归纳和阐述南北方铜镜的差异，我将设定三个主要的时间节点：战国、唐代和元明清。

二、战国铜镜发展

奴隶制度被封建制度取代的战国时期，社会生产力得到了空前的发展，精神文化的发展也达到了历史的顶峰。这一时期诸子百家相互争鸣，各派思想文化百花齐放。处于淮河以南长江流域的楚国盛行以老子为代表的道家文化，而在北方的三晋（韩国、赵国、魏国）和西秦则是法家思想的兴盛之地。这种南北思想文化的差异也潜移默化地影响着南北方铜镜文化的发展。

在道家文化和法家文化的影响下，战国南北地区铜镜的发展呈现出了完全不同的轨迹。

（一）楚国铜镜

楚国铜镜在湖南、湖北、安徽、四川等地都有出土。由于湖南长沙是当时的铸镜中心，长沙战国墓出土的楚系铜镜数量最多，品种最为齐全。楚国铜镜背部纹饰可分为四大类：素镜、纯地纹镜、铸纹镜和特殊工艺镜。[2] 铸纹镜又分为六种形式，包括菱纹镜、山字纹镜、花叶纹镜、蟠螭纹镜、连弧纹镜、禽兽纹镜。其中菱纹镜、山字纹镜是最具代表性的两个类型。

1. 菱纹镜

菱纹镜主要流行于战国中期到战国晚期，出土量并不算多，却是楚国特有的一种铜镜类型。邓秋玲在《论楚国菱形纹铜镜》中这样介绍："菱形纹是指由凹面宽带的磐形（钝

---

[1] 郭沫若. 三门峡出土铜器二三事[J]. 文物.1959(01)：14.
[2] 张倩. 战国楚系铜镜研究[D]. 辽宁师范大学, 2018.

角）和矩形（直角）所组成的一种纹饰。根据菱形纹镜镜背主纹组合的不同及其他辅助纹饰的变化，可将菱形纹镜分为五型九式。"[1] 菱形纹镜主要以圆形为主，通常以羽状纹或云雷纹为地纹，花草凤鸟为辅助纹饰。主纹主要分为行状式菱形纹镜、叠状式菱形纹镜和框状式菱形纹镜。发展到后期纹饰越发复杂，菱纹也逐渐从主纹变成辅助纹饰。（图1，图2，图3）

图1 行状式菱纹镜

对于几何纹样的演变，我们可以参考《美的历程》当中作者对于原始几何纹样演变的归纳，大致遵循了一种"由写实到符号化"的过程，基础的菱形很有可能是对鱼形或水波纹的一种归纳，是一种对自然力的崇敬。[2]

2. 山字纹镜

山字纹镜在所有楚镜类别中出土量最高，占到70%-80%。从战国初期到战国晚期都有山字纹铜镜出现。[3] 它们主要分为三山、四山、五山、六山四种排布样式。通常以花叶、柿蒂、竹叶等图案为中间纹，配以羽翅纹或云雷纹形式的地纹，山字纹向左或向右旋。楚镜以四山镜居多，占山字纹镜90%以上。六山镜最为稀有，目前为止各个朝代共发现9件，散落在世界各地。四山镜镜钮为方钮，钮座四边多与底边平行排列，少数为错角排列（图4）。三山、五山、六山镜镜钮多为圆形（图5）。

图2 框状式菱纹镜

图3 叠状式菱纹镜

不论菱形镜还是山字镜，都包含着不可忽视的自然元素在内，而山字纹镜纹饰更可以想象是道家遁世，崇尚自然，遵循"道法自然"理念的一种具体表现。

（二）三晋铜镜

晋文化源起于春秋，是当时晋国所在地。直到战国时期，晋国被划分成韩国、赵国和魏国，被统称为"三晋"，当时的三晋疆域不只局限于现在的山西省，它地跨河南、

---

1 邓秋玲.论楚国菱形纹铜镜[J].南方文物，1996（02）：78-84.
2 李泽厚.美的历程[M].北京：生活·读书·新知三联书店，2009：17-18.
3 郑曙斌.湖南出土铜镜赏析[J].收藏家，2011(01)：31.

图4 四山纹镜

图5 五山纹镜

图6 镶嵌玉琉璃镜

山东、陕西、山西、河北等地，汇集各地文化之精髓于一体。三晋地区出土的铜镜在数量上无法和楚国地区、秦国地区比拟，有学者猜测是因为三晋地区较少把铜镜作为随葬品。[1] 虽然三晋地区出土的铜镜数量不多，但是主要以特种工艺镜为主，其中包括镶嵌、透雕、金银错等等。它们体现了战国铜镜，甚至中国古代铜镜技艺与审美的巅峰。

1. 镶嵌铜镜

镶嵌铜镜主要是将金、银、琉璃、绿松石、玉石等嵌入铜镜背部的凹陷花纹处。战国并不是最早使用这种技艺的时代，早在夏朝镶嵌工艺就已经出现在各种青铜器物上。而到了战国时期，镶嵌技艺所选择的材料、图案以及形制都进入到一个独具风格的时期。其中最具特色的要属20世纪30年代在洛阳东郊金村大墓出土的一枚镶嵌琉璃与玉石的青铜镜。用玉和琉璃两种材料混合镶嵌的制作方法目前还没有在其他青铜器上发现过。该铜镜目前保存在美国哈佛大学艺术博物馆。铜镜为圆形，直径12.2厘米。铜镜背部中央用蓝白花纹的琉璃珠作为镜钮，镜钮嵌在白玉环形状的钮座中。其外有白色圆形花纹点缀的蓝色琉璃环。最外圈的镜缘嵌有凸起的绳纹玉环。镜钮和琉璃环上出现的白色同心纹也被称作"蜻蜓眼"，是一种常见的战国琉璃珠纹样。（图6）

2. 错金银铜镜

错金银工艺最初出现在青铜器物上是春秋中晚期，到战国时期已经开始广泛流行。错金银主要分为两种制作手法，一种是镶嵌法，一种是涂画法。镶嵌法是将金或银嵌入到带有纹样凹槽的青铜器上，制作过程包括预刻凹槽、镂金、镶嵌和磨错几个步骤。涂画法，也称"鎏金"，这种错金法不需要提前预刻凹槽就可将金附着在器物表面。主要包括三个步骤：制造"金

---

[1] 高西省，杨国庆.洛阳出土战国特种工艺铜镜及相关问题研究[J].中原文物，2007(05)：51–61.

汞剂"、金涂、金烤。河南省洛阳金村战国墓出土的错金银狩猎纹镜，正是用的鎏金的手法。该镜与镶嵌玉琉璃镜同时期出土，现藏于日本永清文库。错金银狩猎纹镜直径 17.5 厘米，镜钮、钮座皆为圆形，镜背主要由三组嵌金纹样和三组嵌银纹样相互环绕构成。三组嵌金纹样为双龙图案，将镜背分为三等份，在双龙图案中间的嵌银图案描绘了人虎格斗、两兽对峙、凤鸟展翅三个场景。整体画面风格独到，细致入微，栩栩如生。通过金银纹饰脱落的地方没有任何凹痕这一特点可以判断这枚错金银铜镜是通过鎏金的手法完成的。（图7）

图 7　错金银狩猎纹镜

3. 透雕夹层镜

透雕夹层镜是战国时期一种新的铜镜形式。而由于各种原因透雕镜在汉代时期逐渐没落消失。透雕镜的昙花一现也造就了它的弥足珍贵。由于透雕镜的结构特殊，在制造的时候需要用两种不同金属配比的青铜来铸造镜背和镜面。镜面需要好的反光效果，需要采用含锡量较高的青铜，而镜背的透雕纹样非常精细，

图 8　透雕龙文方镜

含锡量过高则会造成铸造失败。所以透雕镜需分两次铸造，最后将其扣合为一体。[1]1988年河南洛阳西工区出土的方形透雕龙文方镜，镜长 2.2 厘米，宽 2 厘米，目前被洛阳市博物馆收藏。该镜镜钮为圆形，坐落在柿蒂形钮座上，主纹样由四个两两相对的卷首透雕龙纹组成。镜面与镜缘嵌合而成，镜背与镜面之间存在一定缝隙。（图8）

（三）战国时期南北方铜镜的关系

通过对比战国时期楚国和三晋地区出土的铜镜的特点我们可以得出，楚国的湖南长沙作为战国时期的产镜中心铜镜产量最大，但从纹样上看，山字纹镜和菱纹镜为代表的楚国铜镜纹样相对统一，设计相对平面朴素，说明当时镜子是一个较为普及的日常用品。洛阳所在的三晋文化区域铜镜出土的数量上远不及湖南长沙，这说明铜镜在当时的三晋地区并没有被广泛地应用，但洛阳出土的铜镜多以复杂精湛的工艺、精美的纹样、珍贵

---

[1] 高西省.论战国时期的透雕夹层铜镜及相关问题[J].中国历史文物，2003(04)：65-71.

的材料所著称。

以楚国为代表的南方主张老子的道家文化,其特点是以柔克刚、上善若水。老子曾说过:"江海之所以能为百谷王者,以其善之下,故能为百谷王。"[1]作为国家的首领要谦卑待人,要像大海一样处于低下的位置才能纳百川。谦虚、宽容、朴实、无欲、平等的品性都是道家文化所提倡的去中心化的思想。铜镜也不只是皇家独享的器物,同样也可以被百姓使用把玩。而以三晋为代表的北方文化则崇尚以李悝、商鞅为代表的法家文化。不同于道家文化,法家阶级制度清晰,赏罚分明,对国家的政治、文化、道德都有相应的约束,从而巩固了国家的中央集权制度。在当时战国时期东周王室拥有"百工"——专为皇室制作器物的手工艺者。[2]这些铜镜极可能出自"百工"之手,为皇室专用,这进一步体现了北方阶级制度清晰的政治文化思想,所以我们可以大胆的猜测南北方铜镜发展的区别与南北所信仰的文化有着密不可分的关系。

三、唐代铜镜发展

唐代建国于公元618年,是继隋朝之后的中原大一统王朝。唐太宗李世民继位后开创贞观之治,为唐代的繁荣盛世打下坚实的基础。唐代的政治、文化、经济、艺术的发展都达到了封建社会的高峰。铜镜铸造业作为当时手工业的一部分,因沐浴在盛唐的光辉下而蓬勃发展,达到了一个鼎盛的阶段。唐代疆域辽阔,在继承了汉魏的文化传统的同时也吸收了异域(波斯、印度等)的艺术文化[3]。唐代是一个铜镜创新的时代,各种独特的造型和制作手法将铜镜工艺领向了新的艺术高度。唐代的铜镜发展大致分为三个阶段:初唐、盛唐、晚唐。这三个时期的铜镜纹样的发展也体现出一个盛世朝代从新生到鼎盛,最终没落的过程。

(一)初唐铜镜

唐代初期的铜镜中还可以看出很多之前汉代风格对它的影响。其特点就是大部分铜镜相对规范化的镜形、布局和纹样,在主题选择上也相对统一。纹样上依旧会沿用一些传统元素,例如柿蒂纹钮座、珠纹钮座和铭文带等。而小部分纹样新颖的铜镜正悄然拉开唐代这个铜镜创新时代的序幕。其中极具唐代风格的花鸟、植物和瑞兽纹饰逐渐出现

---

1 老子. 老子[M]. 上海:上海古籍出版社,2013.
2 高西省. 论战国时期的透雕夹层铜镜及相关问题[J]. 中国历史文物,2003(04):70.
3 故宫博物院. 故宫铜镜图典[M]. 北京:故宫出版社,2014:13.

在当时的铜镜上。造型更加丰富、灵动，排布更加松弛大胆，逐渐摆脱了之前规整的画风。其中瑞兽葡萄镜就是一个典型的代表。图3-1这枚瑞兽葡萄镜直径24.7厘米，出土于湖南益阳，现存于洛阳博物馆。镜钮为兽形，内圈主镜纹为八只高浮雕瑞兽，周围伴有葡萄纹。瑞兽形态各异，表情生动。外圈镜纹以各类鸟兽为主，葡萄纹穿插其间，镜缘有排列整齐的凸起花纹。镜子纹样立体繁复，纹饰生动清晰，极具初唐风格。

图3-1 瑞兽葡萄镜

（二）盛唐铜镜

永徽元年到天宝十四年（650年—755年）为盛唐时期，这一阶段是唐代铸镜技艺的巅峰时期，铜镜已经拥有独特成熟的风格。当时唐代社会繁荣复兴，人民生活和谐美满。无论是政治、文化、经济，都达到了封建社会之鼎盛。在物质生活富足安乐的同时，人们对自然与艺术的追求变得更加普遍和直接。从当时的铸镜艺术中就可以看出，铜镜摆脱了方、圆的传统形制，发展出独具唐代特色的各形花式镜。以花鸟鱼虫或人物故事为主题的镜子开始流行，风格也越发活泼大胆，铭文带不再出现。1983年在陕西凤翔棉纺厂出土的这枚飞鸟菱花镜是一个典型的盛唐时期菱花镜的范例。这枚镜直径14.5厘米，形为八瓣棱花，中间有圆钮，主纹顶部有左右两只小鸟衔住中间装饰物的两支缎带，底部有莲花一朵，整体图案左右对称。外

图3-2 飞鸟菱花镜

图3-3 镶嵌花鸟人物螺钿镜

围瓣状镜缘间有蝴蝶和花枝环绕。整体镜背清新脱俗，简单质朴，应为百姓所用的日常用品。（图3-2）一些特种工艺镜例如：螺钿镜、金银平脱镜、铅花镜的出现更使唐代在整个中国铸镜史上熠熠生辉。例如河南洛阳出土的花鸟人物螺钿镜。该镜直径23.9厘米，圆形，镜背将白色螺钿嵌入形成纹饰。主纹描绘出两位老翁围坐在树下弹琴饮酒，旁有侍女、各类飞鸟禽兽、器物、花草山石相伴。画面写实的同时颇具诗意，充分体现了盛唐时期万物和谐，生机勃勃的景象。（图3-3）

图 3-4 符箓铭文镜

图 3-5 万字镜

（三）晚唐时期

唐德宗以后被称为晚唐时期。在经历了安史之乱和后来藩镇割据的打击，唐代逐渐没落。朝代即将灭亡的态势在晚唐的铸镜文化上也有所体现。这一时期铜镜纹饰一改往日盛唐时富丽华贵的风格，变得粗犷简单，毫无章法，甚至有些死气沉沉。镜子不再是供人欣赏把玩的工艺品，而变成了日常的工具。这一时期开始流行宗教色彩的纹饰，比如八卦图、星象图、符箓图、佛教中的万字符等等，同时铭文带又重新出现在镜背上。这从某种程度上反映了当时人们对现世的失望，寄希望于神灵与虚幻世界。（图3-4、3-5）

（四）唐代南北铜镜的关系

从时间的角度分析唐代铜镜文化的发展，我们得出一个朝代兴起——鼎盛——没落的过程。而从地域上看我们发现唐代铜镜出土的地方相对集中，大部分聚集在"两京"所处的河南省和陕西省。但这些铜镜并不产自两个都城附近，它们大多来自南方的铸镜中心扬州。在《旧唐书·德宗纪》中记载，德宗贞元十四年六月曾下诏曰"扬州每年贡瑞午日江心所铸镜"，由此可见扬州是唐代的贡镜的主要产地。[1] 扬州铜矿资源丰富，有悠久的手工业传统，早在汉代就已经成为冶铜、铸钱的重要地区。当时的并州（今山西太原）是唐代另一个产镜中心，但并州的铸镜发展远没有扬州兴旺。扬州成为供奉皇家用镜的主要产地还要归功于当年隋炀帝杨广开凿隋朝大运河。隋朝大运河以洛阳为中心，将东西走向的五大水系连接起来，将南北贯通。运河从扬州出发与长江连接，扬州也就成为了全国主要的水路交通枢纽。唐代时期重新修整大运河，并于公元742年在三门峡以东，开凿天宝河。有水上丝绸之路之称的大运河，将扬州的青铜器、珠宝、盐产、茶叶源源不断运往北部都城，在丰富了北方物资的同时也极大地刺激了扬州的经济、文化、政治，使其有充沛的资源和条件发展各类手工业，从而达到一个良性循环。张籍的《白头吟》中这样描述："扬州青铜作明镜，暗中持照不见影。"可见扬州铜镜在当时盛行一时。[2]

---

1 刘昫. 旧唐书·德宗纪[M]. 北京：中华书局，1975.
2 管维良. 中国铜镜史[M]. 北京：群言出版社，2013：175.

唐代作为一个大一统王朝，大运河的出现使铜镜的发展不再受地域的限制，使得唐代铜镜样式南北交融，和谐共生。

四、清代铜镜

古代铸镜所用的铜同时也作为制造钱币的主要材料，铜镜的产量与货币的政策有着密不可分的关系。到了宋辽金时期国家已经逐步开始下发禁铜的政策。因此铜镜的发展渐渐走向没落。自明朝时期，欧洲的玻璃镜逐渐传入中国，铜镜发展到清晚期时已逐渐衰亡。[1] 清代铜镜产量小，纹样设计相较战国和唐代时期也较为单一。当时的铜镜主要分为官营铜镜和私营铜镜两种。官营镜则是清宫内务府造办处制造的供皇家专用的铜镜。私营镜则主要来自南方地区的造镜作坊，比如湖州、云南、淮安等地。而这两种清代铜镜由于使用对象的不同，展现出的风貌和特色也完全不同。

（一）官营铜镜

虽然铜镜的实用性已经逐渐降低，但是王公贵族还是喜欢把玩和收藏它。特别是乾隆时期，曾出现一批别具风格，造型精致的清式铜镜。造型相比较之前朝代的铜镜不再拘泥于方形、圆形和花形这些基本形状，还发展出了双菱形、双环形、炉形、钟形、八出云头形等各式新颖形状。（图4-1、4-2）一些新的工艺，例如漆面描金、珐琅、松香涂墨等也开始用来装饰镜背。这一时期镜钮不再是铜镜的固定搭配，取而代之的是带柄镜和镜架。镜架和镜柄多为木质，做工精巧，时常配有花纹镂雕。带柄镜会配有精致的绣花镜套。一些铜镜镜架的机关结构的设计十分缜密考究，让人赞叹清宫工匠的慧心巧思。

图 4-1 福寿纹镜

图 4-2 双龙纹镜

图 4-3 万春芙蓉镜

---

1 吴琼. 明清时期镜子的流变与社会生活 [D]. 南开大学，2018.

图 4-4　五谷登科吉语镜

图 4-5　双字飞凤牡丹纹镜

其中万春芙蓉镜就是极具特色的一款带有镜架的铜镜。铜镜置于方形木盒之内，镜面裸露。木盒背面有立体的绳环雕刻。圆心处有一小玉璧，周围被八个绳环相扣的图案包围，绳环的外围是一个大玉璧，其直径与盒宽一致，木盒四角与大圆环以绳环相扣的图案连接。木盒中间被分为两扇合页，合页打开就变成镜架。（图4-3）

（二）私营铜镜

由于江南地区的铜矿资源丰富，一直以来是中国古代主要的铜镜产地。从汉魏时期的丹阳郡、会稽郡，到隋唐时期的扬州都是来自江南地区。直至清朝，这些产镜地区逐渐衰落，在仅剩的产地中湖州成为当时江南最主要的产镜地。清代镜背上出现"薛家""孙家""李家"等字号便可知是出自湖州私营作坊。这些私营铜镜样式十分粗鄙，虽然没有晚唐时期铜镜的死气沉沉，但整体造型上毫无章法，质感也颇为粗糙。（图4-4、4-5）李米佳曾在《文物春秋》一文中从制镜材料的角度方面进行了分析，官营镜大多使用铜、锡合金，而私营镜则采用新合金，铜、铅合金。"铜、锡合金镜质地硬，可以致白、致坚，且收缩率低，能铸得精致漂亮的花纹；铜、铅合金镜硬度较低，延展性好，但很难铸出精美复杂的纹饰。"[1] 这大概解释了为何私营铜镜与官营铜镜天差地别的原因。

（三）清朝时期南北方铜镜的关系

清朝将君主专治的中央集权制度推向了顶峰，这不仅表现在八旗制度和设立军机处等重大决议上，从内务府的七司三院，以及三十多个附属机构就可以看出清王朝的专治。清宫贵族为了拉大阶级差距，满足其养尊处优的生活状态，设立了近六十多个官办作坊，专门服务于皇家的衣食住行等各类事物。铸镜作坊也是其中的一个。所以这是为何清代铜镜虽然已经进入中国铜镜历史的末尾章节，但仍然能迸发出一些精品之作的原因。从地域的角度去分析，虽然官营铜镜出自北方皇城，私营铜镜来自江南的湖州，它们并不

---

[1] 李米佳. 谈清代铜镜文化[J]. 文物春秋. 2007(01): 35.

能代表南北文化。这种风格上的不同更多还是来自清朝皇权统治下的阶级差异。身居京城的平民百姓用的铜镜大多还是来自江南湖州。而运输这些铜镜的过程中,京杭运河起到了功不可没的作用。1267年元世祖忽必烈决定将燕京地区作为都部,并于1291年开凿通惠河,将大运河取直至京。一直到清朝,大运河作为漕运和交通的重要水运路线,源源不断地将南方的物资运往京城。与唐代时期通过隋唐大运河将在扬州制作完成的铜镜直接运往洛阳和长安相似,大运河取直以后湖州的铜镜通过水路可以更加便捷快速地送往北方城市。使南北方经济、文化相互交融,共同繁荣。

五、总结

通过观察战国、唐代和清代三个时期的铜镜,我们发现战国时期和盛唐时期都属于古代铜镜发展的鼎盛时期。各种创新技艺层出不穷,造型设计也颇为考究。清代铜镜虽然已经进入没落阶段,但是一些出自皇家造办处的清式铜镜独具风采。而从地域上分析,由于江南地区拥有丰富的铜矿资源,同时手工艺业也相对发达,各朝代的铸镜中心基本都汇聚在江南一带。从隋唐大运河到后来的京杭大运河出现,水运运量大、运输快、运费低的优势很快代替了陆运,成为沟通南北的主要交通方式。以唐代和清代为代表的铜镜文化在大运河的帮助下也逐渐实现了南北交融,同时也带动了经济、文化、艺术的发展,使华夏文化的风貌更加丰满夺目。

参考文献

书籍

[1] 霍宏伟,《鉴若长河》,北京:生活·读书·新知三联书店,2017年。

[2] 管维良,《中国铜镜史》,北京:群言出版社,2013年。

[3] 朱光潜,《西方美学史(下)》,北京:中国友谊出版公司,2019年。

[4] 刘昫,《旧唐书.德宗纪》,北京:中华书局,1975年。

[5] 故宫博物院,《故宫铜镜图典》,北京:故宫出版社,2014年。

[6] 李泽厚,《美的历程》,北京:生活。读书。新知三联书店,2009年。

[7] 段书安,《中国青铜器全集》,北京:文物出版社,1998年。

期刊

[8] 郭沫若,《三门峡出土铜器二三事》,《文物》01,1959年,14页。

[9] 李亮亮,周爱青,《战国透雕镜之鉴别》,《艺术市场》,2011(14),108-109页。

[10] 邓秋玲,《论楚国菱形纹铜镜》,《南方文物》,2期,78-84页。

[11] 郑曙斌,《湖南出土铜镜赏析》,《收藏家》,2011年,(1),31-36页。

[12] 郭淑英,《晋国铜镜的初步研究》。

[13] 许抗生,《论春秋战国时期南方、北方和东方地域文化的差异》,《中州学刊》,1991,(04),63-68页。

[14] 高西省,《论战国时期的透雕夹层铜镜及相关问题》,《中国历史文物》,2003年,04(4),65-65页。

[15] 高西省,杨国庆,《洛阳出土战国特种工艺铜镜及相关问题研究》,《中原文物》,2007年,000(005),51-61页。

[16] 葛景春,《李杜与唐代南北文化交流》,《杜甫研究学刊》,2009年,000(003),1-5页。

[17] 牛琳琳,《铜镜中的佛教题材图像考析》,《美与时代:创意(上)》,2014年,000(002),43-46页。

[18] 周欣,周长源,《扬州出土的唐代铜镜》,《文物》,1979年,(07),55-60页。

[19] 朱泽吉,《吴敬梓对清代文化专制主义的批判》,《河北大学学报(哲学社会科学版)》,1980年,(02),24-29页。

[20] 郭玉海,《明清铜镜的时代特征》,《故宫博物院院刊》,2003年,000(005),76-85页。

[21] 夏伙根,《馆藏湖州镜初探》,《文物天地》,2016年,304(10),42-46页。

[22] 李米佳,《谈清代铜镜文化》,《文物春秋》,2007年,000(004),32-37年。

[23] 陈桥驿,《南北大运河——兼论运河文化的研究和保护》,《杭州师范学院学报:社会科学版》,2005年,(03),1-5页。

[24] 陈宁骏,《大运河漕运的兴衰》,《文史春秋》,2007年,000(003),35-38页。

论文

[25] 张倩,《战国楚系铜镜研究》,辽宁师范大学,2018年。

[26] 吴琼,《明清时期镜子的流变与社会生活》,南开大学,2018年。

近现代苏绣技法的演变与发展论略

张扬[1]

摘要：苏绣在明清时期无论是技艺制作还是题材表现都达到顶峰，但在清末以后受到西方文化的影响，苏绣的技艺和题材表现都出现很大的不同。近现代以来，苏绣工艺始终在保持传统"精、细、雅、洁"的艺术特征基础上，不断创新针法技艺，赋予这一民族工艺瑰宝新的生命力。

关键词：苏绣；技艺；演变；发展

一、苏绣的传承

明代大学士王鏊在《姑苏志》卷中写道："精细雅洁，称苏州绣。"这是苏绣第一次以文字的形式出现在文献资料中，从此"精、细、雅、洁"成了苏绣最核心的艺术特征。"精细雅洁，既是一种物质的表面观感，也是一种精神的人文内涵"[2]，"精""细"，是对苏绣绣工技艺物质表现效果的精准概括；"雅""洁"又是苏绣艺术在物质表达上的精神追求，这是苏绣艺术家们对物质与精神二者达到和谐统一的完美体现。

传统苏绣艺术在明清两代得到了极大的发展，明代商品贸易的繁荣和宫廷对刺绣贡品的严格要求，都直接推动了苏绣艺术的发展。清朝，苏绣艺术达到巅峰，形成了"家家有绣棚，户户在刺绣"的生活场景。这时的苏绣已经完全显示出绣工精湛、配色和谐的特点，特别是清代双面绣技术的成熟，标志着苏绣工艺技术达到了一个历史的巅峰。

从本质上来说，刺绣是一种如何将技术与艺术相结合的针线使用技术。"针法是刺绣时运针的方法，也是刺绣线条组织的形式"[3]。苏绣艺术之所以能够呈现出这种细腻的

1　张扬：陕西师范大学硕士研究生
2　林锡旦. 苏州刺绣[M]. 苏州：苏州大学出版社，2004.
3　李娥英. 苏绣技法[M]. 北京：轻工业出版社，1965.

美感，其本质在于刺绣艺人将各种丝线通过不同的针法、颜色，组合排列形成独具韵味的美感形式。因此，针法是苏绣艺术的重要组成部分。传统苏绣的种类主要有宫廷绣、闺阁绣和民间绣这三种。"而针法可分为三个层次：最基本的称为基本针法，是指一针的运行轨迹和形成的结构，如环针、直针等。第二个层次可称为衍生针法，是针法中最主要的内容，它揭示了连续的基本针法之间的关系，如齐针等。第三层次是衍生针法的组合，称为组合针法，如刻鳞针等"[1]。

一般来讲，按照针法的表现效果可以将传统苏绣技艺类型归纳为纱绣、网绣、平绣、点绣、编绣、条纹绣以及辅助针法等七大类，共计40余种。清代刺绣名家丁佩在《绣谱》的《程工》篇中总结出刺绣技巧的七条标准："齐、光、直、匀、薄、顺、密"。后来苏绣艺人在刺绣实践中又加了"光"这一条标准，这八点标准既是对苏绣艺术在刺绣工艺技术上的严格要求，也是对苏绣艺人所追求的艺术精神的概括。

二、清末苏绣技法的革新与发展

清朝末期，西方的科技、文化和思想不断进入中国，与此同时，苏绣的发展也受到西方文化思想的影响。在这种社会思想风潮的影响下，苏绣也开始融合西方的思想与技法，诞生了仿真绣和乱针绣。

（一）沈寿与仿真绣

沈寿原名沈云芝，号雪宧，于1874年出生在江苏吴县阊门海红坊，20岁时与浙江举人余觉结婚。逢慈禧七十寿辰，沈寿以《无量寿佛图》和《八仙上寿图》这两幅国画为蓝本，绣制这两幅绣品当作寿礼。慈禧在寿日当天见到寿礼，赞赏有加，立即拟懿旨以"宫廷绣"嘉奖，并且任命沈寿为农工商部女工刺绣总教习，还亲笔写下"福""寿"二字赠予余觉夫妇，为表纪念，沈云芝从此更名为"沈寿"。第二年，沈寿夫妇代表清政府远渡日本学习考察日本的刺绣。在日期间，她认真研究学习西方绘画艺术的技巧，如油画、素描、摄影等等。对比发现，日本的刺绣虽然绣工的技艺不够精细，但因为绣工大多都兼习过西方写实类艺术，所以日本写实类的刺绣作品更加形象逼真，整体配色更加和谐。通过研究，她提出如果以中西方的杰出画作为绣稿蓝本，运用苏绣的工艺技法，中国的苏绣一定会名扬中外。回国后，她把在日本学习的绘画理论技巧和日本刺绣针法虚实针

---

1 赵丰.中国丝绸通史[M].苏州：苏州大学出版社，2005.

融入苏绣,发明了"仿真绣"。仿真绣遵循"循画理,师真形",比如在绣制人物像一类的绣品时,以照片作为绣稿,注重光线色彩,尤其是要抓住人物的神韵,让绣品能产生类似油画的视觉效果。其中最为著名的仿真绣作品《意大利皇后爱丽娜像》便是用照片作为参照,整幅作品针法精细,人物服饰和肌肤质感都惟妙惟肖,绣线颜色过渡自然。沈寿将西方艺术中的表现前后空间关系的透视技法和明暗关系运用到苏绣中,通过苏绣精细的针法使表现对象更加栩栩如生。沈寿不仅开拓了苏绣新技法,同时还拓宽了苏绣的题材,增强了苏绣艺术的表现力。

沈寿不仅继承发展苏绣工艺技法,而且创办女红艺术培训学校,开展商业活动,带领女性寻求谋生之路,把刺绣这项传统工艺发展到一个前所未有的新高度。此外,由沈寿口述、张謇整理出版的《雪宧绣谱》是中国第一部详细介绍刺绣技法和精华的理论专著,书中详细介绍了传统刺绣的工艺制作流程、绣工们的匠心精神追求。《雪宧绣谱》将传统苏绣的基本针法归纳为18种,它们分别是:抢针、扎针、铺针、单套针、双套针、齐针、刻鳞针、肉入针、打子针、羼针、接针、施针、旋针、绕针、刺针、拗针、散整针和虚实针。后经一代代苏绣艺术家不断创新发展至今已增至四十余种。

(二)杨守玉和乱针绣

乱针绣又叫正则绣,是二十世纪二三十年代,杨守玉受到西方油画和沈寿仿真绣的启发和影响,所创立的苏绣新表现针法。顾名思义,乱针绣的特点在于"乱",杨守玉打破了传统刺绣在针法技艺上"排比其针,密接其线"的艺术传承,乱针绣针法在于针线方向不同、丝线长短不一,并且层层相互交叉,有些类似于素描中的线条排线表现。但乱针绣不只是学习素描技法中的造型写实和明暗关系,更加注重绣品的分层和绣色配线问题,乱针绣会将各种颜色的丝线交叉铺叠,注重丝线的长短粗细以及遮挡关系,最终构成变化多端的视觉效果。这有些类似于西方印象派的油画作品。乱针绣相对于传统苏绣技法而言,最大的好处是可以自由地使用针线。只要绣工们懂得绘画原理,掌握画面色彩关系,不仅可以绣制写实类的作品,也可以绣制国画山水写意类名画。乱针绣虽然可以绣出油画、素描、国画的艺术效果,但它并不只是这几类美术作品的简单复制模仿,而是通过刺绣特殊的材质,如丝线的质感,针法的区别,赋予了苏绣艺术独特的魅力,达到画作无法替代的艺术美感。

三、现代苏绣技法的进一步创新

20世纪以后,苏绣艺术受到来自现代艺术思潮的深刻影响,为了适应当下人们的审美需要,开始融入更多现当代艺术元素。苏绣艺术发展至今,其高超的刺绣工艺已经使它在模仿和再现摄影绘画等艺术方面游刃有余。但是随着人们审美趋向更加多元化,苏绣也需要不断地创新发展。

(一)现代苏绣的新针法

由于苏绣作品的表现题材更加丰富,苏绣艺术家根据时代题材的不同,也衍生出新的针法。目前苏绣新针法主要有以下几种。

1."虚实乱针法"

20世纪60年代杨守玉的徒弟任嘒闲在乱针绣的基础上,进一步创新发展,创立了虚实乱针绣。之前杨守玉所创立的乱针绣适合于表现色彩丰富、明暗关系明显的油画摄影、素描类题材。但是面对讲究虚实留白以及画面空间意境的中国画来说,总是不能恰如其分地表达。而虚实乱针绣的出现则解决了这一难题。虚实乱针绣结合了传统苏绣和乱针绣的特点技巧,通过类似于素描排线的针法将不同的丝线进行疏密与虚实的结合,来表现画面的空间感和透视感,在绣制手法上更加自由,是一种"借鉴了素描纯色单一的笔触来表现画面的立体感、层次感"[1]。虚实乱针法的表现主要依赖于绣线的粗细选择和疏密安排。绣工根据绣稿的画面关系选择绣线,绣面的暗部绣线最密,逐渐过渡到灰面和亮面,相应的绣线也逐渐变得细疏,直至画面留白露出绣布的颜色,这点与素描技法十分相似。虚实乱针绣相比较杨守玉时期的乱针绣,整体更加细腻,中间过渡色的使用更加丰富自然,丝线交叉也更加柔和,更注重画面中的前后关系,但依旧保持着苏绣精细雅洁的艺术特色。其代表作品《叶圣陶像》采用素描技法运用针线刺绣技术,绣线从暗部的厚密逐渐向灰部和亮部稀朗过渡,背景部分留白,露出绣布固有色,完美地呈现出叶圣陶的神韵气色。

2."免光T形针法"

"免光T形针法"由苏绣艺术大师顾金珍于1971年创立并广泛运用于苏绣作品中。刺绣作品是用丝线来表现的,所以呈现出一种丝绸般的光泽感。绣品的光泽感直接影响

---

1 孙佩兰.中国刺绣史[M].北京:北京图书馆出版社,2007:194.

着表现对象的质感,此外光泽感是在绣制动物毛发或者肌肤质感时必不可少的要素。但是由于丝线原本就具有丝光的特点,如果某一片区域大面积且同方向的反复绣制后,观赏者站在不同的角度欣赏绣品时,绣面上会有局部区域反光。不仅影响观赏者的观看效果,也会破坏绣品的整体艺术效果。苏绣艺术家顾金珍经过反复摸索尝试实验后,发现如果从不同的方向起针、运用极短的"-"形绣线组成 T 字形,且在入针时角度约为 80 度左右,让丝线相互叠透但仍旧露出线眼,使用颜色十分相近的丝线层层套色,使整体的绣线颜色更加融合统一。这样绣制出的作品能够最大限度避免因为环境光、丝线光以及观赏角度等原因而造成的绣品反光问题。免光 T 型针法首先是利用光的散射原理,通过多角度的起针入线让丝线相互交叉重叠,让丝线本身的线光分散掉的同时又通过丝线的层叠压住了大部分的反光。使用极短的线条也使本来是条状的线光变成点状线光,能够在最大程度上避免几种反光现象,这样欣赏者在观赏苏绣作品时不会因为欣赏角度问题造成整体绣面反光或者出现色差问题。相较于乱针绣和虚实乱针绣而言,免光 T 形针法更加规矩内敛,但又比传统的刺绣技法多了一些用针的随意性。免光 T 型针法基本都是绣品的底部和暗部用线较粗密,越到亮面用线越细且更加疏朗,层层渐变,这样最终的作品既有厚重感,也有苏绣精细的特色。该针法特别适合表现肌肤质感,尤其是老年人、男性以及有色人种面部光感对比强烈、色彩丰富的人物肖像。免光 T 形针法解决了苏绣上百年来在绣制人物肖像和动物皮毛时一直未能解决的反光问题,让苏绣在绣制关于人物肖像类绣品时的技法大大提高。由顾金珍使用免光 T 形针法绣制的《毛主席在书房》被苏州工艺美术博物馆收藏,成为镇馆之宝。

3. "捻丝盘线刺绣方法"和"表现珠状装饰物的立体刺绣方法"

苏绣艺人薛金娣在刺绣实践中发现,传统的苏绣针法技艺可以用来表现各式各样的花纹图案,但是对于表现一些具有扭结状编织类的花纹图案时,不能恰到好处地表现其编制感,比如草的枝蔓、花篮藤条以及中华结等。如果依旧使用传统的刺绣方法会导致绣品整体画面三维体积感不足,缺乏张力。经过反复地揣摩试验,她研究总结出一种适合表现编织物类花纹和图案的针法,命名为"捻丝盘线刺绣方法"(图1),并且申请获得国家发明专利。捻丝盘线刺绣方法主要特征是至少两股绣线,一股正向捻转,另外一股由反向绞制的捻丝组合而成,绣制时采用捻丝线先按照装饰花纹图案的肌理走向在绣布的正面盘排(盘排是指盘绕或者其他规律性排列把捻丝线

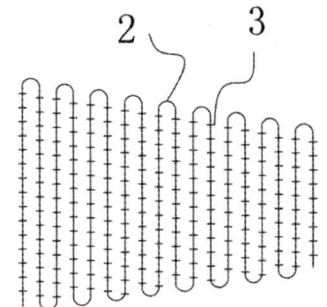

图1 捻丝盘线刺绣方法(图片来源于网络)

规律性放置在绣布上），之后再用针线将盘好的捻丝线绣制在绣布上。捻丝盘线刺绣法能够最大限度地呈现物体的真实性，增加刺绣的表现力，使刺绣艺术在有限的二维空间内，使针线技术能够更好地展现出空间感、层次感、体积感。薛金娣并不满足于此，在刺绣实践中又发现纵然运用捻丝盘线刺绣法也仍旧是在二维平面上进行展示，即使把丝线配色过渡更加和谐，明暗关系对比更加强烈，也依旧是二维平面展示，缺乏三维立体感。因此在绣制人物肖像时，薛金娣总结出了表现珠状物的立体绣法。这种偏向于三维的立体绣法是依靠密集的丝线排针层层递增来表现其精巧精致的立体感。尤其是用丝线缠绕形成绣制珠状物立体的珠子，更加写实逼真，打破了传统苏绣针法只能在二维平面展现珠状物和编织物的局限性，增加了苏绣技法的表现题材和内容，使苏绣艺术在原有基础上更富有艺术表现力。

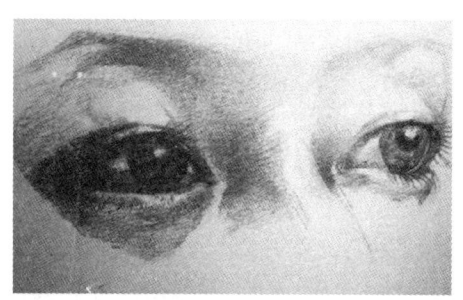

图2 《我的眼睛》（图片来源于网络）

4."滴滴针法"

"滴滴针法"又被称为"滴滴绣"，是由当代苏绣艺人邹英姿研发出的苏绣新针法。滴滴绣和免光T形针法有着异曲同工之处，都是使用极短的线条进行排列组合，丝线与丝线之间进行相隔、相叠、相接、相交等四种不同形式交错融合。但滴滴绣又有着严格的要求，其具体特征为：入针时两个针眼之间绣出的针脚距离要大于绣线直径的2倍，且小于或等于绣线直径的10倍，使绣线在绣料正面呈点状或短线状针脚，点状或和短线状针脚之间以相隔、相叠、相接和相交四种组织形式中的至少一种构成绣迹，绣迹在绣料平面上以疏密变化方式进行排列布置。[1]邹英姿在作品《我的眼睛》（图2）中首次尝试使用"滴滴绣"，形成了与素描十分类似的表现效果，既解决了反光问题，又能细致的绣制人物神韵，增强苏绣的艺术表现力。邹英姿之后在绣制作品时，

图3 《释迦牟尼灵鹫说法图》（图片来源于笔者拍摄）

---

1 王玟．苏绣"滴滴针法"进军国家专利[N]．姑苏晚报，2011-8-1．

便大量运用所创造的"滴滴绣",如作品《释迦牟尼灵鹫说法图》(又被称为《凉州瑞像》图3),这是一幅唐代绣品,被英国探险家斯坦因掠走,现藏于大英博物馆。邹英姿运用"滴滴绣"复制完成整幅作品,画面震撼,人物栩栩如生。与其他苏绣技法相比,滴滴绣不仅能够表现素描类一些明暗对比较为强烈的画作而且能够更好地体现出一些水墨画氤氲朦胧的意境美感,以及书法艺术中提拉顿挫、起承转合的用笔技巧。

四、小结

苏绣作为中国刺绣的一个重要品种,经过一代代苏绣艺术家的不断创新,至今已有40余种针法,适用于表现各种题材,反映了苏绣艺人的创新和突破。清代苏绣从绣制装饰性图案,融合西洋画风格创造出仿真绣、乱针绣,后续的苏绣艺术家们在传承的基础上,不断深入发展解决在苏绣前进过程中出现的一个个难题,不断完善苏绣的表现技法,推动了苏绣针法的表现力。苏绣通过对题材、针法、材料、艺术形式等各方面的综合创新来寻求与现代艺术、现代科技的结合点,适应当代多元化社会的审美需求。任何艺术的表达形式都需要根据时代的进步而不断的创新发展其表现形式、题材和工具材料。

参考文献

[1] 孙佩兰. 中国刺绣史 [M]. 北京:北京图书出版社,2007.

[2] 孙佩兰. 吴地苏绣 [M]. 苏州:苏州大学出版社,2009.

[3] 任慧闲、周巽先、张美芳. 乱针绣技法 [M]. 北京:轻工业出版社,1982.

[4] 林锡旦. 苏州刺绣 [M]. 苏州:苏州大学出版社,2004.

[5] 王逸君. 雪宧绣谱图说 [M]. 济南:山东画报出版社,2004.

[6] 赵丰. 中国丝绸通史 [M]. 苏州:苏州大学出版社,2005.

[7] 王欣. 当代苏绣艺术研究 [D]. 苏州大学,2013.

[8] 李頔. 近代民间服饰中的苏绣针法研究 [D]. 江南大学,2012.

[9] 张朵朵. "绣"的书写——对中国刺绣艺术的分析 [J]. 文艺研究,2006(12).

[10] 顾文霞. 近代杰出刺绣艺术家沈寿 [J]. 姑苏工艺美术,1985(2).

[12] 雷光. 传统与现代——浅谈传统与现代刺绣表现形式 [J]. 美术大观,2008(12).

[13] 李涵. 传承与再生——对吴地传统工艺美术行业的现状与发展的思考 [J]. 上海工艺美术,2006(3).

[14] 李顿、张竞琼、李向军. 苏绣中的服饰品绣与画绣主要针法研究 [J]. 江南大学学报，2012（6）.

[15] 王孜. 苏绣"滴滴针法"进军国家专利 [N]. 姑苏晚报，2011-8-1.

[16] 张雪. 苏绣技法的演进发展历程研究 [D]. 苏州大学，2013.

在大运河沿线地区方言保护与继承中建立文化认同
——以北京话为例

孙博[1]

摘要：北京话，或称北京方言，是北京地域文化的重要象征性符号。由于特殊的政治、历史背景，北京文化可谓博采众长、集五湖四海之大成。历经三千余年的沉淀形成了鲜明的民俗特质以及富有生活意趣的俗语、歇后语、俏皮话。北京话在语音语法、词汇语用等方面都呈现出浓浓的"京味儿"，一面简约具有开放性，一面又有"闲懒"和"悠然"之感。如今，受到首都城市布局规划要求，城区生态环境快速变化和全球化发展浪潮的深刻影响，以北京话为代表的地域、民间文化正遭受严重冲击，更有甚者濒临绝迹。从方言角度研究民俗文化，不仅有助于对方言进行更准确的理解与释义，亦可更好地将地域文化中的精华加以传承与保护。

关键词：北京话；大运河沿线地域文化；方言保护；文化认同

一、北京话中的定义与历史演变

（一）何谓"北京话"

按照目前主流的学术观点，北京话可以定义为一种分布于北京城及郊区的汉语方言，属北方方言的次方言，有人称之为北方方言的一个点，以北京中心城区为原点，所涉范围向东至通州，向西至门头沟，向南至丰台，向北至怀柔。其主要分布于北京市，河北省承德市、廊坊市、涿州市，内蒙古赤峰，辽宁省朝阳市、葫芦岛市建昌县以及阜新市部分地区等地，使用人口一千五百余万。分为"京师片""怀承片""朝峰片""石克片"四片，语音三声四调，古入声派入平、上、去且相对均匀。

---

[1] 孙博：北京联合大学艺术学院硕士研究生。

人们今天说的"京片子"并不能简单等同于北京话,"京片子"是北京官话中的"京师片"口音,特点为入声消失,拥有大量的儿化音。

北京话与普通话间还有一定区别。《辞海》一书中对"普通话"进行如下描述:"以北京语音为标准音、以北方话为基础方言、以典范的现代白话文著作为语法规范的现代汉民族共同语。"华北官话的内蒙古方言、东北官话的哈尔滨话要比北京话更接近普通话。北京话的儿化音现象比普通话强得多,语言绵软,曾受到满式汉语的一定影响,包含一批地方词汇。

(二)北京话的发展

北京话走过了一段较为漫长的"成长"之路。公元前1122年,周灭商后,周武王在今天的北京地区封召公,称"燕"。此后经秦、汉、晋、隋唐、五代、宋辽、金元、明、清、民国,而至中华人民共和国,千余年间,北京有许多别称,如"蓟县""幽州""南京""大都""北平""京师"等等。

北京地区的汉民与少数民族长期共同生活,迁徙。唐代之后,从五代十国时期到忽必烈定都北京(元大都),中国经历了起伏动荡的三百多年,期间的北京作为北方重镇,饱受文化冲击及人口的变迁。最明显的标志就是北京地区由于民族大融合,汉族语言同北方少数民族用语密切交流,使得北京方言发生了很大变化,推动了北京话的发展;元代定都北京时所说的官方语言叫"大都话",是中原方言和本地方言的结合。朱元璋灭元之后,中央采取移民政策,迁大量人口入京,至明永乐十八年,朱棣正式迁都北京。由于人口结构变化,北京方言随之发生变化,这时北京方言远离了契丹、女真等少数民族的影响,更接近以河北、河南为代表的中原地区和江南地区方言,日近成熟。

梳理这些历史线索,可以得到北京话演进的几个重要节点:

1. 辽代之前的北京话与今天的北京话没有直接关系。
2. 辽代由契丹人与汉人共同创造了一种新的北京话,这是今天北京话的最初源头。
3. 金代的女真人与汉人进一步改造北京话,并作大范围推广,至金末基本定型。
4. 元代蒙古人基本保持了金末的状态,但将北京话推向中国,成为今天普通话的基础。
5. 明代时北京话没有更多改变,只增加了儿化韵,出现了官话概念。
6. 清代满人入京,将金末的老北京话带回北京,与外城的老北京话合流成今天的北京话。

总而言之,北京话从发生、发展,到趋于成熟、最终定型的历程可以用一句话概括:始于唐末,形成于宋元,确定于明清。

二、北京话的特点

（一）在语音、词汇、语义、用法上的特点

京话尖团音不分，儿化音多，还有一些独有的词汇。在北京，尤其是南城有着浓浓胡同味儿的"京腔""京味儿"。因此有些北京人称自己说的是"胡同话"，它的吞音吃音，"儿化"特征明显，令人难忘。如今网络上随处可见这样的调侃，比如西红柿炒鸡蛋读作"胸市炒鸡蛋"、王府井读作"王无井儿"、灯市口读作"灯儿口儿"、中央电视台读作"庄垫儿台"等等，这样有趣且巧妙的"总结"被人们广泛接受；对于生长在胡同里的人们来说，这些老北京的文化元素更是勾起了一份"乡愁"，几许"童年旧忆"。

仔细观察可以发现，北京话存在三个突出特点，即语速快、发音比较含混、儿化音较多。北京话在日常使用中还呈现出如下现象：

1. 词尾加"个"字。

如"今天"叫"今儿个"；"自己"也叫"自个儿"或"自己个儿"。

2. 叠词的词尾变音。

如把"奶奶"叫"奶耐"；把"哥哥"叫"哥该"；有时不是叠词，词尾也可变音，如"白话"一词中的"话"要读轻音"或"，"嘀咕"，也可读"嘀故"。

3. 同一字的尾音轻重不同。

"大爷"一词的词尾轻读时表示对父亲兄长的称呼，如三大爷、王大爷；当词尾读重音时则代表对父母的长辈的称呼，如"舅姥爷""太爷爷"。

4. 象声词的使用。

如"七里咔嚓"（干净利落地完成工作）；"唏了呼噜"（吃面或者喝粥、汤）；"biaj叽"（摔了个大马趴）；"叮了咣啷"（物品掉落），各种象声词使语言更加生动活泼。

5. 后缀词尾的使用。

无实际意义，但有了它可以使句子表意更加形象，如"苦了巴叽""甜巴丝儿丝儿""黑不溜秋""花里胡哨儿""滑不机溜"等。

6. 爱打比方。

比如"羊上树"。现实中的羊不会爬树，此处用以比喻有人故意拿腔作势，刁难他人，一求他办事他就"拿糖"，把别人惹恼时就会对他说："你小子还别羊上树！"再比方说"笸圈儿架"，笸圈是没有缺口的圆形，如果打架的人吵成一团了，情况复杂，无法劝解，

就叫"箩圈儿架"。

7.歇后语的使用。

北京人在交流时使用歇后语以使话语内容更为生动活泼。如有京城特色的"要饭的打官司——没得吃有得说""三十儿晚上吃饺子——没有外人""剃头刀儿哄孩子——不是玩儿的""猴子吃麻花——满拧""王八吃秤砣——铁了心了"。

（二）俗语和"俏皮话儿"

俗语的来源甚广，既出于人民群众的口头创作，也取之于诗文警语、历史典故。北京俗语是在北京人口语中广为流传的通俗性语汇，主要包括谚语、歇后语、惯用语、俗成语等。它既符合一般俗语的特性，又具有自己显著的特征，主要体现于：

1.具有丰富的表现力。

2.保存了北京特有的方言语汇。

3.蕴藏了古都独特的民俗文化内涵。

北京俗语可以说包罗万象，涵盖日常生活的方方面面，是北京话研究不可或缺的珍贵语料，也是传承地方文化的宝贵资源。

歇后语一般将一句话分成两部分来表达某个含义，前一部分是隐喻或比喻，后一部分是意义的解释。在一定的语境中通常说出前半截，就可以领会到表达者的本意。歇后语也叫"俏皮话儿"，可以看成是一种汉语的文字游戏。俗语和歇后语虽非北京人的首创，但北京人擅长将其融入到对话当中，或调节气氛、或表达情绪、或帮助传递信息……北京人对俗语和歇后语的使用侧面传达出他们豁达、直率的一面，也使得"北京人爱说俏皮话儿"的认知深深植根于群众之间。

对于以上提到的"吞音""痞气""儿化音"，一些人斥之为"市井文化"，认为它不值得被效仿、推广，不符合北京开放、包容的城市精神；另一些人则站在这种观点的对立面，认为"京腔"是经过时间打磨后留下的，浓缩了北京人的生活方式、处世智慧，是其人生态度的合理表达。事实证明，任何一种方言都必然是在社会历史因素的综合作用下，以较为原始的语言形态一步步演变而来，且将始终保持变化发展的动态过程，北京话自然也不会例外。这些不在同一层面上的探讨间接造成了人们认知上的混乱。为获得全面认识，我们须以历史眼光客观、理性地认识事物。

三、北京话"方言"属性的逐渐丧失

正如其他汉语方言一样,北京话既受到普通话的推广所带来的负面影响,也受到其他外来方言的"入侵",其自身相对稳定的状态被迅速打破,主要体现在以下方面。

(一)民国初年的"京国之争"

民国初年由于缺乏统一的语言标准,给人们的沟通带来了很多不便。1912年12月,由蔡元培任总长的教育部成立读音统一会筹备处,制定读音统一会章程八条,规定了每一个字的标准发音,所形成的以"京音"为主,兼顾南北的汉字读音称作"国音"。而后几经反对、修改与完善,在时任教育部代部长董鸿炜的推动下,通过了由许寿裳、鲁迅等提议的"注音符号"方案,语音以纯北京语音为标准。民国确定新国音后,北京官话正式成为国家官方的标准话。

1956年2月6日,国务院发出关于推广普通话的指示,我们如今所理解的普通话才得以沿用。这里要注意的是,在普通话标准的实际制定中主要选取了河北省滦平县作为语音采集地,对北京官话进行修正。相对于北京话,滦平话以其直接、清晰、明确,尤其是没有儿化、省字、尾音,更易于学习推广。

(二)北京话的"排外性"与"理解难"

首先,北京话中有着丰富的方言词,但这些方言词并非标准普通话中的惯用词汇。如"打这儿"(从这里开始)、"放话"(公布消息)、"末了儿"(到最后);又比如"白斋"(白吃白喝)、"跌份"(丢面子)、"解这儿"(从现在开始)和"棒槌"(门外汉)。

随着北京市外来人口的增加,包括东北话在内的外来词(如"啥""忽悠""得劲儿"等)以其更加生动的表现力,显示出越发强劲的"侵略性",大有取而代之之势。

上文提到北京话中的"吞音"现象,便常遭人诟病"侉气"。比如"不知道"在北京话中变为"不儿道";"车公庄站"变为"撑庄站"等。一些韵母的实际发音,尤其是在快速的语流中与普通话有差别。鉴于这些词汇大都涉及地名,很容易让人联想到公交车售票员报站时散漫、随意的腔调,并给予比较负面的评价。

还有,北京话的语速较快,说北京话要比说普通话时的音域更高,北京话中还存在一些不被普通话承认的字音异读。这些特点使得不少外地人往往在初来乍到时听不清楚或者是听不明白。正是这些让人"听不清""听不懂",甚至可能会错意的内容成为北京话区别于普通话的特殊性所在,成为承载着北京特色文化生活的依凭所在。

(三)北京话的生存危机

尽管北京话有其特殊性、重要性,但就目前来看,北京话正面临着生存危机。

2016年教育部发布了《北京市语言生活状况报告》。报告显示,北京市中学生对北京话认知程度日渐式微,而这事实上只是北京话整体受损现状的冰山一角。不仅是中学生,如今大部分北京年轻人对北京话的认知都十分有限,日常生活中也多以普通话、而非北京话交流。

除了普通话的推广和外来方言的渗透之外,有学者认为,"人口流动"和"环境变化"是北京话面临危机的重要原因:城镇化进程的加速、人口流动的频繁,对北京话起到了很强的稀释作用。随着北京城墙的倒塌,胡同、大杂院的拆迁,城区中心地带的老北京人被分散到城内外各地。生活环境的变化对北京话造成了很大的冲击,北京话正在失去存在的土壤,很多特征逐渐淹没在大北京、新北京中。

四、北京话的保护与传承

为挽救日渐式微的北京话,相关部门已经采取行动。北京市语委于2012年便开始进行北京话的有声资源数据库建设。同年还举办了"寻找最地道老北京发音人"的海选活动,组织广大市民通过文字和音、视频等方式,调查、采集、整理早年老北京话的原始数据。此外,学校开设校本课程,举办有方言特色的校园文化活动也在保护计划之中。这方面有不少值得借鉴的成功案例。如江、浙、沪一带的部分小学甚至幼儿园早已开设了方言课程,编写了相关教材,以便于学生学习本地方言,如:《十三五巴适得板》(四川话)、《喝馄饨》与《挤公交》(南京话)等糅合了大量方言特色的说唱歌曲,内容经网络传播后,受到当地年轻人的欢迎和追捧,不失为在新时期保护和传承方言特色的有效途径。

文化学者、各职能部门、相关行业从者,乃至每个心怀忧患意识的组织、个人,哪怕只是一个平凡的会讲北京话的市民,都应行动起来,投入到方言的抢救性保护中去。可以拿起手机、相机,录下老一辈在日常生活中的"絮絮叨叨"、那些八九十岁大鼓艺人的唱词、评书,若这些"宝贝"幸得留存,日后必然会成为珍贵的非物质文化遗产库中的语料。

五、结语

在历史发展进程之中,方言与民俗之间相互依存、相互作用。随着时代的发展,社会结构、人民生活方式、认知水平的不断调整、进步,许多传统民俗已经销匿,或者正在发生根本上的变化。这些蕴含的老北京民俗、语句形象精练、幽默诙谐、饶有趣味的北京方言,数百年来在一代代北京人的口传心授、耳濡目染中流传着。作为一种方言,北京话一旦消失便再难恢复。所以,保护包括北京话在内的方言、土语对于传承和弘扬传统文化,坚定国人的文化自信,加强民众身份认同、区域文化认同而言功在当代,利在千秋。

参考文献

[1] 胡明扬.北京话初探[M].北京:商务印书馆,1987.

[2] 齐如山.北京土话[M].北京:北京燕山出版社,1991.

[3] 弥松颐.京味儿夜话[M].北京:人民出版社,1999.

[4] 常锡桢.北京土话[M].北京:文津出版社,1992.

[5] 丁崇明、荣晶.汉语方言不同阶段的儿化及儿化韵的整合[J].语文研究,2011.

[6] 耿振生.北京话"儿化韵"的来历问题[J].吉林大学社会科学学报,2013.

[7] 江海燕.北京话姓氏的儿化现象[J].中国语文,2010.

[8] 季永海.汉语儿化音的发生与发展——兼与李思敬先生商榷[J].民族语文,1999.

[9] 王玲.身份认同与儿化使用[J].暨南学报,2014.

[10] 王理嘉.儿化规范综述[J].语言文字应用,2005.

[11] 张世方.从周边方言看北京话儿化韵的形成和发展[J].语言教学与研究,2003.

[12] 周晨萌.20世纪80年代北京口语儿化词的使用情况[J].语言教学与研究,2005.

[13] 周一民.北京话儿化的社会文化内涵[J].北京社会科学,2011.

[14] 谢丹.地道北京话日渐式微方言保护势在必行——留住皇城根下的京腔京韵[N].人民日报海外版,2016.

运河畔的"福禄"工艺文脉传承
——北京火绘葫芦工艺

高阳[1]

摘要：本文重点介绍北京地区的一种现已不常见的火绘葫芦工艺。通过史料收集和实地调查，对火绘葫芦工艺的历史传承、工艺技术、艺术特色等进行全面介绍，分析了这门手工艺的历史、文化、艺术、实用和商业价值，并对这门手工艺现状的保护和未来的发展问题进行了思考。

关键词：葫芦；工艺；烙烫

一、中国葫芦工艺文化及工艺种类

（一）中国葫芦工艺文化

人类种植葫芦这种农作物的历史非常悠久。考古发现，亚洲、南美洲、非洲在原始社会时期都已经开始葫芦的种植。在原始社会新石器时代，中国黄河流域和长江流域的许多原始人类居住遗址中，均曾出土过葫芦皮、葫芦的种子等物。此外，在原始彩陶中模仿葫芦形的器形也很多。这些考古发现表明，中国种植和应用葫芦的历史非常悠久，可以追溯到原始社会时期，并有可能从那时就开始用葫芦制作器物。

文字产生之后，"葫芦"一词频繁地出现在史籍中。在河南安阳出土的甲骨文中有"壶"字，从其字形的象形来看，就是葫芦。葫芦在我国古籍中最早称瓠、匏和壶，这三个字其实指的是三类形态不同的葫芦。《诗经》中《瓠叶》《硕人》《匏有苦叶》《七月》等篇章中均描写或提及过葫芦。到了唐朝，出现了与今天相同的"葫芦"写法。自宋代起，葫芦的品种和名称日渐增多。明代李时珍所著《本草纲目》里，便有悬瓠、蒲卢、茶酒瓠、

---

[1] 高阳：北京林业大学艺术设计学院副教授，教师

药壶卢、约腹壶、长瓠、苦壶卢七种名字，指的都是不同种类的葫芦。

由于葫芦在中国的历史悠久，与人们的生产和生活密切相关，涉及饮食、医药、器用、音乐、宗教、民俗、神话、艺术等诸多领域，因此在中国文化史上，葫芦不再被认为是一种寻常的植物，而是被赋予了许多神奇美好的寓意象征和情感寄托，形成了源远流长的"葫芦文化"。

（二）中国葫芦工艺的主要种类

葫芦器的制作从原始社会时期就开始了，利用天然葫芦本身的形状、外观，加以创造和想象，制作出具有实用价值的器物，体现了古代先民的智慧，这也为后来更为丰富和精美的葫芦工艺的发展打下了最初的基础。在中国古代，用葫芦制作的器物可大体分为水器、酒器、药壶、烟具、舟具、农具、生产工具、火器、乐器、招幌等类别。葫芦加工器物满足了使用功能的需要之外，其审美价值也越来越被人们所重视，出现了主要供欣赏、把玩、收藏的葫芦装饰工艺品，对这类葫芦器物的加工要求更精湛的技艺和更丰富多样的表现手法，最终形成了多种葫芦工艺，历代名匠也制作出了大量传世精品，使葫芦登上了艺术的大雅之堂。

从古至今，历代工匠不断探索丰富葫芦工艺技法，有详细记载的大约有三四十种，其中比较成熟和具有特点的葫芦工艺有火绘葫芦、勒扎葫芦、范制葫芦、押花葫芦、刀刻葫芦、拼接葫芦、彩绘葫芦、针划葫芦、镶嵌葫芦、片花葫芦、绾结葫芦等。

火绘葫芦又称火画、火笔或烫花葫芦。从前的工匠是用火香及火针在葫芦表面烙烫出焦痕形成图案，现在的艺人则使用电烙笔工具制作。（图1）

勒扎葫芦是用绳索编成网兜，套在未长成的葫芦上，在葫芦生长过程中，葫芦的表面被勒出痕迹。事先皆设计好网目的大小和勒成的图案样子。如果长成后勒痕清晰，花纹均匀整齐美观，那这个勒扎葫芦便是上品。

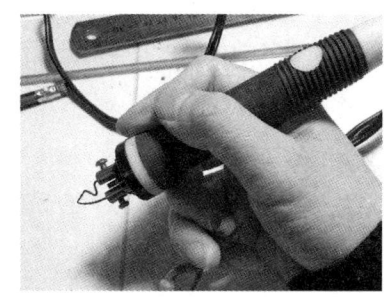

图1 火绘葫芦工具

范制葫芦是先用"阴刻"手法制作花纹模具，在葫芦初长时就给它套上模具。葫芦长成以后，图案就依照模具在葫芦表面形成了。

押花葫芦是用玛瑙、玉、象牙、牛角等材质，磨成钝刃，砑、挤、按葫芦表面，做成浮雕花纹。

刀刻葫芦是用刀具在葫芦表层进行雕刻。雕刻葫芦的刀法丰富多样，具有深浅层次，

图2 刀刻葫芦（马江红作品）

能表现各种装饰题材和内容。（图2）

拼接葫芦是切割、粘合大小不等、形状不同的葫芦，组装成新的形状。这种工艺可以制作器物，也可以制作供欣赏的把玩之物。

彩绘葫芦是用色彩在葫芦上直接作画，也叫作"葫芦画"。

针刻葫芦是甘肃兰州的传统工艺品。将葫芦表面打磨光滑，用针在葫芦表面划花纹，然后染墨，花纹细腻而清晰。

镶嵌葫芦是用金、银、玉、石在葫芦表面镶嵌出花纹图案。

片花葫芦俗称"刀削葫芦"，是山东聊城地区特有的葫芦工艺。将葫芦表皮染成枣红色，被刀削掉的部分露出本色，形成红白相间的图案。

绾结葫芦又叫系扣葫芦。未长成葫芦的柄十分柔软，在此时将葫芦柄打结，葫芦长成后便能形成奇特的造型，具有装饰性。造型特别独特的，因稀而贵，具有收藏价值。

二、北京地区的葫芦工艺

北京地区的葫芦艺术在历史上有着悠久传统，北京作为明清两朝的都城，集宫廷的奢华、市井的繁盛、文人的雅趣于一体。因此在北京地区民间手工技艺格外丰富且多样，影响力也较大。受明清时期流行的吉祥文化的影响，具有吉祥内涵的题材和形象在工艺美术品中出现得特别多。葫芦外观浑圆饱满，谐音寓意"福禄"，又因内部多种籽成为"多子多福"的吉祥象征，还有风水学和端午民俗中驱灾辟邪的含义，因此被各个阶层的民众广泛接受和喜爱，推动了各类葫芦装饰与加工技艺的产生与发展。

葫芦工艺在明代末年从民间进入宫廷，成为宫廷工艺品中的一个专项"匏器"。制匏技艺一直被明清历代皇帝所重视，甚至达到与金银珠玉同等珍贵的地位。特别在清代康、雍、乾三朝盛世，匏器工艺达到鼎盛。皇家监制专人种植葫芦和制作葫芦工艺制品。乾隆年间，这种兼具天然与人工妙趣，并有一定自然乡野情调的葫芦制器更深得乾隆皇帝喜爱，认为"盖其朴可尚，而巧非人力之能为也。"北京宫廷匏器的种类可分为实用器和陈设品两大类，常见的有杯、盘、碗、壶、盒、瓶、笔筒、鼻烟壶、蝈蝈笼和乐器等。制作工艺技法早期主要是范制和雕刻，清代中期以后出现火绘、拼贴、镶嵌等技艺。（图3）（图4）

图 3　清代葫芦匏器鼻烟壶　　　　　图 4　范制葫芦蛐蛐罐（王世襄旧藏）

三、北京火绘葫芦工艺

（一）北京火绘葫芦工艺的历史

北京火绘葫芦工艺是建立在民间和宫廷葫芦工艺文化的基础之上的，在古代和近现代一直有传承与发展。北京民间火绘葫芦工艺约在清代中期出现。在历史上有记载的制作名家是"白二"，人称"白老头"，旗人，在隆福寺以售葫芦为业，作品风格简约。白二之子白文三继承了父业，把火绘葫芦的工艺加以发展，表现手法更加细腻。另有崇文门外打磨厂路北小巷北深沟，20世纪前半叶巷内有店名"仁义顺"，店内有一个名为李润三的牙雕艺人后来改绘葫芦，他的作品用低温烘针慢慢烫出，风格如同水墨渲染。虽然清代火绘葫芦传世的作品难以见到，明文的记载也较少，但实际上从上述北京地区的宫廷葫芦工艺发展历史和繁盛程度，可以推断，火绘葫芦技艺在民间存在的时间应当更早，掌握这种技艺的人以及制作的优秀作品也应当不在少数。

北京地区近现代火绘葫芦从普通的民间玩物和具有局限性的宫廷奢侈品上升为传统民族文化艺术的一个组成部分，从事火绘葫芦技艺的创作者、研究者的品位更高，使得作品的内涵更加丰富。近代北京著名学者、文物鉴赏大家王世襄先生对葫芦艺术有全面而精到的研究，著有葫芦艺术与文化研究的专著和文章，并亲自运用火绘葫芦技艺制作葫芦艺术品，有精妙作品存世。现代北京火绘葫芦技艺的代表艺术家为季顺先生，他在全面继承传统火绘葫芦技艺的基础上，推陈出新，强调创意与技法的结合，保存传统与大胆创新并重，将多种造型艺术的精华和现代审美观念与思想融入传统的火绘葫芦工艺品，使作品的艺术表现力更为宽广，内涵更加丰富和贴近时代，富于生机。季先生的夫人续清（续雪竹）女士擅长传统工笔绘画，并将中国画技巧和风格引入火绘葫芦工艺，作品笔法遒劲，构图严整，色泽浓淡相宜，风格古雅端庄，意韵脱俗。

（二）北京火绘葫芦工艺的艺术特色

火绘葫芦是民间葫芦工艺的一个重要组成部分。在大运河沿岸，北京、河北、山东、河南等地都有各种各样的葫芦工艺。但北京地区的火绘葫芦工艺因其特殊的地理位置和政治、经济、文化背景，形成了自身的特征与优势。北京火绘葫芦工艺的艺术特色，归纳起来有以下几个方面。

1. 内容和形式的多样统一

在北京现代火绘葫芦技艺的传承与发展过程中，鲜明地体现出内容和表现形式多样统一这一特征。以现代北京火绘葫芦技艺的传承人季顺先生的创作为例，内容上和表现形式上都非常多样，善于融合古今，在表现形式上将传统书画、现代造型艺术，如雕塑和油画的立体造型手法、浓淡光影变化等，都运用于火绘葫芦创作中。内容上既有传统的题材，也有反映现代社会生活、人生哲理、抒情讽喻等题材，并且多样的题材与丰富的表现手法巧妙结合并完美统一，使火绘葫芦这一民间工艺的表现领域和表现手法大大拓展，丰富了其艺术语言，也能够为更广泛的人群所喜闻乐见。

2. 技术与艺术的兼工并重

火绘葫芦的制作技法经过历代艺人的实践创作和研究，形成了一套特定的方法与技巧。现代北京火绘葫芦技艺的传承人完整地掌握了传统的制作技艺，坚持运用传统的烫画工具和技法进行创作，并在此基础上对烫画技巧精益求精。对于温度的掌握，下笔的力度，深浅颜色调子的控制，各种特殊效果的制作处理，不同对象的形态、质感、色泽的表现方法都形成了一套完备而成熟的技法。

北京火绘葫芦技艺的突出特征在于重视工艺技法的同时强调作品的整体内涵和艺术格调，"道器合 "，将普通的民间手工艺品上升为具有更高层次与格调的艺术品是其新的突破。在现代北京火绘葫芦技艺的传承和创作实践中，"技"与"艺"的兼工并重是核心。创作者一方面具有娴熟的火绘技巧和丰富的经验，另一方面具有较深厚的书画功力以及文化素养，并且具有创新的思路，这使得现代北京火绘葫芦技艺所创作出的作品不再是纯粹的装饰品和工艺品，而使其具有更高品位的艺术内涵。

3. 美感与情感的综合体现

手工艺的品格不仅在于外在表现出的精湛技术和美感，更重要的是内在包蕴着创作者的真情实感,这是一件手工艺品的灵魂所在。传世的手工技艺和优秀作品甚至承载着一段历史,一个民族,一个时代,一种文化的精神。北京是一个历史文化积淀格外深厚的古都,手工技艺的外在美感和内在情感都体现得格外丰富。北京火绘葫芦技艺也同样具有这一特征。

现代北京火绘葫芦技艺传承中格外强调审美品格、情感、个性的综合表达,每一次创作,每一个作品都不是简单的重复或复制,创作过程中投入的情感突出地表现在作品中,作品具有主题性、趣味性,能够表现丰富的生活情感与思想哲理,因此具有独一无二的个性与生命力。

(三)北京火绘葫芦的工艺技术

制作火绘葫芦的主要材料是成熟的葫芦,葫芦大小不一、形态多样。造型完整饱满,无瘢疤、破损,颜色均匀,表面光洁的葫芦为上品。但有经验的创作者也可能利用葫芦的某些缺憾甚至残损之处设计出别具一格的造型和效果,还可以结合范制、勒制等工艺制作出特殊的葫芦造型,再在其上进行火绘。

现代制作火绘葫芦的主要工具是电烙铁,可以根据需要配置不同粗细和不同形状的烙铁头,还可配置使电流稳定的稳压器。

北京火绘葫芦制作的工艺流程为:选料——将工具升温——进行艺术创作。火绘葫芦的材料、工具并不复杂,但要做出优秀的作品,重在通过大量的实践获得技艺上的经验,更重要的是独特的创意与构思。

(四)北京火绘葫芦工艺的重要价值

1. 历史价值

葫芦工艺在清代宫廷艺术中是重要的组成部分,曾盛极一时。因此,研究火绘葫芦工艺的历史对于我们了解中国传统手工艺术,了解中国古代的葫芦工艺,特别是清代北京地区的葫芦艺术具有重要的史料价值。对火绘葫芦技艺的挖掘与研究,在民间绘画史、民间工艺史、民间收藏史、装饰艺术史、风俗文化史领域都有重要的意义。

2. 文化价值

葫芦在中国传统文化中是吉祥和福禄的象征,汉族和很多少数民族都将葫芦作为吉祥物和观赏品,对葫芦本身进行加工装饰做成的日用品和工艺品,受到人们的喜爱和珍藏。将葫芦的形象作为主题应用于诗文绘画、工艺美术的例子也比比皆是。葫芦及其相关联的历史故事、神话传说、文学作品、装饰图案、吉祥寓意等多元文化因素,使之不仅是一种植物，一件器物，而是承载了中国传统文化的内涵，形成了中华民族所特有的"葫芦文化"。火绘葫芦工艺是葫芦工艺的一种，也是葫芦文化的一个组成部分，对其的继承和发展也是对中华传统文化的弘扬。

3. 艺术价值

在对葫芦的加工装饰过程中，派生出很多加工技艺，各具艺术特色，如有的运用范制或勒制强调葫芦的新奇造型；有的运用针刻或砑花突出精致细密的图案等。火绘葫芦技艺的艺术价值在于它综合了不同特点加工工艺的长处，保留葫芦天然造型的自然美感，结合葫芦自身形态和色泽，加以烫绘，烫绘的工艺效果近于绘画，笔触自由，浓淡黑白层次丰富，表现力强，可以表现比其他葫芦工艺更为广泛多样的题材内容。形与色的结合使其在创作过程中有更多表现余地和创意想象空间。火绘葫芦的色彩效果为单色浓淡区别，也可以表现黑白光影和逼真的立体写实效果，作品风格可以是传统的古朴幽雅，也可以是现代的新奇独特。艺术表现力的丰富、创意的新颖和品位的多样性使它具有重要的艺术价值。

4. 实用价值

葫芦最早的应用是制作日常器物，如水器、酒器、茶具、农具、工具等，后来发展为供陈设、观赏、把玩的工艺品和收藏品。在现代社会中，葫芦工艺可应用的领域进一步扩大，火绘葫芦技艺除了在工艺品、收藏品中发挥价值之外，还可以应用于日用品、礼品、纪念品等范畴，不断开发新的品种，具有更多实用价值。

5. 商业价值

火绘葫芦具有很高的文化附加值，成本不高的材料和工具，通过独特创意和艺术加工，价值可以成倍增长，作为高档工艺礼品、纪念品、收藏品的火绘葫芦更是价值不菲。作为北京的民间手工艺产品，火绘葫芦的开发和利用具有很强的商业发展潜力。

四、对北京火绘葫芦工艺发展现状的分析与思考

北京地区的葫芦艺术曾经在宫廷和民间盛极一时，但目前葫芦工艺特别是火绘葫芦工艺处于亟待保护的濒危状态，因此对这门传统手工艺的现状分析，以及根据现状思考如何传承发展也是非常重要的。

（一）对历史资料整理和掌握的匮乏

火绘葫芦工艺在历史上的起源、传承、发展，具有代表性的艺人和重要的作品资料

很少,仅能在王世襄《中国葫芦》《说葫芦》《锦灰二堆》等极少出版物中略知一二。对于与之相关的文化内涵、设计形式、制作用途等缺乏深入挖掘与系统整理,对火绘葫芦技艺的历史和文化研究有待起步。

(二)技艺传承人的断档

目前北京地区掌握火绘葫芦工艺的人才并不多,具有一定影响的人物更是寥寥无几,少数一些技艺精湛的人才分散在天津、河北等地,具有全面艺术修养又能专门研究和学习这种工艺的人非常少,对于工艺的传承发展造成重大阻碍。

(三)装饰图案和艺术风格单一缺乏特色

目前掌握火绘葫芦技艺的匠人在葫芦上烙画,大多以现成画谱纹样为蓝本,或是烙写实的山水、动植物、人物,或是龙凤、狮子、麒麟等传统吉祥纹样,也有烙"恭喜发财""一帆风顺"等吉祥文字的。其主题和表现手法单一,缺少创新性和时代特色,少有能结合葫芦本身的形态与质感进行创新。(图5)

图5 火绘葫芦摆件

(四)宣传与普及的缺乏

对火绘葫芦工艺在社会上的宣传和普及力度不够,多数人对这种工艺的特点和艺术价值不了解,影响了技艺的传承与发展。

(五)对工艺和产品的开发应用不够

在现代社会商品经济发展的条件下,手工艺和手工艺术品需要更紧密地与现代人的生活相结合才能体现其价值,延续其生命。目前火绘葫芦工艺还仅为少数人掌握,受众也只是对其收藏赏玩,未开发出更多用途,未能充分突出其现代文化价值、实用价值与商业价值。(图6)

综上所述,本文对中国葫芦工艺中的"北京火绘葫芦"这一传统手工技艺进行了初步的梳理和思考。为了大运河非遗的保护、传承、开发、创新、弘扬,我们应该重视各个历

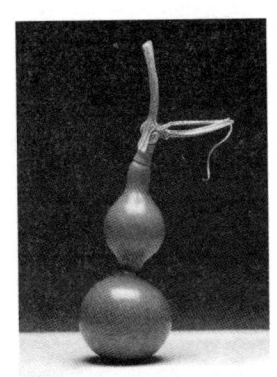

图6 火绘葫芦小把件

史时期、各个地区曾经存在并具有价值的手工技艺,让它文脉传承,曾经被寄寓的"福禄"美好意义在新的时代继续发扬光大,福及子孙,泽被后世。

参考文献

[1] 王世襄. 锦灰堆:王世襄自选集 [M]. 北京:生活·读书·新知三联书店,1999.

[2] 王世襄. 说葫芦:王世襄集 [M]. 北京:生活·读书·新知三联书店,2013.

[3] 王世襄. 范匏绝艺庆重生 [J]. 燕都.1992(05).

方寸间的"趣"与"雅"
——以新石器时代龙山文化的高柄杯为例

崔九霄[1]

摘要：本文以新石器时代龙山文化的高脚杯器皿为例，以有别于考古的、基于美学赏析和现代艺术的造型规律的视角，依循文中提出的中国美学里对"趣"与"雅"的追求，对此作品进行了比较充分的剖析。一方面，将"趣"与"雅"的美学追求概括为区别尤其是有别于日本陶瓷的特点，这样梳理的文本资料并不多见；另一方面，就四千年前的这件黑陶器皿的造型元素，联系现代雕塑语言展开的讨论角度也是富有意义的；作者还在文中指出，同为新石器晚期的陶瓷器皿，不同于大多数彩陶作品或捏塑作品注重平面语言的装饰性，此作品不多见地注重线与形的精神属性，关注更为纯粹的雕塑语言，这种美学关注点的转变，实际是需要很长久的积累。

本文通过梳理、分析，旨在为看待我们的传统器物、经典造型提供更系统、更多维的角度，也希望这样的思考能够为我们今天该如何面对传统带来有益的思路，为密切现代艺术的造型语言和传统美学的精神追求二者之间的关联，做浅显的基础性研究工作。

关键词：黑陶；趣；雅；现代

"散步是自由自在、无拘无束的行动，它的弱点是没有计划，没有系统。看重逻辑统一性的人会轻视它，讨厌它，但是西方建立逻辑学的大师亚里士多德的学派却唤作'散步学派'，可见散步和逻辑并不是绝对不相容的。中国古代一位影响不小的哲学家——庄子，他好像整天是在山野里散步，观看着鹏鸟、小虫、蝴蝶、游鱼，又在人间世里凝视一些奇形怪状的人：驼背、跛脚、四肢不全、心灵不正常的人，很像意大利文艺复兴时大天才达·芬奇在米兰街头散步时速写下来的一些'戏画'，现在竟成为'画院的奇葩'。

---

[1] 崔九霄：清华大学美术学院在读博士生

庄子文章里所写的那些奇特人物大概就是后来唐、宋画家画罗汉时心目中的范本。

散步的时候可以偶尔在路旁折到一枝鲜花，也可以在路上拾起别人弃之不顾而自己感兴趣的燕石。

无论鲜花或燕石，不必珍视，也不必丢掉，放在桌上可以做散步后的回念。"[1]

"忽如一夜春风来，千树万树梨花开"，出自唐代岑参的《白雪歌送武判官归京》，此句形容的是玉树琼枝、一夜奇寒，字面却如暖风扑面，梨花芬芳，以暖表寒，诗词中的魅力和风度恰如中国美学观的流露——雅趣、浪漫。中国美学的独特性紧紧牢系于华夏民族的精神、教化、典故、风俗等渊源，既在空间上不同于亚太板块的相邻国度、民族，不同于隔海相望的欧美口味，也在时间的坐标上有别于美索不达米亚、古印度、古埃及等古老文明的追求，跨越远古崇拜时的威严制式，不趋同于今日人类越来越作为一个"共同体"，对未来审美追求的"去个性化"。华夏美学背靠丰厚的底蕴，不拘泥、迷恋于技巧，显示出对"趣"与"雅"的孜孜以求，在陶瓷用具的方寸之间也得到了很好的表达。

陶瓷作为中国众多的文化符号之一，可以追溯至刀耕火种的原始社会。制陶活动代表着当时生产能力、制造能力的最高水平，已成为社会活动密不可分的一环，陶器广泛应用于生活中，成为贮藏粮食、水源不可缺少的重要工具，也见证了艺术与生活的融合、物质与精神的提升。8000年前，彩陶的出现展示了人在描摹自然时对形象有取舍的夸张、提炼，稚嫩的图案在今天看来充满浪漫和想象，充斥着对美和形式的向往。彩陶、石器、图腾、原始歌舞都成为我们研究华夏审美意识萌芽的依赖。3000多年前的商周时期，成功烧制出了印纹硬陶和原始瓷；2000年前的汉代，一些地区已经具备了一定规模的陶瓷生产，并成功烧制出了青釉瓷器；隋唐时期烧制出了成熟的白瓷；随后的两宋时期，来到了中国灿烂美学文明的制高点，特别是瓷器彰显的不凡气度，使得中国登顶世界公认的瓷器艺术的高峰；在随后的数百年间，种类繁多的颜色釉瓷和丰富多彩的彩绘瓷出现，陶瓷愈加成为集技术与艺术、科学与审美为一体的手工艺门类。概览中国陶瓷的发展历程，新材料、新技艺的出现似乎一直成为推动其发展的主要因素，而隐藏其中的美学追求和胸襟，才是剥开表象，真正塑造中国陶瓷品格的主因。

中国陶瓷的鲜明特征单从表面的视觉特点，已经在很大程度区别于各文明、各国度，而这其中稍易混淆的就是对中国陶瓷、盛唐文化极度追随的日本。当我们去单纯地就中国和日本的陶瓷作品展开讨论的时候，似乎很难一针见血地叙述二者的不同，两国陶瓷

---

[1] 宗白华. 美学散步[M]. 上海：上海人民出版社，2015：2.

都极为推崇材料的魅力，讲究细节上的味道，显出高超的技艺魅力，但是如果我们将器物还原到那个时代的艺术创作中去，在更大的一个范围内去赏析，则可得出不同于彼此的鲜明特征。论瓷，我们也可以谈论顽石的风流，欣赏美之萧散，品读绘画之荒寒等等，如果从一脉相承的对美的追求的角度来看，贯穿于中国陶瓷史各时段的"趣"与"雅"即是品鉴玩味的独到之处。

关于中国陶瓷的美学观，朱良志先生做了很好的阐释"北宋苏洵提出著名的'风行水上，涣，此天下之至文也'的观点，这里的'至文'，就是最高的美的意思。"[1] "'风行水上'乃为'天下之至文'，讨论的不是自然美的问题，并非强调自然物具有最高的美，而是突出循乎自然的创造方式，人遵循自然的法则，也可以创造出合乎自然美的形式。"[2] 这里的"至文"也集中体现了"趣""雅"。此处我想就一件独特的新石器时期龙山文化的高柄杯（图1）作品，聊一聊方寸之间显露的高妙。

"山东龙山文化的陶器以黑陶为主，灰陶不多，也有少量红陶、黄陶和白陶，但后三种陶多用来制作陶鬶。据测定，黑陶的烧成温度达1000℃左右，红陶为950℃，白陶则在800-900℃。黑陶有细泥、泥质和夹砂三种，其中以细泥薄壁黑陶的制作水平最高，这种黑陶的陶土经过精细淘洗，轮制，胎壁厚仅0.5-1毫米左右，表面乌黑发亮，固有蛋壳黑陶之称。蛋壳黑陶是山东龙山文化最有代表性的产物，主要产品有大宽沿的高柄杯，胎质十分轻巧，制作精致，造型优美。要制作这样薄如蛋壳的精品，不仅需要长期的丰富经验，还得有熟练的技术才行。这也说明当时的制陶业已经非常专业化了，并且为某些富有经验的家族所掌握。"[3]

这件黑陶作品薄如蛋壳，却是在距今4000年前制作的。在那样一个遥远的、甚至很多生活场景是需要我们依靠想象还原的时代，很难详述这样一件技艺精湛的作品经历了怎样的诞生过程。即便此处抛开技术上的猜想，不谈论制作方法，我们单就作品的美学特征去讨论，也有很多让人惊艳的独到之处。这件黑陶容器修长挺拔，贯穿首尾两端一根绷足了力道的长直线条充盈漆黑如铁剑，庄重却不失雅态，幽幽缓释着凛凛威仪。两端气息一变，翻卷修长的口沿显得舒展、浪漫，端庄素雅的底足耐人寻味。整件器物好似遗世独立的活物，显出几分清雅，丝丝淡泊，又孕育着神秘和严肃。

对"趣"之性味的追求常见于中国历史上不同时期的各类艺术作品中，新石器时代的手工制品是一种原生的趣，显得远古、直观，展示出美的意识启蒙阶段的一种憨态可掬。

---

[1] 朱良志. 真水无香[M]. 北京：北京大学出版社，2009：322.

[2] 同1.

[3] 中国硅酸盐学会编. 中国陶瓷史[M]. 北京：文物出版社，2011：22.

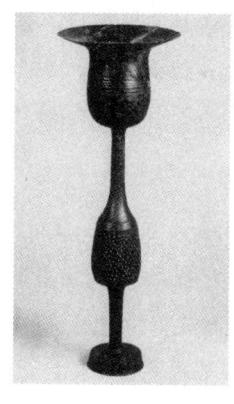 

图1 龙山文化的高柄杯　　图2 宋瓷

青铜饕餮的趣最为隐秘严肃，追求崇高狞厉之美，注重线型的回环往复，却在造型和动物形态的雕塑上见可爱之处。"由于早期宗法制与原始社会毕竟不可分割，这种种凶狠残暴的形象中，又仍然保持着某种真实的稚气。从而使这种毫不掩饰的神秘狞厉，反而荡漾出一种不可复观和不可企及的童年气派的美丽。"[1] 宋元雅士对"趣"的追求最常见于各类记载，宋词元曲、山水画意中往往浓缩着对雅趣的青睐。反观这样一件黑陶作品，其趣味之处似乎在于以细长的线条传递遥远的历史力量与原始宗教观，以柔和表达严肃。线的艺术不限于中国的瓷、笔墨、石刻，早在四千多年前的黑陶作品中竟已显出对线条的绝妙认知和极致追求。柔美之"趣"、姿态之"趣"、兴味之"趣"，竟难以名状地由这样一件古老陶器深处，缓慢地释放出含蓄、温和，独特的轮廓似乎还蕴含着某种走兽、某类飞鸟栖居时的从容。

而谈到"雅"这种有意味的精神追求，则范围更广，不单单与艺术有关，可以说体现在历朝历代生活追求的方方面面。单就陶瓷而言，宋瓷（图2）对容器轮廓的极致追求，寥寥几根不同弹性的线勾勒出传世作品，是在很有限的空间内追求极致的表达、纯粹的雅。单色釉的追随与创造也展现着古人对含蓄内敛的优雅格调有着近乎完美苛刻的要求。仅就青釉系的瓷器来看，就有天青、月白、豆青、粉青、梅子青等许多在微妙处追求不同表达的釉色处理，涵盖宋代"五大名窑"之中的汝、钧、官、哥四个窑口，另外还要包括当时的耀州窑、景德镇窑等，可见对"雅"的追逐仅在陶瓷这一个点上已是近趋极致。瓷器的"雅"又怎少得了文人的追捧，明代徐渭有《画插瓶梅送人》诗说："苦无竹叶倾三斝，聊取梅花插一稍。冰碎古瓶何太酷，顿教人弃汝州窑。"此处便是说冰裂纹有一种幽冷的美感，上插梅花，更能见出冰清玉洁的意味。回看这件黑陶作品的风雅，则更为靠近华夏文明的源头，修长、舒展的形态往往与礼仪相关，若以笔墨勾勒轮廓，线条间的顿挫启承，难道不恰恰暗合分外受瞩目的笔墨趣味吗？而其后衍生出的人生意境、抒写性灵等况味更是一种追求的延续和联想罢了。

除了"趣"与"雅"这类追求上的表达，单纯就造型语言讨论，更显出难以置信。

---

[1] 李泽厚. 美的历程[M]. 北京：生活·读书·新知三联书店，2009：40.

图3 理查德·塞拉雕塑作品《西方——东方/西方——东方》　　图4 贾科梅蒂和他的作品

在当时那样一个尚处于人类文明早期的荒蛮时代，在新石器时期的彩陶、日本的绳纹土器这些璀璨的人类文明，集中智慧追求着图案和纹样的美的表达时，这样一件作品却与我们今天时常谈及的现代艺术流派中的"极简"概念不谋而合，显示出跳脱于平面化语言的限制和对立体雕塑的敏锐把控。

我们能从作品轮廓追求的量感和线条中感到一股铆足了劲彰显的"现代"二字的力量。这种拉长的、向着两端延伸的造型特征准确地合乎了在20世纪常常被雕塑家使用的处理形体的方式。理查德·塞拉的作品《西方-东方/西方-东方》（图3）或许就是这类表达中的一个极端案例，贾科梅蒂（图4）同样以极致修长的手法处理了行走的人物。这件黑陶作品的独特之处还在于注意到了对虚空间的关系处理，两段细长的手柄营造的"负形"强化了整件器物的抬升的感觉，关注这种虚的量感与实体的关系，这样的追求在芭芭拉（Barbara·Hepworth）的作品中得到了充分关注。另外，选用与其余部分有明显的量感上的差距的细长形元素串联作品，营造不同部位体量关系的失衡，以达到冲突感，一种视觉张力，这也是一百多年以来的抽象艺术中频频使用的处理方式，在雕塑家里则是如考尔德（Alexander·Calder）、菲利普·伊其理（图5）等的作品具有此特征。

要想在短小的篇幅内将陶瓷美的"趣"与

图5 菲利普·伊其理雕塑作品

"雅"这样一个话题谈得很深入,这是非常困难的,我其实也是借由对这样一件龙山文化的黑陶容器的好奇与喜爱,漫谈贯穿于中国陶瓷之中既鲜明又独特的两种品质,不成系统,但是由于从审美的角度谈论陶瓷的文章著述还不多见,才显得角度新奇。与君分享,仅供探讨。

二、设计巧思

多工序技艺类"非遗"的简化现象及其背景探析
——以景德镇制瓷剐坯技艺为例

姜现甲[1]

摘要：本文以景德镇剐坯技艺为例，指出工序简化是造成剐坯技艺传承乏力的直接原因；近代以来的景德镇制瓷工业化生产方式和现代工厂的管理制度对景德镇制瓷技艺生产链条的重构，造成一部分传统工序未能纳入现代制瓷技艺流程，成为剐坯技艺衰落的时代背景；"非遗"的项目化保护方式和市场选择下的一部分手工技艺复兴对另一部分技艺构成了遮蔽，成为当下认识剐坯技艺的三重面相。工业化生产方式并是剐坯技艺式微的直接原因，手工艺的复兴也没有成为剐坯技艺复兴的理路，修正了机械化生产方式是导致传统剐坯手工技艺衰落的惯常认知。

关键词：剐坯；技艺；工序；传承人

剐坯，也叫挖足，是坯房中圆器利坯过后的一道工序，做坯时，坯足一般都是实心足，为了便于下游工序的画坯和上釉把持端拿，坯足都留有一定的长度，等画坯、施釉等工序完工后，将坯足切短，掏空足部，即剐坯。陶瓷分工协作的手工业生产方式决定了剐坯技艺在传统手工艺中的存在价值，但在机械化生产的模压成型中，一次成型使得剐坯这道工序就没有独立存在的必要了，从而构成机械化生产层面上的陶瓷技艺简化问题。当前非遗保护传承也存在着割裂传统技艺的现象，将本属于一个流程上的多个工序割裂为多个项目实施保护，非遗所采取的保护措施是一种经过梳理后的保护方式，构成了非物质文化遗产层面上的技艺"简化"现象。剐坯技艺在2006年成为国家级非物质文化遗产的传承项目，在景德镇从国家级到江西省级再到景德镇市级传承人当中，从事剐坯技艺的传承人屈指可数，国家级传承人有一位，省级传承人一位，而在剐坯技艺上下游的

---

[1] 姜现甲：中国艺术研究院研究生院博士研究生

紧邻工序利坯、刹合坯工序中从国家级到市级都有一定数量的传承人。通过对传承人的访谈得知，这一技艺面临后继无人的困境。

一、工序中的剐坯技艺

剐坯技艺作为坯房中的一道工序，上游主要工序有取土、炼泥和圆器成型。景德镇制瓷原料主要包括瓷石、高岭土、白垨土、紫金土等。瓷石是坯胎原料中最重要的一种，它含有瓷胎中所需要的多种成分，即使不添加其他原料也能够单独成瓷，是天然配制好的瓷胎原料。瓷石包含石英、长石、绢云母等岩石矿物，是花岗岩等岩石在长期受热和风化的作用下生成的。《景德镇陶录》："陶用泥土，皆须采石制练。土人设厂采取，借溪流为水碓春之澄细淘净，制如砖式曰白不。以徽州祁门为上，出坪里、葛口二山。开窖采取，剖有黑花如鹿角菜形者佳。此土色纯、质细，可制细器。别有高岭、玉红、箭滩数种，皆以所产之地名。若黄不釉果尤作粗瓷者所必须。"[1]

从矿山洗碓过的"不子"精细程度还达不到瓷坯的要求，并且运输过程中也会产生一些杂质，所以还需要进一步的淘洗，这个过程就是炼泥的工序。炼泥的操作过程是将"不子"放入淘洗缸中，加水浸泡约数小时，用棍棒搅拌，这个过程不需要将瓷用原料全部搅翻，有部分瓷泥颗粒悬浮即可。等到表层的泥水稍微澄清以后，便将此含有细颗粒的泥水舀入沉淀缸中。过一段时间，等到细粒泥质全部沉淀之后，将上面的相对清澈的水舀回淘洗缸，再重新搅动泥料，进行二次淘洗。以上程序反复几次，直到不再有下沉的细泥颗粒出现为止。等沉淀缸中的细泥经过一段时间的沉淀，便舀出多余的清水，让泥浆浓缩变稠，工人要不断地把干的和稀的泥搅混在一起，等到泥巴可以用手捧得起来的程度，就可放进泥房，按照不同的用处加以配置使用。

陶瓷成型是将坯料加工成某种造型和尺寸的手段。陶瓷造型丰富多样，泥料的性能又有差别，决定了陶瓷成型的方式是多种多样的。如泥条盘筑、轮制成型、捏塑成型、注浆成型、粉压成型等。轮制成型主要是圆器的成型方式，也是陶瓷成型的第一道工序。坯拉制完后的下一个工序是利坯。利坯也叫修坯，也就是对拉制好的坯进行修整的过程。剐坯是坯房中圆器利坯过后的一道工序，做坯时，坯足一般都是实心足，为了下游工序的画坯和上釉便于把持端拿，一般都把坯足留有一定的长度。等画坯、施釉完工后，就需要把坯足切短，并把足部内里掏空，这就是剐坯。等剐坯完工后，再为坯足补上釉。

---

[1] 熊寥.中国陶瓷古籍集成[M].上海：上海文化出版社，2006：467.

补完釉之后，还要将其边沿上的釉抹去，主要是防止底足有釉粘住匣钵，接下来就属于入窑烧制的工序了。

景德镇陶瓷有"共计一杯工力，过手七十二方克成器，其中微细节目尚不能尽"[1]之说，"过手七十二，方克成器"也成为景德镇制瓷工序多样化的代表性论述。工序多样化和有序性也是景德镇制瓷品质的保证和条件。

二、分工与协作背景下的剐坯技艺

（一）"各执一事，各显其能"——瓷业分工

景德镇瓷器"器成八方走"，走出去的是景德镇品牌，赢得的是广泛赞誉，这与景德镇制瓷分工的细密程度有密切关系。民国杜重远在提到景德镇制瓷业现状时也客观描述了景德镇制瓷业分工的细密问题。"景德镇瓷业分工很细，如由瓷土制成模型瓷坯，干后敷釉，装入窑内，入窑烧后成瓷，再须绘画或加上颜色，也有烧前画成青兰花的，有烧成后画上各种颜色的。景德镇瓷业分工大概如此。"[2]景德镇制瓷业分工之细致严谨，不仅提高了制瓷的生产效率，也使得陶工及其"绝活儿"的价值得到更好的体现。分工过细的不足也很明显："分工而彼此不相连接，如匣户，做（坯）户，烧（窑）户，均彼此各自为己，不能相互联系，如釉果所出地，往往把釉果当作宝贝，垄断居奇，到瓷制成后所费成本很大。矛瓷烧了以后，画上花样，再须火烤，但与烧户毫不相连，因此瓷之成本益大。在制户、烧户和工人之间，可说是资方和劳方，亦不合作，互相欺骗。"[3]这种资源垄断，也在一定程度上促成了行帮乡会的形成，不同行业被同乡会等行帮垄断，如都昌帮控制着烧窑业、杂帮则控制着琢器业等等。

杜重远对分工的批评主要着眼在分而不合，并非是否定分工本身。分工本是高效和专业化的体现，景德镇瓷业的各种行业店铺正是分工细的体现，如白土行、窑柴行、茭草行、坯刀店等。行帮商会的管理，也客观上促进了制瓷行业的职业化和标准化，正是基于行帮商会的管理和制约，各行业陶工才会更加专注于手艺的锻炼，把技术练到更熟练，久之各行业都有自己的"绝活儿"面世，而"绝活儿"的锤炼也是细致分工与行会管理的结果。

---

1 宋应星.天工开物译注[M].潘吉星，译注.上海：上海古籍出版社，2008：204—205.
2 石奎济.杜重远与景德镇[M]// 政协景德镇文史委员会.景德镇文史资料：第五辑.江西：江西高校出版社，1988：141.
3 同2.

二、设计巧思

　　《共产党宣言》在论述资产阶级终将被无产阶级取代的同时，也客观地指出了机器工业化的生产方式导致传统生产方式解体的问题，"以前那种封建的或行会的工业经营方式已经不能满足随着新市场的出现而增加的需求了。工场手工业代替了这种经营方式。行会师傅被工业的中间等级排挤掉了，各种行业组织之间的分工随着各个作坊内部分工的出现而消失了。"[1] 在全球市场的冲击之下，近代景德镇制瓷业面临的市场萎缩等相关问题也都暴露出来。"近年风气渐开，奢侈日甚，人民喜购外货，如中狂迷，即如瓷器一宗，凡京、津、沪、汉以及各繁盛商埠，无不为东洋瓷之尾闾，如蓝边式之餐具杯盘及桶杯式之茶盏，自茶楼酒馆以及社会交际场，几非此不为美观，以至穷乡僻壤，贩卖小商，无不陈列灿烂之舶来瓷，可知其普及已至日常用品。"[2]

（二）"分而为职工，合而为成器"——工序协作

　　景德镇制瓷业分工之细致严谨，不仅提高了制瓷生产效率，也使得陶工及其"绝活儿"的价值得到更好的体现。景德镇传统制瓷业的协作有其特点，景德镇制瓷业并非只有分工，没有协作。景德镇传统制瓷业的协作不是在一个生产车间里面完成的，而是分布在景德镇城区的不同区域街道，可以说整个景德镇就是一个大的车间。景德镇经历了国营瓷厂的工业化制瓷之路之后又经历着一个传统手工制瓷复兴的局面，新中国成立后的工业化制瓷生产方式导致了原有行帮商规的管理制度、分工协作工序、制瓷设备、销售方式等发生了根本性的变化，行帮商规的缺失使得剐坯技艺丧失了存在的工序性和保护性。比如在招徒弟方面："带徒弟一般不得跨行，但印坯工可带打杂徒弟，利坯工可带剐坯的徒弟，混水工可带画坯徒弟，其他各脚不能带跨行徒弟，本行可以带，否则就违反了行规。"[3] 这些行规在今天是很难再得到恢复的，曹开永作为国家级非物质文化遗产传承人也忧虑过收徒弟的问题。他说不可能按照老办法去收徒弟，现在有人跟他学，能让这门技艺传承下去就已经很好了。景德镇传统制瓷业的行帮管理制度在今天已经丧失约束性。假如没有近代景德镇制瓷业如此严谨的管理制度，今天的复归恐怕就是变了味的，近代商帮行规已然内化到陶工心里，形成一种惯性的行为模式。剐坯技艺也正是在这种商帮行规的严格规定中传承并获得发展，但现在传统手工艺的复归并没有复归这样一连串的管理制度，这也使得剐坯技艺丧失了原

1　中共中央马克思恩格斯列宁斯大林著作编译局.马克思恩格斯选集第一卷[M].北京：人民出版社，1995：273.
2　向焯.景德镇陶业纪事[M]//熊寥.中国陶瓷古籍集成.上海：上海文化出版社，2006：714.
3　方李莉.景德镇民窑[M].人民美术出版社，2002：220.

来管理制度下的保护和约束。市场在资源配置中起着决定性的作用，在追逐利益的过程中，客户追求成本的最小化，能够雇佣一位工匠就不会多雇，以减少成本的付出。另外，工匠也追求收益的最大化，通过更多的技艺付出以收获更可观的报酬。正是利益的驱使和管理的缺失造成原有工序的生态链条被打破，因此制瓷手工艺的复兴并没有成为剐坯技艺项目复兴的条件。

中华人民共和国成立后，景德镇制瓷业经历了从个体手工业向工厂手工业转变，从私人工厂到国营工厂转变的过程，实现了民国时期未完成的制瓷工业化之路。"经过了许多年的努力，景德镇陶瓷业的生产终于走出了传统的手工模式，而迈向了机械化。"[1] 中华人民共和国成立之后的景德镇制瓷工业化改造走过了近50年的历程，随着20世纪90年代国营"十大瓷厂"倒闭后，传统手工作坊的生产方式又回过头来重绽旺盛的生命力，更像是画了一个圆圈，最后又走向手工制瓷的复兴。中华人民共和国成立后的私有化改制"并没有出现大家所期待的私营的现代化大公司或大工厂，反而又恢复了手工艺作坊的生产方式。"[2] 手工艺作坊的生产方式的回归，直接原因就是国营瓷厂倒闭，有一技之长的工人纷纷开办家庭手工作坊，这些家庭手工作坊基本都是各自为营，谈不上彼此的协作，也不需要对下一道工序负责，它面对的是来自各个方面客户的市场需求，就像拉坯和利坯都是坯房的主要工序，这些主要的工序也得到了市场的青睐，甚至追加它们的价值。但市场对资源的倾向性选择势必会造成整条生产链条发生变异，甚至重建技艺的链条，重组资源。占用资源多的工序如拉坯、利坯会越做越大，资源少的工序如剐坯则会萎缩以至于消失，剐坯技艺作为其中一道工序，上游工序利坯"越俎代庖"做了下游工序剐坯的工作，剐坯技艺在整条工序链条中衰落，导致整条工序链条简化。

因此，从技艺分工与协作的角度来回答剐坯的衰落不只是大的历史背景的机械化生产所导致的，工序简化是造成剐坯技艺后继无人的直接原因。近代以来的景德镇制瓷工业化生产方式和现代工厂的管理制度重构景德镇制瓷技艺生产链条，造成一部分传统工序未能纳入现代制瓷技艺流程，而"非遗"的项目化保护方式和市场选择下的一部分手工技艺复兴对另一部分技艺构成了遮蔽，成为当下认识剐坯技艺的三重面相。

---

[1] 方李莉.本土性的现代化如何实践——以景德镇传统陶瓷手工技艺传承的研究为例[J].南京艺术学院学报（美术与设计版），2008(06)：20—27、205.

[2] 同1.

三、传承人培养

传统技艺因分工太细造成的困境成为"非遗"保护传承所关注的问题,有一种观点认为,技艺消失就消失了,历史上消失的技艺多了,有些东西就要进入博物馆,时代发展就要推陈出新,问题在于如何判断哪些技艺该消失呢?这是无法提前验证的。传统技艺是否具有价值,如何客观评价传统技艺的价值,传统技艺如何进行当代价值转化等问题,都成为我们认识剐坯这一濒危技艺首先要回答的问题。国家级非物质文化遗产剐坯技艺传承人曹开永提到,剐过的坯足厚薄有致,不烫手,不剐的则会烫手。手工剐坯相对于机制挖坯,其优点在于处理碗壁与碗圈足交接处的碗肩上,手工剐坯能够更好地照顾到美观和功能的关系,外圈足里面弧线过渡优美,同时挖足过肩,外浅内深,方便端持。尽管如此,曹师傅也不无失望地提到,"坯有没有剐过都一个样,反正都卖一块钱,剐呢,老板不干,还要多花钱雇你。"

尽管利坯师傅挤掉了剐坯师傅的工作,但术业有专攻,利坯师傅能让利过的坯美观,但不一定能保证底足不会烫手,这个也是剐坯技艺的市场卖点。挖掘剐坯技艺的市场价值,宣传剐坯技艺的市场卖点,让剐坯技艺的作用在当今陶瓷产品的日常生活使用中得到认同,是非常重要的。借着制瓷手工艺的复兴,把剐坯技艺的手工价值释放出来,这样剐坯的作用也还会存在,利坯也就不会抢夺掉剐坯的工作。重构制瓷技艺的工序链条,重塑制瓷技艺工序的生态性,也是制瓷文化多样性的要求。良好的技艺生态环境是传承能否持续的重要条件,而做到活态传承和可持续发展,人的作用最重要。"要实现可持续发展,就要坚持以人为本的原则。人是进行非物质文化遗产传承和保护的主体,保护工作离不开人的作用。如果忽视了对人的关注与重视,非物质文化遗产的保护就会偏离正确的轨道。"[1] 技艺消失主要就是传承乏力,在与陈圣发(国家级非物质文化遗产利坯技艺传承人)和曹开永的访谈中,两位老师傅都提到过后继无人的问题。曹开永的儿子曹强休学后并没有跟随自己的父亲学习剐坯技艺,曹强说现在什么都做,会做的就做,不会做的别人也找不上门来,并不像以前分得那么详细。曹强还提到,他跟的第一位师傅姓刘,后来又跟随别的师傅学艺,学的也都是利坯,就看自己想学不想学了,没有那么多约束,尽管都是学习利坯技艺,转益多师是不是也是这个时代技艺学习的要求?非物质文化遗产对传承人的认定是项目化的,什么都学习,会不会弱化对某一项目的技艺精湛度?这些问题都指向了传承人的培养问题。

---

1 王文章. 非物质文化遗产概论 [M]. 北京:文化艺术出版社,2006:334 页.

制瓷业分工严谨细密，不同技艺因血缘、地缘、业缘的关系而形成了各种帮派，如景德镇制瓷业的都昌帮、鄱阳帮、徽帮等，各帮派垄断某一行，这是景德镇的既成事实，问题在于，某一项技艺的消失对陶工或者传承人来说，其影响不是某一个人而是一个群体，那么传承人的培养，是培养一个，几个还是一个群体？技艺传承不像是曲艺的"非遗"群体保护，比如福建霍童线狮，技艺更多是倾向于把个人的"绝活儿"作为传承人认定的条件，因而在传承人培养上，如何处理个体培养与群体培养的关系也是值得研究的问题。

景泰蓝造型设计初探

卢子雄　高阳[1]

摘要：景泰蓝是我国独具特色的传统美术工艺品。其艺术性既反映在装饰纹样上，又反映在造型设计上。纵观其发展史，历史中几个时期的景泰蓝饰品发展高峰时期，营造出了景泰蓝丰富多彩的造型以及不同的样式风格。而关于景泰蓝设计的文章多集中于纹饰的研究，对景泰蓝造型设计的讨论相对较少。文章通过对景泰蓝形成及发展过程的梳理，对不同时期景泰蓝造型及种类的研究进行归纳，总结传统景泰蓝造型设计在当代面临的问题，希望提出有意义的建议，使景泰蓝更广泛地应用于现代社会及人们的日常生活中。

关键词：景泰蓝；造型；创新

景泰蓝是一种独具特色的传统工艺品种，历史上称为"珐琅器"，工艺上称为"铜胎掐丝珐琅"，因盛行于明代景泰年间，初创时只有蓝色，故名"景泰蓝"，是北京著名的"燕京八绝"之一。这种金属装饰工艺起源于波斯，成熟于5-6世纪，后传入阿拉伯、东罗马。元代传入云南，明清时期发展到鼎盛阶段。景泰蓝工艺虽然是舶来品，但传入我国后，迅速和我国传统金属工艺、镶嵌工艺融合，中国匠人所制作的景泰蓝实现全面民族化。

景泰蓝的造型在不同的历史时期也呈现出不同的风貌。景泰蓝的造型美学涵盖了形态、功能、技艺等多个层次。历代景泰蓝造型设计所反映的悠久的传统文化和沉淀下来的优秀创意，以及古代优秀创意中蕴含的设计美学思想值得我们在当下的景泰蓝设计中学习和借鉴。

---

[1] 卢子雄：北京林业大学艺术设计学院硕士研究生；高阳：北京林业大学艺术设计学院副教授

一、景泰蓝造型分类

按造型的不同，可将景泰蓝大致分为三类：一为日用器物类，也就是普通的日常生活器具；二为仿古器物类，这类器物多仿照青铜器造型；三为仿生器物类，这类主要是采取仿生造型，多为观赏器具。

（一）日用器物类造型

景泰蓝的普通器物造型主要是使用功能、观赏功能结合起来的。从景泰蓝的普通器型上看主要是生活日用品和陈设品摆件。以乾隆时期为例，日用品和陈设品的种类已经相当丰富，日用品主要有熏炉、手炉、杯盘、各类碗、各类壶、痰盂、火锅等。

（二）仿古器物类造型

因乾隆皇帝嗜古，所以出现了大量的仿古陈设品，主要仿造商周青铜器造型，如鼎、簋、觥、觚（gū）、觯（zhì）、卣（yǒu）、甗（yǎn）、钟、扁壶、罍（léi）等。

（三）仿生器物类造型

在景泰蓝的造型中，异形器物占有相当大的比例，而这其中仿生造型又是其主要部分。仿生造型是指纯粹从美化造型的角度模仿生物的形体、动态。

但是从造型的角度看，这种仿生带有工匠自己的主观性和想象成分，所以这种造型突出了工匠的个性和文化内涵。仿生的异形造型，一种是写实的再现，可以称为写实性仿生；一种是写意的再现，称它为写意性仿生。而中国古代器物造型并非西方的绝对写实，中国传统艺术的精髓重在写意，因而我们所见的景泰蓝写实造型并非绝对的自然描写，很大程度上是采用夸张的手法在追求一种"以形写神"，所以景泰蓝的异形造型大多是写意与写实的结合。《掐丝珐琅凫形提梁壶》（图1），此壶身为凫形，背驮提梁壶。但它并不是完全写实，而是经过匠人夸张整合，结合实用功能的设计成果，并不呆板，生动别致。

图1 《掐丝珐琅凫形提梁壶》（清乾隆）

二、景泰蓝的造型设计

（一）整体形态设计

日常用具类型的景泰蓝整体造型小巧精致，简洁大方，为了契合其整体造型，纹饰以缠连枝纹为主。仿生类景泰蓝则追求整体造型的夸张和神似，如清代的一件笔架（图2），工匠们将整个器物的形态设计成一只跪卧的绵羊，用铜丝掐成羊毛，羊背上驮着一位牧羊人，此物羊大人小，栩栩如生，虽然夸张但生动有趣。中华人民共和国成立后，特别是创汇时期工艺美术师们创造了一批继承传统又区别于传统，有很大时代特色的景泰蓝工艺品（图3），这一时期的整体形态中，动物形态最具特色，不拘泥于写实，造型简洁大方，给人朴实、稚拙的视觉感受。

（二）局部细节设计

景泰蓝造型不仅整体形态美观，其局部细节也非常精彩，并且与其他工艺相结合，景泰蓝的耳、足有錾活，香炉有镂空，以及花丝镶嵌等。《掐丝珐琅胡人进宝式熏炉》（图4）采用菱花式（从其顶部看为菱花的形状），其耳采用铜镀金的象首，足部为四个胡人模样，身着罗汉服饰，单膝跪地，手托熏炉，此炉的炉盖部分采用相当复杂的镀金镂空元宝形状，炉盖顶部中心为一大元宝造型，是其钮部。这件器物的局部细节相当精彩，局部（耳、足、盖、钮）采用仿生样式，为整体器物增加了许多趣味。《掐丝珐琅镂空旋转瓶》（图5）的瓶口采用如意云头，其腹部有四个圆形开关，并且镶嵌着四条镂空镀金的云龙对珠纹，细节非常繁复。

图2 《掐丝珐琅牧羊人笔架》（清乾隆）

图3 创汇时期猫头鹰造型景泰蓝

图 4 《掐丝珐琅胡人进宝式熏炉》（清乾隆）　　图 5 《掐丝珐琅镂空旋转瓶》（清乾隆）

三、景泰蓝造型设计与寓意

　　景泰蓝的造型与寓意结合十分普遍，最为突出的就是采用谐音借意的方式来寄托人们对美好事物的追求。中国人喜好吉祥的事物，所以将一些物品赋予了许多吉祥的内涵。比如，"太平有象"（图6），这类器物大多是陈设品，并不具有实用功能。一般造型为大象形，背驮宝瓶，其造型源于佛教题材，因造型为大象，后被人赋予"太平有象"的吉祥寓意。

　　还有很多葫芦造型的景泰蓝（图7），"福禄双全"是葫芦的寓意和象征之一，葫芦与"福禄"谐音，同时葫芦的造型大多都为两个圆形拼接而成，圆润饱满，寓意"双全"。"多子多福"也是葫芦的寓意和象征之一，葫芦内部的籽非常多，所以葫芦又有着"多子多福""早生贵子""子孙万代"的美好寓意。

　　有很多如柿子造型，"柿"谐音"事"，古人将很多吉祥美好的内涵融入其中，如"事事如意""好事多多""事事顺心"。桃子是"寿桃"，代表长寿，是健康幸福的祝福，中国民间视桃子为避邪之物。此外，还有很多如意造型表示吉祥、艾草造型表示驱疫等等，都体现了景泰蓝造型与寓意之间的紧密关系。

二、设计巧思

图 6 《太平有象尊》（清乾隆）

图 7 《掐丝珐琅云蝠纹开光诗句葫芦式壁瓶》（清乾隆）

四、景泰蓝造型设计与现代设计结合

林徽因在《景泰蓝新图样设计工作一年总结》的发言中写道："一件好作品，除了花纹好看外，还要形体美，颜色衬托得当。创作中往往将形体放在第一位，要求一件器物一眼望去就产生单纯的完整的明朗的效果。造型又是决定功能的，所在创作中形体为第一位的、首要的决定性因素加以考虑。"由此可见，造型对景泰蓝以及任何器物设计的重要性。

景泰蓝经过六百年的洗礼，其造型设计也在随着时代的不同而不断变化。其造型设计虽然在技术上有所提高，但就目前市场上的造型来看，大部分还以仿青铜器或瓷器为主，由于景泰蓝烧造难度大，易出问题，而特殊造型的景泰蓝烧造难度就更大，成本也相应提升，景泰蓝创新的可能性就会变小，所以历代工匠们都会以仿制青铜器、瓷器作为主要的造型形式。随着传统文化的不断回归、人们生活水平的提高以及审美观念的改变，景泰蓝以其精美的纹饰，独特的造型逐渐回到人们的视线中，收藏者中不乏普通民众。面对这种新市场，我们除了对其工艺水准以及精美的纹饰赞叹外，景泰蓝的造型设计也应该与时俱进并且有新的突破，以此来适应新时代的变化，以及现代人的审美标准。对此，笔者有几点建议如下：

(一)跨界融合

"跨界融合"作为近年来的热门话题,同时是使传统艺术焕发新生机的一种重要手段和尝试,我们在继承景泰蓝传统特征的同时,要大胆融合其他材质和工艺,提倡景泰蓝设计的多样化发展。比如现代流行的文创产品中,很多和景泰蓝相关的文创饰品;再比如,北京聚贤厅的壁饰以及顶部的斗拱,也都采用景泰蓝,其形式给人耳目一新的感觉。

(二)改进技术

景泰蓝设计的创新需要伴随着工艺技术的发展,技术的发展为设计不断创新提供可能性。景泰蓝造型设计上的创新,需要保持其传统内涵,在继承传统的同时融合新的科技手段才能符合现代化设计语境。比如传统的造型需要手工艺制作,那在现代化科技的发展下,我们是否可以将3D打印技术与其相融合,通过电脑建模来不断调整造型的美观程度和准确性,这样不但提高效率而且节省了材料,因此,如何使用科学技术提高效率,是一个非常值得讨论和研究的问题。

(三)加强理论研究

中国古代的工匠是不受人重视的,现在流传的古代工艺品和器物的创作者大都没有被记录下来,相关的理论和著作少之又少,其中一个重要原因是中国的手工艺传承一直是师父带徒弟的方式,大多手工艺者没有受过教育,所以景泰蓝相关理论没有得到过系统的梳理。现代景泰蓝工艺学校教育需要培养大量受过高等教育,同时又有强烈创新思维的学生和专业人才。在理论研究方面,对景泰蓝的相关理论进行系统梳理和研究,使其成为一门专门的学科,而不单单只停留在手工实践,这样才能推动这个行业的持久发展。

五、结语

景泰蓝的美是造型、色彩、纹饰、寓意、思想等多方面美的统一。本文讨论的传统景泰蓝造型设计如何与现代艺术设计、如何与现代科技、如何与现代社会生活相融合具有重要意义。景泰蓝发展到今天仍被大众所喜爱,是因为它能够同时提供给人审美欣赏与具体使用价值,使人们得到精神和物质的双重满足,换句话说:景泰蓝既是工艺品又是实用品，因此景泰蓝造型设计的创新一定要兼顾其双重属性。

　　景泰蓝的发展需要我们继承传统，在保留其民族特征的同时，充分利用现代的设计思想和设计手法，配合现代的科技手段进行合理的利用和设计，这样才能更好地推广传统工艺美术，保护和发展景泰蓝，为其注入新的活力，使其源远流长。

参考文献

[1] 森文. 中国古代器物的造型设计思想初探 [J]. 民族艺术研究 1996（02）.

[2] 巩志伟. 现代审美语境下景泰蓝工艺的创新性研究 [J]. 艺术与设计 2019（05）.

[3] 于斌. 景泰蓝成型工艺研究及创新设计 [J]. 西部皮革 2020（02）.

[4] 李久芳. 中国金属胎起线珐琅及其起源 [J]. 故宫博物院院刊 1994（04）.

[5] 杜鹤民. 中国古代器物造型创意中的设计美学 [J]. 美与时代 2017(03).

用文创让非遗"活"起来
——以杨家埠木版年画为例

冯晨[1]

摘要：在社会主义文化繁荣发展的今天，"非物质文化遗产"和"文创产业"俨然成为时下的热门词语。杨家埠木版年画自2006年被选入第一批国家级非物质文化遗产名录以来，其传承与保护一路高歌猛进的背后也存在着非物质文化遗产和文创产业联动发展后劲不足等问题。为使杨家埠木版年画重焕光彩，笔者试图站在推动非物质文化遗产创造性转化的角度，结合潍坊市当地的发展战略探讨杨家埠年画与文创产业联动发展的更多可能性和可行性，用文创为非遗注入新的活力，从而为其他非物质文化遗产的创造性转化提供参考。

关键词：非物质文化遗产；杨家埠木版年画；文创产业

一、新时代，新生机

杨家埠木版年画起于明，盛于清，迄今已有400余年的历史。关于杨家埠木版年画的起源，史无记载。有人曾认为，杨家埠木版年画起源于京杭大运河畔的东昌府，而经专家分析，明代中叶，杨家埠在东昌府的年画作坊里干活的人，更多的是带徒传艺的师傅，传艺多于学艺，所以也就谈不上杨家埠木版年画起源于东昌府之说。但这个时期，年画同时在东昌府和杨家埠盛行的观点，得到了很多人的认可。[2] 杨家埠木版年画起源众说纷纭，有关学者便把目光聚焦在了《杨氏宗谱》中。据《杨氏宗谱》记载，明洪武年间，杨氏先祖从四川成都府梓潼县迁至山东潍县"浞河西岸"并定居于此。祖居四川的梓潼杨氏素通雕版印刷术，迁居潍县后不忘祖传手艺，结合山东地区的风土人情，创造出了独具

---

[1] 冯晨：北京印刷学院硕士研究生
[2] 曹晓飞. 杨家埠木版年画考[D]. 福建师范大学，2005.

二、设计巧思

特色的杨家埠木版年画。清初至乾嘉年间，杨家埠木版年画迎来了"画种上千，画版数万"的繁荣期，炉火纯青的技法加之颇具规模的产量使其产出的作品遍布大江南北，与天津桃花坞、苏州杨柳青并称为"中国木刻版画三大产地"。不同于天津杨柳青木版年画的鲜明活泼、苏州桃花坞木版年画的精细秀雅，杨家埠木版年画凭借朴实简明的风格特征真正适应了农民的需要，是植根于农民中的民间艺术。

近代以来，杨家埠木版年画的发展可谓一波三折。因战乱不断，画业也随之萎靡。直到中华人民共和国成立之后，杨家埠木版年画逐渐又有了起色。1951年，"杨家埠木版年画社"的成立标志着其进入了触底反弹时期。改革开放以后，在党和国家的支持下，杨家埠木版年画再次迎来了发展的新时代。

2003年12月，中国民间艺术抢救工程全国木版年画中期推进会在潍坊寒亭区召开。同年，在冯骥才等专家学者的主持下对杨家埠木版年画进行普查抢救工作，编撰整理的《中国木版年画集成杨家埠卷》作为民间遗产抢救工程的首批成果于2005年在人民大会堂展示。同时，"中国民间文化杰出传承人调查认证和命名"项目正式启动；也正是在这一年，中国国家邮政局正式发行了《杨家埠木版年画》特种邮票，这是杨家埠木版年画新的里程碑。

2006年，杨家埠木版年画入选第一批国家级非物质文化遗产名录，并因此得到潍坊市政府的重视，以之为依托开展了多种文化项目和经济活动。2008年，由山东省委宣传部、山东省文化厅、山东省旅游局、潍坊市人民政府主办的"第一届山东省文化艺术展示交易会"（简称潍坊文展会）在潍坊富华国际会展中心拉开帷幕，杨家埠木版年画参展，从此，潍坊市每年举办的文展会成为杨家埠木版年画重要的宣发渠道。2010年，第三届潍坊文展会重点设置全国木版年画联展，木版年画杰出传承人杨洛书先生、张殿英先生参展。2012年第五届文展会寒亭分会场设立了"画乡文化奖"，奖励对年画等传统民间艺术做出突出贡献的艺人和创作者。2015年，首届潍坊民间艺术博览会召开。

2019年9月，杨家埠联合潍坊十月天文化，在潍坊市委、寒亭区委、中国广播电影电视社会组织联合演员委员会、中国电影评论学会电影当代影视研究中心以及中国中文卫视的支持下举办杨家埠青年电影短片展，以扶持青年演员和青年导演，促进影视文化交流。此外，以杨家埠民间艺术大观园为窗口，杨家埠木版年画的保护和发展进入了产业化的快车道。杨家埠民间艺术大观园聘请专家经过重新规划与整修后，如今已成为国内最大的年画生产基地。

丰富多彩的民间艺术，不仅蕴含着泱泱华夏厚重的文化底蕴，更是中华民族宝贵的文化财富。新媒体时代的到来，无疑为杨家埠木版年画的创新发展带来了新的生机。新媒体是文化创意产业的重要媒介，杨家埠在线下活动如火如荼展开的同时，基于新媒体平台的活动却相对贫瘠。

2011年，潍坊市政府投入3000万，根据长篇小说《年画》改编，拍摄了首部以杨家埠木版年画为题材的大型电视连续剧《大掌门》。该片主要讲述了"七七事变"后杨家埠民间艺人和爱国志士为了保护民族瑰宝与侵略者殊死搏斗的故事。杨家埠木版年画的起源、发展历程、制作工艺在剧中也得到了充分的展示。《大掌门》于2013年在央视八套黄金档播出，一定程度上对杨家埠木版年画起到了宣传作用。四年之后，2017年，《杨家埠木版年画历代古版孤本全集》面世，暨明清古版年画"富贵吉祥"众筹项目上线。此外，2019年11月，潍坊市文化和旅游局官方抖音号"潍坊文旅"运维团队来潍坊进行非遗专题视频拍摄，记录包括杨家埠木版年画在内的二十余个代表性非遗项目的精彩瞬间。笔者以"杨家埠"为关键词在各大视频网站进行检索，共找到与杨家埠木版年画相关的纪录片、宣传片共8部，时间从两分钟到十几分钟不等，尚未找到以杨家埠木版年画为主要题材的系统性纪录片。

疫情当下，更突显了新媒体线上平台的重要性。线上线下并行发展，有助于提升杨家埠木版年画的知名度，从而进一步展现潍坊市文化旅游特色，提高全市文化资源的美誉度和影响力。

二、知不足，然后能自反也

近年来，对杨家埠木版年画的保护工作虽取得了不错的成绩，但其本身的局限性仍制约着它前进的步伐。

中国传统社会小农经济下的农耕文明落下帷幕之时，工业文明悄然兴起，与自给自足的生活方式相适应的传统手工艺必然会受到工业生产的冲击。一直以来，杨家埠木版年画都是农业生产之外生活的配角，它作为补充农业的副业具有季节性生产的特点。时至今日，杨家埠手工艺人依然遵循着"农忙时农耕，农闲时刻版印货"的生产模式。这种生产方式早在孟子"五亩之宅，树之以桑，五十者可衣帛矣"中有所体现。费孝通先生曾指出："农业本身并不养活农场极小的人家，唯一的求生方法就是兼职，农闲的时候做些手工业。中国传统经济中曾有很发达的手工业，是乡下老百姓的收入来源。"[1]杨家埠木版年画，风筝和扇子成为杨家埠农民家庭中三项主要的副业，秋冬印年画，春天

---

[1] 费孝通.乡土中国[M].北京：北京大学出版社，2012.

二、设计巧思

扎风筝，夏天糊扇子。这种副业生产的模式致使手工艺人无法投入更多的精力进行木版年画的创新。继而，年画老旧题材、单一的形式成为制约其发展的弊端。从题材上看，杨家埠木版年画起于"年"又受困于"年"。其题材多选自与年俗相关的神像类、传说类、吉祥如意类以及山水花卉祥禽瑞兽类以满足寻常农户家庭对新年平安祥瑞的期许。这些传统题材保留至今，而内容上却未能跟上时代的步伐，鲜少创新。杨家埠木版年画的题材和欠缺形式创新后劲，不能满足社会需求，"投今人所好"，在一定程度上便制约了其本身的发展。创新年画题材，创作与当下契合的内容，是杨家埠木版年画发展的基础和动力。杨家埠木版年画既要立足传统，更要展现时代风貌，将传统的手工艺融入现代审美因素，用传统技艺体现现代价值。

另一方面，杨家埠木版年画的传统民俗功能式微。民间美术作品反映了民俗，本质是一种区域文化的体现。一直以来，年画在民众的日常生活中具有信仰寄托、精神慰藉、教化和装饰等功能。改革开放后，随着群众的传统民间信仰逐渐没落，作为民间信仰载体的年画受到了较大的冲击。杨家埠木版年画诞生之初就是以"农民"群体为主要受众。改革开放以来，农村生活水平大幅提高，居家环境发生了翻天覆地的变化，新审美观念下的民居没有年画的容身地，致使年画的装饰功能也逐渐丧失，仅在个别保留着原有生活方式的乡村，张贴年画的习俗得以延续。此外，技术革命的兴起，智能手机、电脑等新媒体终端媒介的普及，使传统年画的教化和娱乐功能被取代，至此，年画传统的民俗功能在当代社会几近消亡，需求锐减，销量自然也断崖式下跌，从巅峰时期的年产数千万张，到 2003 年，仅年产 600 多万张。

杨家埠木版年画传承后继无人、胶印年画的冲击、传播渠道狭窄等因素也在很大程度上影响着其前进的步伐。杨家埠木版年画的传承以家族传承为主，现存大家均世代从事木版年画的创作。2002 年，联合国教科文组织授予杨洛书先生"民间工艺美术大师"称号，同时，他也是国家级非物质文化遗产项目杨家埠木版年画的代表性传承人，杨先生虽集万千荣光，却也年过九旬。省级传承人杨乃东等人均年过半百。一方面，近年来随着需求量的下降，当地大量年轻人外出务工，无心从事传统技艺传承和保护的相关工作；另一方面，雕版技艺繁复，印刷工艺复杂，耗费大量的时间和精力，不是一年半载便可以掌握，即便是掌握了基本技法，也需要时间的磨炼，刀耕不辍才能熟能生巧。青年人才的流失和高标准的技艺共同挟持着杨家埠年画走入传承人不足的窘境。

胶印年画的冲击也给传统的杨家埠木版年画的发展造成了一定的负面影响。由于人工成本的上涨和需求量的连年下降，木版年画的利润空间被挤压，家庭小作坊开始倒闭，艺人们纷纷转行。为了在逐步萎缩的市场和低廉的价格中寻求平衡点，杨家埠部分画店在20世纪90年代开始用机器制作胶印年画。胶印年画相比较于传统的手工木版年画，产量大，效率高，着色更加均匀，颜色保留时间较长，画面更为平整，每张胶印年画的价格比木版年画便宜1-3分钱。[1]胶印年画的兴起加速了家庭作坊和画店的倒闭，使得传统木版年画原本的生存空间更加岌岌可危。

同时，传统的木版年画通过纸本印刷的方式制作，而后通过市场传播，但传播方式单一。然而近年来，新媒体平台趋于成熟，网络传播极大地丰富了传统文化传播的渠道。改善运营机制，加大对外宣传力度，线上线下两碗水端平，各媒介之间相互渗透融合，才是杨家埠木版年画传播的最优解。

三、产业化与文旅融合

文化产业，以"文化创意"为核心，促进了文创产业的兴起，它的发展是社会经济发展到一定阶段的必然结果，"文化产业是生产者以市场为基础，以专业分工为条件，以资本为动力，通过创意，复制，将文化资源转变为文化产品，并将文化产品传播给消费者，为消费者提供意义和快感以满足其审美、求知、群体认同等文化需求的活动。"[2]据潍坊市文化和旅游局于2019年9月18日发布的报告显示，在2017年，全市已实现文化及相关产业增加值246.9亿元，占GDP比重4.2%。2019年上半年，全市规模以上文化企业228家，实现营业收入276.53亿元，资产总计2156.7亿元。与此同时，政府通过抓重点、推项目、促融合、建平台等有效举措，推动全市文化产业取得良好发展态势。

凡是昔日满足人们需要而诞生的事物，在不能被当前的人们所需要的时候就会被抛弃，杨家埠木版年画的兴衰成败便是佐证。时下，文创产业与传统手工艺、非物质文化遗产等传统文化资源联动发展，以促进经济增长的发展模式是学界和商界共同的焦点话题。"文创"，是集"传统"和"创新"于一体，通过对日常器物的"再设计"赋予其独特的文化价值。文化创意产业以文化为基础，以创新为源泉，以消费导向为动力。清华大学张夫也先生指出，文创产业与传统手工艺相结合的基本理念应是在保护中发展，在发展中保护。[3]也就是说，我们在融合创新的同时既要以保护为目的利用好国家和民族

---

1 王先明.继承与流变——改革开放以来杨家埠木版年画研究[D].中央美术学院，2016.
2 王广振，曹晋彰.文化产业的多维分析[J].东岳论丛，2010, 31(11)：145-149.DOI：10.15981/j.cnki.dongyueluncong.2010.11.037.
3 张夫也，袁园，冯晨.感化生命，呼唤灵魂——张夫也的传统手工艺传承拓进之思[J].民艺，2020(02)：36-39.

的优秀传统和文化遗产，也要让我们的文创产品有自己的面貌和精神内涵。

弘扬民间艺术文化资源，使其得到产业化的发展，既是其自身的需要，也是社会环境的要求。被动的传承和保护不能给予民间艺术文化蓬勃发展的未来，只有与新兴文创产业联动发展，才是杨家埠民俗文化持续向前的最佳手段。探索中国传统文化与市场新的结合点，转变对民俗文化产业的认识过程，必须认识到民俗文化艺术的现代经济价值且唯有通过转化为产品来实现。[1]

当前杨家埠民俗文化正处于由"文化"向"产业"过渡的转型期。民俗文化此前赖以生存的社会背景逐渐消失是造成民俗文化没落的原因之一。随着市场经济大潮的到来，民族文化遗产面临着衰落和灭亡，只有将其与市场经济相联系才能继续生存和发展。近年来，民俗文化资源得到了人们的认可和重视，也不同程度地得到了政府的鼓励和支持，也正基于此，杨家埠民俗文化资源开始逐渐向"产业化"过渡。这时，以杨家埠民俗文化为核心，打造出适合市场需求的产品和地域特色的"中国民间艺术之乡"民俗文化品牌成为今后努力的方向。

杨家埠木版年画产业化的过程道阻且长。无论是政府，传承人还是人民群众首先要做到的一点就是要转变认识，转变对杨家埠民俗文化资源的保护和利用的认识。单纯的静态的"收藏和保存"只能使这些民间艺术、民俗文化故步自封，不能在发展中得到传承和保护，只有将文化融入到产业中，才能使文化"活"起来。其次，也要改变对"文创产业"的认识，文创产业虽然以市场为方向，但并不意味着只追求利益最大化而忽视了企业的社会责任。对民俗文化进行"再创造"和"产业化"，必须在保护好文化资源特色的同时，使其适应市场的发展。而不是单纯以"盈利"和短期经济效益为目标，抛弃文化资源的特定属性。最后，要恰当的利用民俗文化中潜在的经济价值。杨家埠民俗文化资源的经济价值，不仅包括自身产品所产生的经济价值，还有拉动旅游、餐饮、交通、展览、展销及其纪念品开发等行业的发展，而这些经济效益的产生必须依靠市场和产业化的平台实现。

笔者通过搜集相关资料发现，杨家埠有关木版年画的产品还停留在简单的"作品"阶段，尚未达到"再设计"的状态，且结构单一，以单张年画为主，年画画册、挂历为辅，与现代创意结合的产品少之又少。而现有的所谓杨家埠木版年画文创产品，仅是将代表性图样印制在靠垫、文化衫等不同的载体上。由此可见，虽然杨家埠的旅游资源丰富，但与之相匹配的文化创意产业是短板。只有解决好如何让木版年画再次走进千家万户的

---

[1] 黄萍萍. 杨家埠民俗文化产业发展研究[D]. 山东大学，2012.

问题，产品销量低迷、传承人不足的问题才能迎刃而解。

在促进非物质文化遗产和文创产业的联动发展，打造"非遗+文创"的产业链过程中，需要政府的重视、杨家埠传承人的支持以及文创公司的努力。三者相辅相成，密不可分。

文旅融合也是产业化发展的大方向。近年来，潍坊市政府大力推进"文化与旅游"的融合发展。杨家埠木版年画作为潍坊市文化和旅游资源的翘楚，自然也成为这项政策的"尝鲜者"。

根据潍坊市政府下发的文件显示，以潍坊市文化和旅游局为领导单位，推进文化旅游深度融合项目，推动非遗与产业融合发展，在车站、热门景区、星级酒店设立非遗展示展演展销专区，尝试在部分景区设立大师工作室。开展非遗研学活动，规范发展研学旅行，建设一批非遗研学基地，打造非遗与旅游融合发展的潍坊品牌，进一步提升潍坊文化旅游的知名度、美誉度和影响力。

2019年，针对年画版权问题，寒亭区文化执法人员开始探索全流程版权保护体系建设，依托杨家埠木版年画社，设立了区级版权工作站，同时在西杨家埠村设立版权工作站，代表该村对木版年画古版版权进行集体维权。这一举措，既维护了杨家埠村雕版版权拥有者的合法权益，也在一定程度上保护了该产业的健康持续发展。由此可见，当地政府既要做推动非物质文化遗产和文创产业联动发展的领路人，更要在传承与保护阶段做传统艺术坚实的依靠，还要在推进阶段发挥引导作用，提供政策和资金援助，积极组织引进文创企业，在杨家埠民间艺术大观园的基础上打造文化创意产业园，以民俗旅游为契机带动文化产业升级，为杨家埠木版年画的发展和创新营造有力的环境。

此外，全民性的保护和创新意识也离不开政府的支持，教育便是其中的手段之一。杨家埠木版年画以家族传承为主要手段，这种技艺溶于血脉的家庭作坊式教育固然是民间艺术传承最彻底的方式，但其影响力有限，无法让更多家族以外的民众了解其中奥秘。早在几年前，"木版年画进校园"活动率先在寒亭区各中小学展开，以此为试点，在全市范围内加快推进"木版年画进校园"活动，将杨家埠木版年画的绘制与当地中小学美术课程结合，使教师能够充分利用当地的民间艺术资源，一方面可以培养学生对本地非物质文化遗产的保护意识，另一方面也拓宽了传承人传艺的渠道。2019年暑期，杨家埠民间艺术大观园推出了面向省内中小学生的研学夏令营项目，好评如潮。同年9月，潍坊市美术馆推出"潍美手艺——实践坊年画课"项目，由杨家埠木版年画市级传承人杨志滨为任课教师，为6-16岁青少年年画爱好者提供了学习实践的平台。同年，十笏园非遗空间开馆，年画馆的主角正是杨家埠木版年画，游客可以在馆内了解非遗，体验非遗，将传统文化贯穿到生活中去。

值得注意的是，杨家埠从事木版年画印制的艺人大多从小跟随长辈学艺，鲜少有人接受专业的美术教育，他们虽技艺纯熟，但作品面貌陈旧，缺少时代感，这是意识和审美的问题。杨家埠木版年画的匠人前辈技艺精湛但大多年事已高且未经过系统专业的美术训练，审美意识滞后，受过美术训练的年轻人对木版年画没有兴趣，导致木版年画发展长期陷入瓶颈，无法吸引到青年一代而后劲不足。针对这一现象，政府可以牵头与当地高校合作，开展文化创意比赛以及定向培养项目，既能为杨家埠木版年画的传承补充新鲜血液，又能使杨家埠木版年画在各方面展现新的风貌。

"民间美术与社会各方面有着千丝万缕的联系，这种联系不是一般意义上的牵扯，而是一个融汇，甚至作品本身就是一种社会因素，正如民间美术作品就是一种民俗、一种传统文化一样。民间文化的方方面面都能从一件神像，抑或绘画、民居、服饰和其他种类艺术中得到反映。民间美术太切近现实生活，甚至就是生活舞台的道具。"[1] 年画作为一种民俗文化，是在历史的长河中随着年节风俗的演变与衍生形成的，反映了社会民众的心灵慰藉和精神信仰。杨家埠木版年画的起源和发展得益于民众对"春节"的重视。春节是中国最隆重的传统节日，不仅是对过去一年的总结，更包含了人们对未来一年的美好憧憬和希望。在杨家埠木版年画发展的历史过程中，神灵的庇佑是人们平安度过一年的保障以及对未来希望的来源。因此，杨家埠木版年画在这种历史条件下，按照当时人们的信仰，驱邪纳福、消灾除祸是贯穿于年画作品中的一条文化主线。杨家埠艺人选用农民熟知和大众喜爱的仕女、娃娃、寿星、仙桃等形象，通过文图结合的方式表现主题，借此精神内核推动非物质文化遗产的产业化发展，也是唤起杨家埠木版年画的良策。

木版年画是杨家埠之宝，年画和旅游成为杨家埠人的主要收入来源。作为潍坊市最具特色的民间艺术资源，杨家埠木版年画的发展势必会推动地区文化和经济的发展，增强地区文化经济竞争力，将当地的文化优势转变为经济优势。木版年画面临的故步自封的困境，更需要利用文化创意产业的拉动才能走上健康、创新、永续的发展道路，摆脱消亡的困境。最大限度地扶持民族文化产业，应在统一规划的基础上对民族文化遗产进行有步骤、有保护的合理开发利用，开发的目的应是更好地保护民族文化遗产。

结语

杨家埠木版年画历经百年而不灭，虽有其局限性但瑕不掩瑜，这恰恰是其独特的文

---

[1] 王海霞. 中国民间美术社会学 [M]. 江苏：江苏美术出版社，1995.

化底蕴和价值的最好证明。政府是推动非物质文化遗产活态传承的坚实保障，应发挥引路人的作用，提供必要的政策和资金支持，同时从教育出发，唤起全民保护意识；传承人是推动非物质文化遗产活态传承的基石，发挥好弘扬传统技艺先行者作用，稳中求新；杨家埠地区作为杨家埠木版年画的源头，要在非物质文化遗产的活态传承中起到桥梁作用，连接文化产业和传承人。文创产业和非物质文化遗产联动发展，不仅能够唤起民众对传统手工艺的热情，推动其本身的传承和保护；又能通过文旅结合等方式促进当地的经济发展，更能将文化资源"变现"，并反之推动非物质文化遗产的传承与保护。用文创让非遗活起来，更需要社会各界的携手并肩，砥砺前行。

东昌府木版年画的艺术价值
——论灶君年画与传统的延续

王远哲[1]

摘要：东昌府木版年画在我国年画发展史上有着重要地位，其独特的艺术价值可为当今设计从业者提供创作灵感。本文从东昌府木版年画的历史文化背景、独特题材类别、民俗文化风貌、符号化艺术价值以及在新媒体时代下的传承发展五个方面进行分析与研究。在新媒体浪潮涌动的今天，对民俗文化的艺术价值做出进一步探讨，结合当今设计思路，通过新媒体的特殊渠道进行传播，以文化传承的角度探索其持久发展的可能性。

关键词：东昌府木版年画；大运河文化；符号化艺术；灶君年画；民间艺术

一、年画起源与现状

1. 起源

年画艺术作为我国特有的民间艺术形式流传至今，拥有种类繁多，题材丰富等特点。据王树村考察的文献记载，其源头可以追溯到商周时代，门神和灶君就源于商代的"天子五祀"与周代的"天子七祀"。年画艺术起源于桃符，早期也只是辟邪用的道具，从最初作为原始宗教的一种祭祀道具发展为当代一种民间艺术形式，它的风格与题材也在时代的更替下不断革新与演变，明清时期更是年画艺术发展的鼎盛阶段，其主要受益于当时水运发达的京杭大运河。

2. 发展

东昌府作为运河沿岸的九大商埠之一，其经济在大运河文化的繁荣下快速发展，同

---

[1] 王远哲：北京印刷学院硕士研究生

时也带动了当地民俗文化的传播，从而使木版年画成为那个时代的重要文化产物，与潍坊的杨家埠年画成为整个山东木版年画的东西两大体系。

东昌府木版年画最早起源于阳谷县张秋镇，受当地便利的水运交通影响，商人间的生意往来也愈发频繁，且山西、陕西的商人居多，木版年画正是在这个经济发达之际传入张秋镇。当时有三家规模较大的年画门店，随后因丰富的年画题材与物美价廉的商品，其传播范围逐渐变广，业务能力逐渐变强，年画的艺术魅力也逐渐提高，进而成为一种既能体现当地民俗特色同时也吸引当地群众的民间艺术。

3. 现状

东昌府木版年画发展至今，其艺术价值涵盖诸多领域，从丰富多样的题材到自身独具的艺术风格，艺术形式上得以保留的民间神话故事和审美风格值得后人传承延续。但随着历史的交替与时代的变革，东昌府木版年画几经波折，现如今已沦为一种鲜为人知的民间艺术。伴随时代的发展其功能性也大大减弱，导致需求量降低、市场萎缩等问题。除此之外，在传承方面也面临着后继乏人的困境。东昌府当地在近几年也开始逐渐重视木版年画的发展，但其自身具备的符号化艺术风格却没有被深挖，在同时期未能成为同一艺术门类中的具有代表性、主流性的民间艺术义化，从而使文化输出与艺术价值未能成正比。

二、东昌府木版年画题材类型

1. 门神

东昌府木版年画题材多样，大都来源于历史故事、民间戏曲、神话传说以及福禄寿类的吉利画等方面，主要反映当地民间传统习俗以及对美好生活的诉求和向往。东昌府木版年画以神像为主，仅门神就多达37个种类，题材包括门神、灶君、判头、天地牌、全神、财神等，多取材于历史故事与民间传说，包括秦琼、敬德等常见的门神形象以及《三国演义》《杨家将》中的民间故事题材形象。除此之外，还包含法力高超的神仙和美好寓意的吉祥画题材，东昌府的门

图1 岐山脚《中国木版年画集成13 平度 东昌府卷》

二、设计巧思

神年画被艺术界称之为"中国门神画之最"。(图1)

2. 灶君

年画作为一种反映当地民间习俗的艺术形式,东昌府木版年画中的灶君题材更能够彰显当地风俗文化。其中有关民间传说的灶君神至少有72种,内容之间虽有很大的不同,但风格却是统一的,且在艺术表现力上也能够将传统民俗与神话题材很好地融合在一起。据东昌府木版年画社统计,现已收集将近30多个品种的灶神年画,包括"黄牛灶""南天门灶""大金灶""大粉灶""单摇钱灶"等(图2),其中作品"黄牛灶"从表现形式和内容取材上都充分展现了东昌府木版年画的独特艺术性。

3. "黄牛灶"中的民俗与价值

这幅"黄牛灶"是流传于东昌府以及阳谷、莘县一带,取材于牛郎织女的民间爱情故事,画面上半部分内容是七夕牛郎织女鹊桥相会的场景,而下半部分是坐于府上的灶君神像。(图3)从题材选取上,这幅年画作品将我国传统的民间故事与神话传说进行了结合。

画面中牛郎和织女于鹊桥相会,其中神牛在构图上位于上部的中心位置,牛郎织女二人则分别处于画面两侧。牛郎与织女对视,表情呈喜悦之态,织女表情内敛,神态刻画上形成鲜明对比,而神牛则是仰头望向织女,眼神

图2 摇钱灶(左)、金灶(右) 《中国木版年画集成13 平度 东昌府卷》

图3 黄牛灶 聊城新闻网(左)《中国木版年画集成13 平度 东昌府卷》(右)

中好似有言语表达之意。此场景就如同《文选洛神赋》中所记载——"牵牛为夫,织女为妇,织女牵牛之星,各处一旁,七月七日乃得一会儿。"

画面下方坐于府上的灶神,嘴角以精炼的线条进行刻画,使其嘴巴呈紧闭状。据文献记载,此处是东昌府年画社翻版重印时做出的修改,其寓意为我国独有的民俗。相传在十二月廿四日,灶神返回天庭向玉皇大帝禀报一家人一年来的所作所为,也称之为"辞灶",民间的百姓会在廿三那天供奉一些糖瓜、汤圆、麦芽糖等又黏又甜的食物,目的是黏住灶神的嘴巴,让他能够在禀报时多说好话。所以此处的刻画处理充分体现了我国的民俗习惯。

牛郎织女的民间爱情故事虽然起源说法不一,流传版本极多,但都拥有共同特点——对美好爱情的讴歌向往以及对自然天象的崇拜。而灶神这一形象则反映了我国民间的传统习俗,二者的艺术结合颇具创意,不仅仅在题材上是民间故事与神话传说的结合,也是年画艺术与民俗文化的结合,这也是年画这一民间艺术形式的魅力及价值所在。

4. 吉祥图案

吉祥图案同样是东昌府木版年画中的常见题材,以儿童作为绘画母题,进而也被人称为"娃娃画"。在这一题材中,画面中仅出现儿童,而其他地区的吉祥娃娃画大都是妇女儿童并重,这也体现了东昌府吉祥年画题材的独特之处。此外,年画艺人通过儿童的形象与吉祥图案的结合,使儿童的天真烂漫与节日

图 4　花篮童子《中国木版年画集成13 平度 东昌府卷》

欢快的气氛巧妙地结合在一起。这幅"花篮童子"生动表现了两位童子门神的形象,在夸张的人物比例与和谐的色调下显得装饰味十足,是东昌府吉祥图案年画的代表之作。(图4)

东昌府木版年画题材丰富多样,其中门神、灶君、吉祥图案是东昌府木版年画中最具特色的三种题材,在反映当地独特的民俗与审美的同时,蕴藏着更多有待挖掘的艺术价值。

三、自身具备的"符号化"特点

东昌府木版年画所具备的价值,主要涵盖在人文价值与艺术价值中,人文价值体现在其丰富的题材与当地的民俗文化。灶君题材中便可细化出很多的分支,可见传统年画极大的创作空间与传承价值。而艺术价值则展现了它独具特色的艺术风格与"符号化"的表现形式,其中采用的处理手法也极具设计感,从中可汲取灵感运用于当下的艺术创作中。

1. 构图

东昌府木版年画整体画面构图饱满,门神年画和灶神年画均有体现,灶神年画整幅布局紧凑,且画面中各人物之间处理得当。在"满"的基础上,为画面增添了一定的冲击力,可精确分辨出画面中的主次关系。从黄牛灶这幅画的构图来看,灶神与牛郎织女的构图布局极为精妙,能够在突出主体的情况下将二者做出一定的对比与区分。主体两侧的人物分布加强了画面与构图的饱满程度,并通过人物的大小比例与主体进行一定的区分,且对次要人物也使用了区分化的处理,总体营造出一种饱满的艺术美感。除此之外,饱满的构图一定程度上能够使画面的人物处于一个和谐亲切的氛围之中,让观者通过画面中的内容布局来理解其中的民俗文化,这也是年画的一大魅力——将民族传统的价值观通过艺术的形式来传达。

2. 线条

木版线刻方面,东昌府年画的线刻异于桃花坞年画的细腻明快,也没有杨柳青年画在线条处理上的笔笔精确,东昌府年画的线版所体现的是强劲的用线,不拘小节的线条,以及宛如书法般刚劲有力的笔画。

粗犷的线条让东昌府的年画极具豪放之气,加之其多样的内容题材,这使得东昌府木版年画的艺术高度进一步上升。黄牛灶的用线能够在高度概括的情况下,让人物的轮廓更为清晰,且能够以简练的线条刻画牛郎、织女、灶神的面部表情,使人物的形象更为丰富。此外,从线版上看,粗犷的笔画展现出了一定的书法感,进而体现出我国独有的民族艺术形式与创作手法。

3. 造型

东昌府木版年画的造型极具特色,不同于桃花坞以及杨柳青的写实主义,其人物造型更具夸张、抽象的特点，导致东昌府年画的符号感极强，人物刻画也十分生动有趣。

人物塑造上，头部是刻画的重点，通过对面部表情的夸张塑造，人物的五官以精炼概括的形式呈现，这种高度概括并抽象化的处理手法，为东昌府木版年画增添了浓烈的设计感。同样以黄牛灶为例，画面中人物的眼角细长，眉目粗犷，鼻子以一个三角的形象进行概括处理，嘴部则是通过嘴角的线条来呈现人物的表情。人物的身体与服饰采用高对比的色块进行拼接组合，平面化的处理使其充满块面感，加之构图的精妙布局，让线与面能够以和谐的形式呈现给观者。

造型的精炼不单单只应用于人物刻画上，画面中的黄牛以及场景刻画均体现了符号化的处理手法，与之相对应的人物服装和配饰也使用了几何化的表现手法。由此可见，东昌府木版年画能够将大胆夸张的处理与生动传神的刻画结合得非常自然，各角色之间的关系也表达得非常明确，不会给人造成突兀的视觉感受，比例夸张的人物形象与和谐得当的人物关系是黄牛灶画面的一大亮点，这也体现了年画艺人独到设计思路与精良的创作手法。

4. 颜色

东昌府木版年画的颜色与传统的民间审美息息相关，且历来只有"草版"，即只印不画，全部用木版分色套印，基本颜色有五种，丹红、黄、绿、青、紫，最多的为七色八版。这几种颜色印出来的效果对比极强，且颜色饱和度较高，整个画面色彩缤纷，颇具装饰意味。此外，色彩填充较为粗糙，能明显看出涂刷痕迹，不过此工艺能够与粗犷的造型与线条形成呼应，进而加强年画的写意感与浓浓的装饰性。除此之外，颜色运用上除人物外形轮廓会用到少量黑色外，其余部分基本没有黑色，重色大都由紫色来代替，只有部分用作祭祀用途的会采用大片黑色，如素灶。由于年画作为节日等吉祥氛围下的张贴物，加之涵盖了对美好生活的诉求与向往，而黑色在我们传统观念中有着不吉利的定义，所以在用色上会有所规避，展现了力图吉利的民俗习惯。

同样以黄牛灶为例，整幅画面主要使用了补色进行搭配，且丹红与绿色、青色与黄色纯度上有所对比，使整幅画面装饰感极强，进而展现出浓厚的风格化特点。

东昌府木版年画的符号化特征均体现于上述四个方面，年画艺人精妙绝伦的创作手法与创意观念使东昌府木版年画的艺术地位进一步上升。在贯彻民俗文化与传统审美观念的情况下，东昌府木版年画的艺术价值与文化输出力度是非常强的。

四、未能"符号化"的原因

明清时期的京杭大运河使区域交通发达,山西商人通过当时便利的水利交通北上来到阳谷县张秋镇,早期开办了三家画店,分别为源茂永画店、鲁兴聚画店以及刘振升画店。其中的"刘振升画店"迁往当时东昌府最繁华的闸东关清孝街,带动了各地商贩来此创办画店。之后到了清末,清孝街与铁塔寺一带已发展到二十多家作坊,其中最有名的三大作坊是"羲盛恒""同顺和""同兴昌",此时正值东昌府木版年画发展的鼎盛时期,其成功大都源于繁荣的经济促进资源与商业的流通往来,以及同一时期,受当时石印与铅印冲击的刻书艺人大都转至年画刻印行业,这些无不影响着东昌府木版年画的发展,也造就了东昌府木版年画独特书法线刻的特点。

到了民国初,依旧是东昌府木版年画的黄金时期,因独特的刻板印刷工艺广受喜爱,使其能够远销至山西、江西、安徽以及东北三省。自此,东昌府木版年画的发展状况是极为乐观的,有着跻身主流文化的趋势,然而它却没能抵住时代巨轮的碾压。

民国中期,因水库问题京杭大运河断流,漕运废止,黄河决口,以及连绵不绝的战乱使整个东昌府的经济处于停滞状态,木版年画行业也随之受到影响,东昌府逐渐沦为封闭落后的鲁西北平原小镇,这也是东昌府木版年画走向衰落的开始。随后抗日战争时期又遭战争重创,彻底成为隐匿于乡野间的艺术。

除了历史原因外,东昌府木版年画在明清到民国时期,印刷方法依旧是我国的传统印刷法,即"木版水印"或"印花套板"。但随着近年来木版年画实用性的减弱和印刷技术的发展,年画基本改用普通的印制方法,这对传统木版年画的制版与印刷造成了巨大冲击。东昌府木版年画的作坊越来越少,从而导致传统雕版技艺与染色印刷技术在传承上越发艰难,大部分木版的版式也逐渐失传。这也是东昌府木版年画未能发展为一种主流文化,未能"符号化"的原因。

五、"黄牛灶"中的"符号化"

东昌府木版年画在多样的题材下,存在许多共同的符号化特征,从黄牛灶这幅作品来看,"符号化"的艺术特色主要体现在对人物高度概括式的塑造表现。符号化是艺术的一种表现形式,"对于艺术而言,其含义的传达在很大程度上是通过象征手段作为媒介的。而某个符号的运用,有可能并不仅指它本身,而是代表其他更多含义"。(图5)

安尼拉·杰夫在《人类以及他的象徵》中写道:"人类与生俱来喜欢做标记,他们

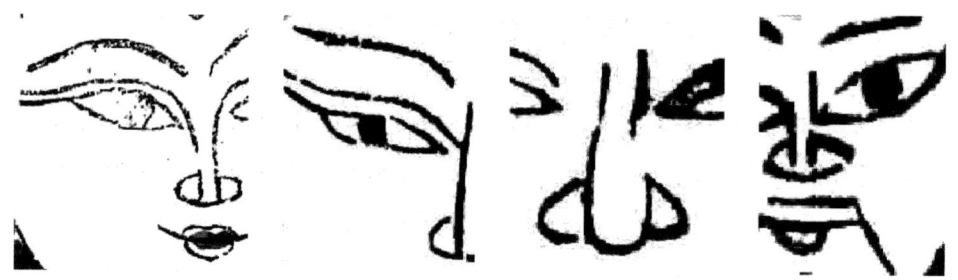

图 5　符号化特征《中国木版年画集成 13 平度 东昌府卷》

会下意识地将具象事物抽象成符号……并将这些符号表达注入他们的宗教信仰和视觉艺术中"。[1] 东昌府木版年画的符号表达,与所处的时代与文化背景紧密相连。主要因大运河文化而发展,凭借当时的水利交通与商业经营等时代背景得到广泛的传播。从取材来看,神像题材占据了大多数,而其中各式各样的神以及传说故事都涵盖了一定的宗教文化与民俗文化,年画艺人们对门神、灶神、大全神等神像进行艺术创作,并采用高度概括的处理手法进行艺术表现,其展现出的视觉形象与文化内涵,值得当下的视觉设计领域传承与学习。

以黄牛灶为例,在艺人们符号化的表现手法背后,同样有着其独特的象征性含义。

1. 灶君形象

灶神的起源甚早,在商朝时就已开始在我国民间供奉。祭灶神也是一项在汉族民间流传极广的活动。旧时期,灶神也是家家户户的灶间设立最多的神位。作为一种受人尊敬的神灵,传说他是玉皇大帝册封的"九天东厨司命灶王府君",负责管理民间各家的灶火,作为一家的保护神而受到崇拜。主要是由于除了掌管人们的饮食,赐予人们生活上的便利之外,灶神每逢十二月廿四日便会离开人间,上天庭向玉皇大帝禀报这一家人一年以来做的种种事情,也被民间称之为"辞灶",所以家家户户都要"送灶神",以乞求灶神能够在玉帝面前说好话,同样的,与之相关的衍生习俗也是多种多样。

以黄牛灶为例,画中灶君嘴部形象的处理与画面其他人物相比极为不同,灶君的嘴部通过简单的线条与矩形化的上唇来勾勒出一个紧闭的状态,这种巧妙的表现手法既能够简单概括出人物的嘴部状态,同时又传达了民间用糖瓜之类的供品封住灶神嘴巴的习俗,由此可以反映出我国自农耕时代以来,人们对美好生活的祈愿与向往。(图 6)

1　克莱尔·吉普森(Clare Gibson).如何读懂符号思索触类旁通的标志意义 [M]. 沈阳:辽宁科学技术出版社,2018:8.

二、设计巧思

在符号化形象上，除了自身具备的隐喻性特征之外，将象征意义进行形象化创作是东昌府年画的一大特点，它不同于以往认知中的灶君形象，年画艺人在创作时进行了一种大胆的概括式表现，可以看出，五官的形象已经有了几何化的设计特征，在五官的固有特征下结合几何图形，经此处理下依旧有着极强的辨识性。

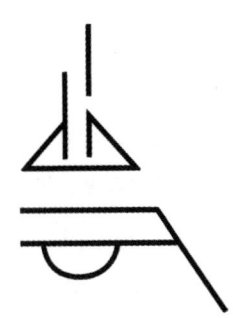

图6 黄牛灶局部《中国木版年画集成13 平度 东昌府卷》　　图7 黄牛灶中的符号化

灶君的眼睛与眉毛是通过极简的图形组合思路进行创作的，与现在的图形设计思路极为相似，据文献考究，东昌府年画的刻版艺人中多数是从刻书行业起家的，所以在线刻上具有很强的书法感与力量感，且能够在刻画的细节中看出些许的象形感。在五官的转折处，细节上可以看到笔触断开的痕迹，这种细节感与书法颇为类似，所以总体可以回溯到年画艺人的出身与当时技术层面而造成的这种表现形式。

除此之外，灶君鼻子的形象也同样有着图形设计的理念，三角形的图形化表现为人物的五官增添了稳定感与装饰感，并且鼻子与眼睛通过概括式的竖线连接组合，五官的比例上夸大了人物的眼睛，让五官的形象表现出几何化的平面质感，纵观整个画面的布局，五官的表现特点十分突出，这种表现手法在当时是非常大胆而前卫的。（图7）

2. 牛郎、织女、黄牛的形象

占据整幅作品上半部分的两位主要人物依旧使用了符号化的表现形式，与画面中的灶君采用相同的几何化手法处理五官形象。相比之下，二者在性别的区分以及人物固有内涵的因素下为年画艺人的创作灵感增添了大大的可能性。（图8）

人物的比例关系与肢体刻画都经过了概括式的处理，各角色之间的关系与布局，以

图8 黄牛灶局部《中国木版年画集成13 平度 东昌府卷》　　图9 黄牛形象

及黄牛的神态刻画与其他人物形成鲜明的对比。在细节方面，角色身上的描边与点线的应用与平面设计的表现形式相近，在每个色块之间都存在一定的区分与对比，能看出年画艺人在表现处理上力求强烈、鲜明的呈现形式。不同角色间的服装配色在表现力度上显得张弛有度，即便是在大胆而又夸张式的人物表皮下，依旧蕴藏着这些值得发掘的细节内容。（图9）

夸张的人物比例以及概括式的外形让画面中的人物彰显自身的特点。在平面设计中，简约与复杂，饱满与空白之间的均衡一直都是一个较为重要的问题，让设计作品中的内容关系和谐融洽，需要对各个要素之间的关系处理得当，而黄牛灶这幅作品能够将每个不同的人物符号化，安排在一个画面内的同时能够让整体显得和谐并充满装饰感，这种浓浓的平面设计思路蕴藏在那一代年画艺人的创作理念中，并且值得我们这一代设计从业者从中汲取灵感，得以站在前人的肩膀上传承和学习。

"黄牛灶"除了在题材上的突破外，其中还反映了我国的农耕文化与生产关系。牛郎织女的故事具有一定的古典浪漫色彩，以爱情故事来影射旧时代的农耕文化，二人相会的故事同样体现了古人对自然天象的研究与崇拜，集中表现古时农耕文明的地位以及古人对美好生活的向往。并且"灶君"也有着"厨房之神"的称号，年画艺人让牛郎织女的故事与灶君产生联系，很大程度上还是受传统民俗与男耕女织的生产关系的影响，以及对饮食与生活的重视。此外，年画艺术在历史上，很长一段时间仅是实用性较强的民间工艺品，而年画艺人大胆地结合传统民间故事来进行创作，在一定意义上提高了年画的艺术性。在发挥自身的作用之余，东昌府木版年画还巧妙地以传统的民间故事来反映当时人民的独特喜好。

六、新媒体时代浪潮下的传承与发展

新媒体时代下的文化传播力度不亚于繁荣时期的大运河，它能在贯通南北文化交流的基础上，搭建更为广阔的传播桥梁。

艺术价值与文化输出未能成正比是东昌府木版年画在当今面临的一个问题，互联网和新媒体带来的优势同样有益于民间艺术文化的传播与发展，所以应抓住当下时代机遇，提取该民间艺术的精髓，使其与当下的主流媒体文化接轨，让木版年画能够覆盖于影视、动画、文化创意品牌等渠道，通过多渠道多途径来进行文化输出。

自身具备的符号化特征是东昌府木版年画的一大优势，同样以黄牛灶为例，该作品在题材上便是一种大胆的突破，将家喻户晓的牛郎织女故事与传统灶君神像结合在一起，是一个极具创意性与传承性的设计题材，可将其应用到动画创作以及插画设计领域，通过其丰富的文化内涵可为设计从业者提供极大的创作空间，在具备强烈"符号化"的优势基础上拓展设计思路，进而激发设计师的创作灵感。

除了题材之外，东昌府年画艺人的独特线刻手法同样值得后人揣摩，在其呈现形式上，可进行不同于传统年画的新尝试。保留传统线刻的形式下使其与新媒体产物融合，为其注入影视以及动画的魅力。在打破平面化的基础上，结合动画、影视、游戏等媒体产物，将我国民间传统故事与民俗观念作为创作母题，其目的是宣传民族特有的精神文化，让木版年画的独特文化得以在主流平台输出。并且可创办"木版年画"主题设计比赛，呈现形式不限，参赛者可以在现有文献资源的基础上融入现代创意思路，通过征集设计作品的形式，呼吁当代年轻人加入保护东昌府木版年画的传承工作，能够在一定程度上提高年轻人保护非物质文化遗产的意识。

在新媒体的支持下，可以由此衍生出大量的相关文创产品以及动画和影视作品。在比赛结束后，筛选出优质的作品授予奖项，获奖的作品用于筹备"木版年画"主题作品展览，展览开办前便可联系公众号、微博、短视频等当下主流平台进行宣传，通过互联网的多渠道多途径传播力度为展览增加流量与话题热度。与当下媒体艺术结合是东昌府木版年画探索持久性发展的重要前提，整个过程既能够让"符号化"的艺术特征与当下设计接轨，又能够使木版年画艺术逐渐回归大众的视野。

东昌府木版年画在历史的长河中经历过多次重创，它有过最鼎盛的黄金时期，也面临过后继乏人的困境。作为大运河文化孕育出的艺术形态，现如今它的处境仍然不容乐观，也未能成为一种主流艺术文化。但是纵观历史，它走过最艰辛的路，经历过太多历史转变，它自身具备的"符号化"特征以及民俗文化是难以磨灭的，因为那是刻在一个民族骨子里的精神与记忆，也是那个时代贯通南北的艺术媒介。在艺术从业者的推动与努力下，这份独特的民俗财富会在新媒体的时代浪潮下传承发展。

参考文献

[1] 冯骥才.中国木版年画集成13平度东昌府卷[M].北京：中华书局，2010.

[2] 克莱尔·吉普森（Clare Gibson）.如何读懂符号思索触类旁通的标志意义[M].沈阳：辽宁科学技术出版社，2018.

[3] 东方元素与设计[M].武汉：华中科技大学出版社，2017.

[4] 张兆林；束华娜.散落于乡野的民间艺术珍品——东昌府木版年画[J].图书与情

报，2016.

[5] 杨庆春.让古老传统技艺绽放时代异彩——聊城市东昌府木版年画的传承与新生[J].春秋，2019.

[6] 黄玉松.浅析东昌府木板年画的历史发展与工艺特色[J].大众文艺，2012.

[7] 贺军.民间艺术的活化石——东昌府年画艺术的独特性[J].边疆经济与文化，2008.

[8] 张萌萌.论东昌府木版年画特色[J].名作欣赏，2015.

[9] 解洪琴；朱春湖.东昌府木版年画考略[J].春秋，2009.

[10] 闫星.传统艺术造型的动漫化方法研究——以中国木版年画神祇人物造型为例[J].才智，2016.

[11] 刘玉梅.从中国传统木版年画看传统民间审美观念——以东昌府木版年画为个案[J].艺术百家，2013.

二、设计巧思

大运河文脉与传统技艺的历史与传承
——错金银工艺在当代工艺美术中的应用研究

刘童[1]

摘要：本文对错金银工艺的历史及中国出土的错金银工艺文物加以梳理，在此基础上探讨错金银工艺的历史意义、传承方式及其运用于当代工艺美术创作的意义。希望通过本文的研究，能够增加笔者对错金银工艺知识与技能的掌握，为错金银工艺的传承与发展贡献绵薄之力。

关键词：错金银工艺；当代工艺美术；传统工艺传承；创新发展

一、绪论

在我国传统金属工艺的装饰技法中，错金银工艺较为突出。错金银又称金银错，在日本则被称为雕金象嵌。具体做法是在金属器胎表面剔刻出纹样的凹槽，后将异质金属丝、片嵌入槽中，锤揲后打磨平整。经此处理后，金、银与器皿表面齐平，装饰效果华美贵气，且因金属受到锤击等作用有延展性的物理特性，嵌入的金属异常牢固不会轻易脱落。其中关于"错"的说法，东汉文字学家许慎的著作《说文解字》中所写："厝，厝石也，从厂昔声。诗曰：'佗山之石，可以为厝。'"清代文字训诂学家段玉裁在《说文解字注》中注释道："厝石各本作厲石，今正。《小雅·鹤鸣》曰：'他山之石，可以为错。'传曰：'错，错石也'"。可见错本写作厝，用作动词即为错，有磨错的意思。而东汉文学家服虔在《通俗文》中写道："金银镂饰器谓之错镂。"对于"错镂"的释义为"镶嵌雕刻"，也清楚解释了"错"的含义。

错金银作为一门古老的金银器装饰工艺，在早期就已形成系统的制作工艺流程。随

---

[1] 刘童：北京工业大学艺术设计学院工艺美术系硕士研究生

着金属工艺种类的不断增加，错金银工艺在两汉时期以后日趋少见。有幸接触这门传统金属装饰工艺的人们通过对错金银器物的考古发掘和对工艺的学习，依然能感受其独特的艺术魅力。笔者有幸参与其中，在理清错金银工艺历史脉络的基础上，进行错金银工艺实践和错金银工艺品设计，探讨错金银工艺的历史意义、传承方式及其运用于当代工艺美术创作的意义。

二、错金银工艺的历史发展综述

错金工艺始见于商代，与金属镶嵌工艺同源，是镶嵌技术的进一步发展。已知最早的错金工艺采用红铜错嵌于青铜器物之上，目前出土的实物有两件，分别是藏于故宫博物院的商代后期嵌红铜棘纹戈和美国旧金山亚洲艺术博物馆的商代错红铜钺。而最早的错金银器物为现藏于加拿大安大略博物馆的商代车軎，是传统错金银工艺的先声。

得益于商周时期青铜装饰工艺的日渐成熟，错金工艺也被用于装饰各类青铜器物上的图案。到了春秋战国时期，红铜慢慢被金、银材料所取代，人类与生俱来的尚金心理使得色泽靓丽的金银错蓬勃兴起，并逐渐被推向顶峰，一直持续到汉代。此时期的错金银工艺多被用于在青铜器物上错嵌铭文。早期青铜器上的铭文通过铸造或錾刻的方式呈现，与器物本身的颜色、材质相同，铭文的内容不易显现，而错金银工艺的运用，使铭文变成一种装饰纹样，铭文的位置也由原先位于器物内壁或底部变为器物的表面。通过出土的文物我们不难看出，经地下千年的埋藏，很多青铜器物本已通体覆盖一层墨绿铜锈，而表面运用错金工艺装饰的铭文光芒依旧，熠熠生辉。如著名的春秋晚期越国青铜器越王勾践剑（图2-1），剑长55.7厘米，宽4.6厘米，柄长8.4厘米，现藏于湖北省博物馆。剑身布满整齐的黑色菱形暗格纹，正面近剑格处有"钺王鸠浅，自乍用鐱"的金错鸟篆铭文。剑身经清洗处理后，时隔千年依然寒光凛凛，此剑体现了当时短兵器制造的最高水平，被誉为"天下第一剑"。

图 2-1 越王勾践剑

除了用于铭文错嵌，错金银工艺还被

图 2-2 错金银虎噬鹿屏风座

用于青铜礼器、兵器和日常生活用器的装饰。错嵌的纹饰以动植物纹和几何纹为主，其中几何纹图案的创新，是战国乃至秦汉时期的错金银工艺较为突出的艺术成就，而创作题材和造型多源于自然元素。其中，1977年于平山县三汲村战国时期中山国王"错"墓出土的错金银虎噬鹿屏风座（图2-2）就是典型范例，器身长51厘米，高22.5厘米，重26.6公斤，现藏于河北博物院。"《史记》称中山国'多美物'，在中山国王陵墓出土了大量精美文物……青铜器和错金银铜器为数很多。"[1] 屏风座整体器型及装饰是典型的战国时代风格。虎、鹿的皮毛斑纹均采用金银错嵌而成，错金的纹样设计仿照真实猛虎与鹿的皮毛特征，并对其进行适当整合、削减，以适用于器型表面，使其能完好的排列开来。器物造型已然为具象生动的动物造型，错金银工艺的巧妙运用则使得整体作品更为生动逼真，且彰显华丽贵气，增强器物的艺术效果。

"值得一提的是，战国时期错金银器物中不少造型和装饰都体现出浓厚的域外文化因素，这些有翼神兽和动物咬斗纹的形象均来自西亚。"[2] 因此，古代错金银器物的创作灵感，除了源自人们对自然界中动植物样态的参照和整合，还来源于域外文化的传播。另外，错金银工艺也被应用于记录历史事件的图案说明，这种类似于古代壁画记录事物的作用同样被用在古代错金银工艺品的创作上，用金、银丝线或金属片材在器物上描绘出一幅幅生动形象的图案画作品。

秦汉时期的工艺美术受中央集权制度的影响，获得了全面发展，而错金银工艺在生产技术与造型纹饰方面也得以突破，上承春秋战国，下启魏晋南北朝，其中两汉更是堪称错金银工艺发展的巅峰时期。古文中不乏看到有关错金银工艺的记载，《北堂书钞》卷一三六引曹操《上杂物疏》："御物有尺二寸金错铁镜一枚，皇后杂物用纯银错七寸铁镜四枚，皇太子杂纯银错七寸铁镜四枚。"《后汉书·舆服志》还有关于汉代太皇太后、皇太后的座驾的记载："云纹画輈、黄金涂五末"。"错"的释义在《说文解字》中为："金涂也"，"黄金涂五末"即为车子辕的头端、衡的两端以及轴两端的錾均为金错纹饰。这些记载后得到考古发掘的证实，在汉墓中现已出土数百件金错车马器。由此可见，错金银工艺在人们生活中发挥着实用、观赏、审美等方面的重要作用，渗透到人们衣食住行的各个方面。最具代表性的，是1968年出土于吉林省榆树县刘家乡的东汉错金银"丙午神钩"铜带钩（图2-3、图2-4），器物长15.7厘米，现藏于吉林省博物馆。此带钩整体呈S形，多处采用错金银工艺，是汉中央王朝赐予

---

[1] 苏华，毅鸣，王世喜，侯海燕. 图说中国工艺美术[M]. 上海：三联书店，2009：97.
[2] 刘艳，杨军昌，谭盼盼. "错金银"新论[J]. 文物保护与考古科学，2019，31(04)：75-86.

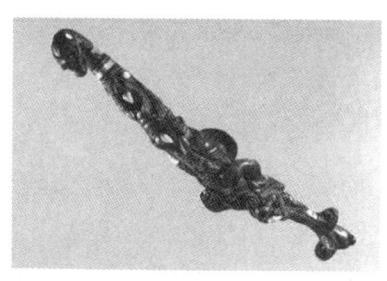

图 2-3 东汉错金银"丙午神钩"铜带钩

图 2-4 东汉错金银"丙午神钩"铜带钩

扶余国贵族的遗物。带钩分为首部、钩身、尾部三部分。首部似鹰,羽毛由金银丝错嵌而成;钩身作鸟喙神人,怀中的鱼身通体以金丝填成鳞片,体侧嵌二银片,似滴水状;背面中部凸起的圆钮钮面错卷云状银,上部腹面错金铭文"丙午神钩,君必高迁"八字,下部饰飞凤,头足错金,翅、尾和体部错银。造型优美,铸工精巧,作为一件十分罕见的珍贵工艺品,可谓吉林省博物馆的镇馆之宝。

随着历史时期的变化,工匠们开始在材料和工艺上探寻新的道路。隋唐时期金属器物数量大、种类多,在器物装饰上错金银工艺逐渐被鎏金、錾刻、掐丝等装饰工艺取代,但由于唐代工艺美术的繁荣昌盛,各个传统工艺学科之间交叉融合,使错金银工艺对"金银平脱"这种漆艺髹饰工艺的开创产生了直接影响。到了宋元时期,人们审美情趣往理性方向的转变对错金银工艺产生了一定程度的影响,使金银器物由唐代的奢侈、雍容、华贵转为更加实用、质朴、淡雅的风格。明清时期的金银器物既有宋元时期古典端庄的韵味,又有隋唐时期多姿多彩的纹饰造型,同时吸收了周边国家文化,颇具特色。

清末以前的中国金属工艺处于世界领先地位,更是在世界范围内产生了很大影响。英国学者罗伯特·洛克哈特·霍布森在《中国艺术》一书中论述了中国自商周到清末以来的艺术,其中多次提到金属工艺。最后他是这样总结的:"由于中国的工艺美术是如此的优秀和几乎很少有劣质的,以至于在艺术竞争中,他们可真正宣称中国是世界上最有天赋的国家。"[1]可如今,错金银工艺对中国和海外的影响已不同往日,作为一种纯手工装饰技艺,它几乎很难再吸引生活在机械化社会人们的注意。但作为一种文化符号,它的光辉却灿烂依旧,它照亮和引导人们去追寻前人的思想、精神,感受审美文化的历史脉络。通过对古代文物的观察能够直观感受到这些工艺品的精湛妙蕴,从而更容易理解错金银工艺所蕴含的精神,并把这些营养吸收、汇集到作品的创作中,这也是我们研究错金银工艺历史的意义所在。

---

1 R.L.Hobson ,China Art:One Hundred Plates in Colour Reproduncing Pottery & Porcelain of All Periods, Jades, Paintings Lacquer, Bronzes and Furniture Introduced by an Outline Sketch of Chinese Art,London:Second Revised Edition by Some Jenyns 1952,Reprinted 1954 Published by Ernest Benn Limited, p.20.

三、错金银工艺传承现状

  器物的功用决定了其装饰风格,古代错金银器物的形式不得不受严格的礼法、习俗约束;而在如今的传统工艺应用方面,错金银工艺通常用于手工艺人的作品制作及古代文物修复。不同于传统错金银工艺主要应用于金属器物上铭文和纹样的错嵌,强调装饰、彰显身份的功能性,在当代工艺品创作中,人们不仅要传承错金银工艺的造物思想,还要探究工艺背后的艺术内涵及其带来的独特效果。当然,当代工艺的发展是对传统工艺的补充而非取代,是传统工艺的一种增值,而不意味着传统工艺被淘汰。我们需要借助调查研究错金银工艺的历史来了解错金银工艺的传统制作方法和工艺流程,从而不断了解历史、继承传统,并加以推陈出新。

  然而,发展创新的同时不能忘却传统错金银工艺的本质内涵。近代以来,玉雕手工业的巨大成功推动了金银错玉的发展,为器物装饰工艺开辟了新的发展空间。早在北宋文学家秦观在《鹊桥仙·纤云弄巧》中写道"金风玉露一相逢,便胜却人间无数。"虽将金和玉比作牛郎织女、金玉良缘,却给人以美满和谐的视觉感受。金银错玉在玉器行业俗称压丝工艺,起源于清代乾隆年间的痕都斯坦玉器,带有明显的伊斯兰情调和异域风格,主要用于朝贡。玉器温润柔和的质地与金银丝线金属光泽相映生辉,加上工艺、纹样的精巧独特,给人一种雅致高贵的艺术美感。有学者将金银错玉归属为错金银工艺的类别,但笔者认为,金银错玉工艺实质上不同于传统错金银工艺,只是得益于传统工艺学科之间的相互影响而产生的错金银的衍生工艺。错金银为金属器皿装饰工艺,金银错玉则为玉器装饰工艺,二者无论是器胎材质,还是开槽、压线的方式均不相同,不可混淆。

  纵观历史,真正的错金银工艺曾辉煌绚烂,如今却面临被抛弃和遗忘的困境。究其原因,一方面在于错金银工艺的特殊性,其作为一门特种工艺需要制作者熟练掌握材料、工具的运用方法;且金属表面纹样细小而繁多,錾刻及剔除金属亦有一定难度,极度考量制作者的工艺技巧和耐心。另一方面,随着科学技术的发展,当今工艺品大都采用机械化生产加工模式,纯手工制作的错金银工艺逐渐被淘汰。

  可喜的是,近年来国内外工艺美术领域对错金银工艺的研究逐渐兴起。其中,作为当代日本金属艺术研究领域特别是雕金象嵌领域代表人物的前田宏智先生,和同样在日本雕金象嵌等金工装饰工艺方面成绩斐然的原智先生,自2017年至今先后多次来访中国,并进行中日金属工艺交流学术讲座,为错金银工艺研究领域提供了新思路与新视野。此外,北京工业大学工艺美术系副教授张福文老师自2013年开始在错金银工艺领域不断研究，并且得益于学校为金属工艺研究方向提供的完备硬件设施，工作室学生在张老师的带领下也逐渐认识这门特殊金属工艺，笔者有幸参与其中并进行错金银工艺在当代工艺美术中的应用研究，将错金银工艺与当代工艺美术结合，使古老的错金银以崭新的面目呈现在人们眼前。

（一）错金银工艺在当代工艺美术中的应用实践

每一门工艺的发展都与其使用的材料和工具、所做产品的市场以及背后承载的内涵价值等方面紧密相关。笔者以一组胸针为载体介绍错金银工艺在当代工艺美术中的应用实践（图3-1），并对错金银工艺的工具、制作流程和操作技巧进行梳理。

图 3-1 错金银胸针设计

错金银工艺胸针的设计灵感源自当前疫情蔓延的特殊环境下，人们只能在室内透过窗户观察外界自然环境及天气变化。在这漫长的时光中，透过窗户玻璃能看到外界的雨天、雪天、阳光照射耀眼的好天气，以及层云围绕着圆月的夜空。胸针的金属部分运用错金银工艺，将窗外环境的具象进行简化抽象组合表达出来。有机玻璃则代表窗户的质感，表达人们对早日战胜疫情的期待、对窗外美好世界的向往。将错金银工艺运用于当代首饰设计中，将金属材料与工艺的特性相互结合，融入创作，作品从造型、质感、纹样、内涵等方面打破传统审美观念，意在体现当代设计师自由的、本能的、灵性的，甚至是原始的创作理念，少了古代工艺品奉命制作的强迫压抑。

错金银工艺的特殊性主要体现在所用工具和操作技巧方面，一些需要亲手制作的工具也给错金银工艺增添了一定的技术难度，如不同类型的錾子、锤子等。其中，用于剔刻金属的錾子主要有平口錾（图3-2、图3-3[1]、图3-4[2]、图3-5[3]、图3-6[4]）、毛雕錾（图

---

1 桂盛仁.超技法 桂盛仁的雕金[M].东京：美术书出版株式会社芸艸堂，2018：70.

2 同1.101.

3 同1.108.

4 同1.108.

3-7[1]）、圆毛雕錾（图3-8[2]）、走线錾（图3-9），以及一系列在不同金属胎体上，用于剔刻不同形状、纹样的錾子。走线錾与毛雕錾錾头较细，用于剔除线性、细小的纹样或錾刻出纹样的轮廓线槽；平錾的錾头较宽，且型号不一，用于剔除较大面积的金属部分。如今在专门的工具用品店中即可购买到不同型号的錾子，亦可根据所需类型和尺寸亲手磨制（图3-10、图3-11、图3-12），以达到不同的使用效果（图3-13[3]）。另外，锤子（图3-14[4]、图3-15）、胶板（图3-16）、砂纸（图3-17）、炭（图3-18[5]、图3-19[6]）等辅助工具也必不可少，其中锤子有金属锤、木槌等，不同锤头所搭配的木质锤柄亦需制作者根据自身使用情况进行磨制和修整。

以图示错金银工艺制作为例，经笔者梳理，错金银工艺制作的大体流程为：

首先，准备器物的胎体（通常以铜、银等金属为胎体）以及金、银片材或丝线（图3-20）。金属胎体开槽的深度及片材的厚度根据器物的大小、所嵌金属材料的大小、厚度有关。关于金属器胎的制作，常用的工艺为铸造和锻造。由于使用锻造工艺比铸造或其他工艺耗材少，且可由单人独立完成，因此在器胎的制作中较为常用。金属锻造工艺古时又称"制胎工艺"，一般锻造而成的金属器皿只是一个基本的胎型，最终作品还可经过错金银等金属装饰工艺制作而成。

其次，预先根据器物大小、形状及装饰部位，设计出装饰纹样，再按照纹样的形状裁切异质金银片材或丝线。

接着，用錾子剔除需要嵌入片材或丝线的金属部分，使器胎表面需要嵌入金银的部分呈"凵"状（图3-21、图3-22、图3-23、图3-24、图3-25），錾子的型号根据所剔除金属部分的形状、大小决定。

继而，将退火后的异质金属片材嵌入剔刻出的凹槽中，随后用锤子捶揲，直至异色金属完全嵌入并贴合凹槽内部（图3-26、图3-27）。

然后，依次用从粗到细的砂纸、炭等工具仔细打磨错嵌后的器胎，直至光滑细腻以达到预期效果（图3-28、图3-29），这样嵌入的金属会异常牢固不会轻易脱落，禁得住时间的考验。

---

1 桂盛仁.超技法 桂盛仁的雕金[M].东京：美术书出版株式会社芸艸堂，2018：101.

2 同1.

3 同1.102.

4 同1.117.

5 同1.72.

6 同1.72.

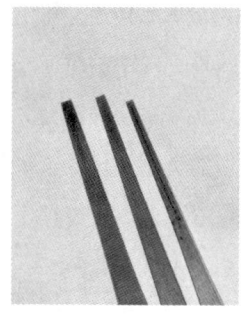
图 3-2 平口錾

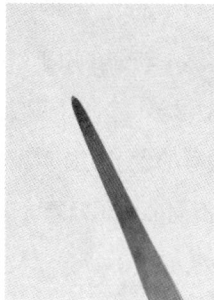
图 3-3 走线錾

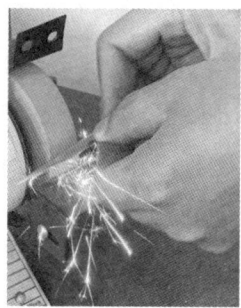
图 3-4 磨制錾柄

图 3-5 磨制錾头

图 3-6 錾头开刃

图 3-7 金属锤

图 3-8 胶板

图 3-9 砂纸

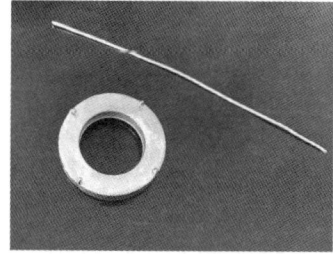
图 3-10 准备胎体及所嵌金属片材

图 3-11 剔除胎体金属部分

图 3-12 剔除胎体金属部分

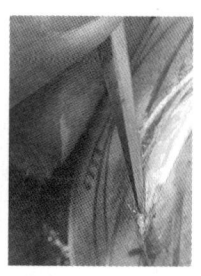
图 3-13 剔除胎体金属部分（面）

图 3-14 剔除胎体金属部分（直线）

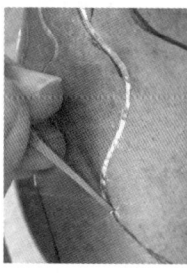
图 3-15 剔除胎体金属部分（曲线）

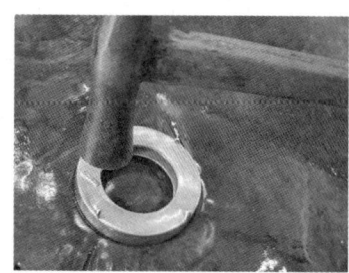
图 3-16 嵌入异质金属并锤揲

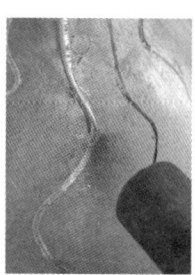
图 3-17 嵌入异质金属并锤揲

二、设计巧思

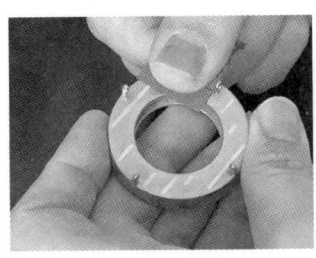 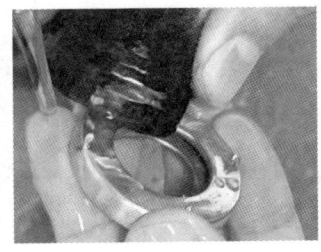 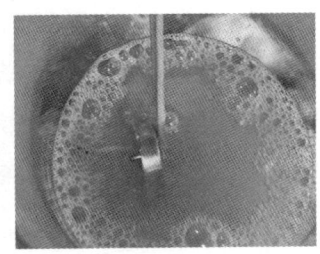

图 3-18 打磨错嵌后的器胎（砂纸）　　图 3-19 打磨错嵌后的器胎（木炭）　　图 3-20 金属着色

最后，为了更好地彰显纹饰及防止金属表面被腐蚀，采用绿青、硫酸铜等化学材料对作品进行金属着色（图 3-30）。

经过错金银工艺的应用实践和经验总结，笔者认为将错金银工艺与当代工艺美术结合，以下几个方面较为重要：

首先，"传统工艺美术为现代人所重视的是其手工性和手工性所蕴含的一系列人文价值和意义。"[1] 错金银工艺本身具有独特的人文价值，因此在创作错金银工艺品的过程中，不仅要以古代错金银工艺作品为参考，更要意识到传统错金银工艺背后所承载的历史文化和内涵。其次，古代错金银工艺主要运用金银等金属材料，为的是彰显使用者的等级地位；而在当代工艺美术创作中可以通过转换材料的方式，运用黄铜等金属降低成本，同时又具有相同视觉效果的材料，使错金银工艺品为大众消费，实现其经济价值。再者，在设计错金银工艺作品时需与当代审美元素结合，造型饱满而单纯，给人以力量感；装饰简洁而精致，表现出强烈的现代风格，是重要的设计理念。对于纹样的设计，或以传统纹样作为参照物，提取元素纳入图案设计并加以构思和升华；或吸收自然中动植物的形态特征，从光束、雨滴、水波、雪花、旭日等自然元素中提取灵感，作为作品纹样的创意来源。与古代金属器物引用自然纹样不同，当代错金银工艺作品借鉴自然元素的造型后，要加以极具抽象化的处理，纹样新颖而奇特，雅致而充满生活情趣。另外，错金银工艺主要应用于金属器皿装饰，运用于首饰的设计创作甚少。错金银工艺与当代首饰的结合，将打开一番新天地。首饰作品体量的小巧与错金银工艺的精美繁复相互制约，相辅相成，使作品既能体现传统工艺的美学价值，又极具现代简约感，更能做到实用性与美观性的统一，创造出符合当代日常生活的审美载体。

1　李砚祖. 工艺美术概论 [M]. 北京：中国轻工业出版社，1999：5.

(二)错金银工艺在当代工艺美术中应用的意义

当今社会,工艺品最显著的特征之一在于它是一种表现创作者进行自我反思或自我意识的载体,是创作者有意识地探索工艺技巧的结晶,饱含着创作者们的艺术天性和人文追求。在许多设计师都依靠设计理念和机器生产来完成作品的今天,纯手工制作的传统错金银工艺显得尤为珍贵,这也是错金银工艺值得为更多人所认知和学习,得到应有的传承和发展的重要意义。

得益于现代工业技术和工艺水平的提升,2017年由文化部、工业和信息化部、财政部制定,国务院同意并发布《中国传统工艺振兴计划》,明确了未来几年我国振兴传统工艺的重要意义、总体要求、主要任务和保护措施。其中"振兴传统工艺,有助于传承与发展中华优秀传统文化,涵养文化生态,丰富文化资源,增强文化自信;有助于更好地发挥手工劳动的创造力,发现手工劳动的创造性价值,在全社会培育和弘扬精益求精的工匠精神;有助于促进就业,实现精准扶贫,提高城乡居民收入,增强传统街区和村落活力。"是振兴传统工艺的重要意义所在,尊重优秀传统文化、坚守工匠精神、激发创造活力等基本原则成为传统工艺创作研究的方向,同样也成为错金银工艺传承与振兴的目标。

通过在当代工艺美术中应用错金银工艺,与当代审美特征、设计理念、技术相结合,能够将这门传统金属装饰技艺重现,使其在当代工艺之林中仍得以生存发展,并且坚守本质的同时不断创新,使错金银工艺真正得到传承与振兴。

四、结论

本文在对错金银工艺历史及文物加以梳理的基础上探讨错金银工艺的传承现状,并通过错金银工艺实践挖掘其应用于当代工艺美术创作的要点和意义。错金银工艺作为一门特种工艺,其难点不仅体现在需要制作者熟练掌握材料、工具的运用方法及工具的制作方面;还体现在错嵌时的技巧方面,金属表面所要错嵌的纹样往往细小而繁多,极度考量制作者的工艺技巧和耐心。然而如此繁复的手工工艺所带来的艺术效果却是精美独特的,让处于工业时代的人们难以忘怀。如今,错金银工艺正随着社会环境的变化而不断发展,正所谓"工艺的发展既受社会环境因子的制约,也有其本身所固有的,与科学技术发展水平相适应的,与人类知识的积累水平密切相关的发展历程。"[1] 当代造物者通

---

1 张飞龙. 中国髹漆工艺溯源[J]. 中国生漆, 2008(01): 21-37.

过无数次实践、探究，使制作工具便利有效，工艺流程更加规范，工艺技巧愈发精湛。可无论是过去、现在、未来，唯一不会改变的是人们自然本能的艺术天性和人文追求，这对于包括错金银工艺在内的整个工艺美术领域都是极为可贵的存在。

  与当代工艺品创作的结合，能使错金银工艺有机会再次走进大众视野；与当代艺术设计理念的碰撞，能体现传统物质文化与当下的动态关联，使得错金银工艺被更多人所认知、运用、传承，得到其应有的发展。错金银这一回响了千年的工艺媒介，与当代造物者的智性思考之间会产生怎样的火花，也不禁让人们为之期待。

凉山彝族披毡、查尔瓦服饰文化分析及创新运用

张国云　李素云[1]

摘要：本文对凉山彝族披毡遗风进行阐释，分析了凉山地区披毡遗风留存至今的原因；进而对披毡、查尔瓦背后承载的文化内涵、审美观念和服装款式展开介绍，比较了加什、瓦拉不同的制作工艺；最后对当下披裹式服装展开案例分析，结合时下流行趋势和民族元素为披毡、查尔瓦的创新运用提出方案。

关键词：凉山彝族；披毡；查尔瓦；服饰文化；创新设计

一、从历史中走来的披毡和查尔瓦

（一）古老的披毡遗风

披毡、查尔瓦被称为彝族服饰的"活化石"，蕴含了彝族浓郁的民族精神和深厚的民族文化。凉山彝族穿着披毡、查尔瓦的文献记载最早见于汉代，但它的起源和存在远在汉代之前。披毡又称加什，查尔瓦又称瓦拉，两者都是披裹式的服装形制，披裹式的服饰是一种非常古老的服装类型，是新石器时代人类典型的衣着。早期人们用草木、树皮、皮裘、羽毛等材料做成简易的服装，披裹在身体上起到避寒、保护身体的作用。直到现在，在凉山仍然能看到一些简单的由植物枝和动物皮毛制成的披衣，披毡就是在此基础上发展演化而来的。唐代以后关于凉山彝族着披毡的记载就更加丰富了，如唐代《新唐书》有云："又有初裹五姓，皆乌蛮也，居邛部、台登之间（今西昌一带），妇人衣黑缯，其长曳地[2]"，宋代《太平寰宇记》记有："椎髻、跣足、披毡或皮衣[3]"等字样。1963年出土于云南昭通的东晋霍承嗣墓的壁画中也有与现在凉山地区人们穿着非常相似

1　李素云：四川美术学院在读硕士研究生
2　宋祁，欧阳修.新唐书：卷二百二十二[M].上海：汉语大词典出版社，2004：4807.
3　乐史，王文楚.太平寰宇记：卷三十三[M].北京：中华书局，2007：703.

的图像（图2），这些图像资料被认为是反映彝族先民传统着装的有力佐证。

其实在西南地区少数民族中曾普遍存在穿着披裹式服装的习惯，在南宋周去非的地理著作《岭外代答》中就有记载"西南蛮地产绵羊，固宜多毡毳。自蛮王而下至小蛮，无不披毡者[1]"。它不仅仅是凉山彝族的代表服饰，也是历史上藏彝走廊氐羌族群的共同特征，但凉山彝族的披毡与纳西等民族的"披星戴月"又存在着非常显著的地域性差异。随着社会、经济、文化和生活习惯的变化，部分民族逐渐淡化穿着披裹式的习惯，而相对封闭的凉山地区的彝族则很好的继承和保留了披毡这一古老遗风。

图1　凉山彝族羊皮披毡

（二）披毡遗风在凉山彝族得以保存的原因

凉山州地处四川省西南部，是我国最大的彝族聚居地，其独特的地理、政治和经济条件孕育了凉山彝族地区古朴的民族风情和独特的服饰文化。披毡、查尔瓦作为彝族服饰的"活

图2　云南昭通的东晋霍承嗣墓壁画

化石"，它的发展变化贯穿了整个凉山彝族的服饰文化变迁史，下面分析了几点凉山地区彝族披毡遗风保留至今的原因。原因其一是：由于地理和自然环境，凉山彝族人绝大多数住在高寒山区和二半山区，该地区地形地貌复杂多样，光照充足，昼夜温差大，但广阔高山草场为凉山地区的畜牧业发展提供了有利条件，丰富的毛、麻制品也为制作披毡提供了充足的原料；与此同时在高寒地区，披毡具有极强的实用性功能，白天可做披风用，夜晚当铺盖，遮风挡雪，舒适耐用，成为彝族人民不可缺少的生活必需品。原因其二是：和彝族的源来有关，彝族的起源众说纷纭，有南来说、北来说、东来说、土著说等，在学术界公认比较有权威的是以方国瑜先生为代表的学者的观点，他们认为彝族是由原居住在祖国西北部高原上的氐羌族逐渐向南迁徙形成的复合型民族；氐羌族以游

1　周去非.岭外代答：卷六[M].北京：中华书局，1999：227.

牧为生，披衣是他们的典型装束，因此凉山地区披毡遗风的留存或与民族祖先崇拜有着密不可分的关系。原因其三是：由于凉山地区长期以来闭塞的交通状况和封闭的政治、经济条件，在1956年之前，凉山彝族依旧是一个以父系血统为纽带建立的奴隶制封建社会，有着非常严格的社会等级制度，直到1956年民主改革的推进，凉山彝族奴隶制度才彻底瓦解。相对封闭的社会和经济条件使得外界服饰文化对凉山地区的冲击有所缓解，凉山彝族古老的传统服饰文化从而得以完整保留下来。

（三）披毡、查尔瓦的美学解析

服装是一个民族和地区外在物质元素和内在精神文化的有机结合，是民族精神的质化表现，更是民族的符号和标志。彝族的披毡也在千百年的历史变迁中默默接受着民族文化和审美意识的浸润，成为表达民族精神的载体。披毡在从草木、树皮、皮裘、羽毛等材料制作转变到通过擀制和纺织制作的过程中已经体现了彝族先民审美意识的觉醒。

凉山彝族披毡发展遵循着彝族的审美原则，是历史和人民的选择。彝族自古尚黑，披毡也以黑色为佳，彝人认为在人生中最重要的日子，黑色披毡不能缺席。此外，除了制作日常穿着的披毡，人们还会为某些重大节日特别制作一些形制更复杂、更精致的披毡，这些都体现了人们对披毡更高的审美追求和装饰性追求。

披毡、查尔瓦作为凉山彝族最具特色的服装，被凉山各方言区彝族人们共同认可，因此，凉山彝族各方言区披毡和查尔瓦的款式都大致相同，大部分都是男女同款，大小上稍有差别。常用的色彩有白色、黄色、灰色、蓝色、黑色，少部分有刺绣和图案装饰，大部分素净无装饰。其中圣扎地区的披毡是最为华美的，在披毡的边缘镶有黄色、红色的边和青色的衬布，披毡的下摆有流苏做装饰。义诺地区披毡通常无穗装饰，但在披毡的下摆会有约10厘米的青色面料作拼贴装饰。住所地的披毡常以蓝色和黑色为主，镶有红色、黄色细牙布，拼贴青色布料，造型简单大方。民主改革前，雷波黑彝族还有一种装饰有圆形图案的黄披毡。（图3、图4）

除常见的男女同款的款式外，笔者还发现了两款女性特有的披毡款式。一是住所地地区布拖县的女子短披毡（图5），这种披毡个性十足，也极具现代性。短披毡形似短上衣，厚实挺括，对襟无扣。肩部高高耸起，肩膀两端开有形似袖笼的小洞，但非真正意义上的袖笼，给人一种挺拔、庄重的感觉，独具魅力。

二是义诺地区一种下摆拼接有多层荷叶边的披毡（图6），这种披毡多为深蓝色或黑色，腰部镶有五六条用相同面料做的嵌条，腰线微微收拢，体现了女性的曲线美。披毡下摆拼接的多层荷叶边极具女性色彩，给人轻盈、灵动的律动美。

二、设计巧思

图3 传统披毡常服

图4 节日盛装中的披毡

图5 布拖女子短披毡

图6 义诺地区多层荷叶边披毡

（四）披毡、查尔瓦制作工艺的差异

凉山州彝族地区独特的地理位置为畜牧业的发展提供了有利条件，自古以来该地区盛行的绵羊养殖深刻地影响着这片土地上人民的衣、食、住、行。在彝族古籍《物始纪略·毡子》中记录着制作披毡的方法："到洪吉时代，羊毛弹纷纷，线拉砰砰响，擀出青银毡，擀出红金毡。天上凡间人，用它挡霜雪，用它遮风雨。阿武那时期，制作弹毛弓，制作擀毡帘，九百斤羊毛，擀一领披毡"[1]，反映了披毡制作工艺逐渐成熟的过程。披毡、查尔瓦的制作原料来自本地盛产的羊毛，只是在制作工艺上有所不同。披毡属于擀制工艺，将羊毛擀制成羊毛毡；查尔瓦属于纺织工艺，将羊毛捻成线再编织成披裹式的服装。在凉山彝族地区擀制工艺和羊毛纺织工艺都是非常普及的家庭副业，在现代纺织技术到来之前，这里家家户户的披毡、查尔瓦制作都是自给自足，个别用于交换。

---

1 陈长友，李珍和，王继超.物始纪略·毡子：卷七[M].四川：四川民族出版社，1990：238-239.

披毡的制作工艺繁杂，要经历选毛——洗毛——弹毛——擀制——缝制等工序，每道工序又分为若干小工序，将羊毛擀制成毛毡需要耗费大量的体力，所以这项工作主要由男性完成，女性为辅助。把选好的羊毛洗净，用弹弓将羊毛弹成松软的絮状，然后将弹好的羊毛放置在竹帘上进行擀制，擀制的过程中需要加入大量的水和洗衣粉，促使羊毛纤维变形毡结，然后不断重复擀制直至羊毛完全毡化。查尔瓦是由披毡演化而来，先用羊毛线织成"人"字形斜纹布片，再缝制而成，形同披毡。查尔瓦的制作由女性主导，心灵手巧的彝族妇女将羊毛捻成羊毛线，然后用传统的腰机将毛线织成布，然后缝制成查尔瓦。在以父系血统为纽带的凉山彝族地区，人们认为由男性主导制作的披毡比由女性主导制作的查尔瓦更珍贵，地位更高，所以在一些隆重的祭祀典礼和节日时人们多盛装披毡，以示崇敬，在人死后也要穿着披毡。

二、披毡、查尔瓦的创新运用

随着社会经济的发展，越来越多的机器织布开始代替传统的手工羊毛擀制工艺和羊毛纺织工艺，坚持以传统工艺制作披毡的人数大大减少，即便是在凉山彝族地区的农村也鲜有手工制作披毡。披毡的生产和销售渐渐从以农村家庭为单位的自给自足模式转向以小城镇为中心的商品化模式，传统手工擀制和纺织工业面临着巨大的挑战。彝族传统服饰披毡、查尔瓦走向式微，是我们所面临的严峻现实，我们所能做的也只有通过改良和创新设计，让披毡、查尔瓦适应现代生活，让传统的擀制和编制工艺得以流传。就当前披毡、查尔瓦的现实情况，笔者将创新运用分为两个部分：一是披毡制作工艺表现形式的多样化发展，二是以披毡款式为设计元素的披裹式的服装的创新设计。

（一）擀制工艺的创新运用

2008年彝族毛纺织及擀制技艺被纳入中国非物质文化遗产名录，擀制工艺作为凉山彝族地区的传统手工艺，体现了人们对现有资源的开发利用，是彝族先民的智慧结晶。一直以来毛纺织及擀制品的表现形式单一，基本上是以人们日常所需的衣物为主，随着机器纺织的大举入侵，加上这项工艺本身的繁复性，导致毛纺织及擀制工艺走向衰落。因此，改变毛纺织及擀制品单一的表现形式是擀制工艺创新运用的重要方法，而不仅仅是只做成衣物。

擀制工艺的创新运用既能弘扬民族文化，继承和发展传统工艺，又能为凉山彝族地区人民创收，改善生活水平。以传统彝文化特色为基础，如传统配色、传统纹样、民族

二、设计巧思

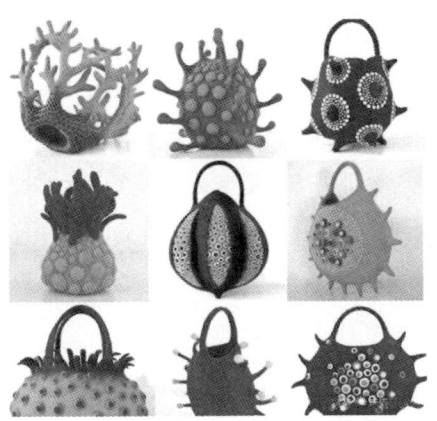

图7 Atsuko Sasaki 海洋生物

图8 Atsuko Sasaki 海洋生物

故事等,结合现代的审美意识,运用擀制工艺创造出更多形式的毛纺织及擀制品,如工艺、艺术品、实用器具、衣物饰品等等。如日本艺术家 AtsukoSasaki 以海洋生物为设计主题,将羊毛毡做成手包(图7、图8),生动形象,深受人们喜爱。

(二)披裹式服装的创新设计案例分析

经济和城市化的发展让越来越多的人脱离出生的土地,去追寻更好的生活和更好的教育,生活在凉山彝族地区的人们也不例外。传统服饰面临的困境就像一场无法抵挡的潮流,我们没有逆潮的能力,但也绝不能放任不顾,要做的是不被洪流湮灭,跟着潮流往前走。

厚重的披毡在城市里可能没有用武之地,但这也不代表人们对披裹式服装的排斥。时尚界多有设计师尝试过披裹式服装的设计,并取得成功。如菲拉格慕2016年春夏高级成衣秀场的一大亮点便是斗篷披肩的设计(图9),披肩的搭配和干净利落的剪裁在增添女性英气之余更流露出一股优雅的古典气质。

图9 菲拉格慕2016年春夏高级成衣 图10 王薇薇2019年春夏

又如婚纱设计师王薇薇2019年春夏系列中高品质面料上斗篷披肩（图10）大量登场，将西方服饰元素拉夫领、大长袖、主教袖等元素杂糅，营造了哥特式的神秘氛围。

笔者在对彝族服饰文化有了一定了解和参考一些国际品牌以披肩为元素的服装设计方案之后，也进行了一系列以彝族文化与披毡造型为设计灵感的服装设计。在设计的过程中除了运用披毡廓形元素，还结合彝族女性百褶裙的元素，并且对凉山彝族的纹样盘花工艺进行了创新面料实验。

设计过程一：面料实验

面料实验的主要内容是对凉山彝族传统盘花工艺进行创新设计。盘花工艺又称辫绣，其制作过程是先将选好花色的面料裁成细条，缝成灯芯状的"辫料"，然后才在服装上盘出花纹，这种装饰手法颇具立体感和趣味性。设计的主要方法是打破传统材料的束缚，通过综合材料与盘花工艺的组合来营造民族风格的氛围。

方案1：主要材料为塑料胶管、扭扭棒、毛线。设计灵感来源于凉山彝族服饰中经典的漩涡状纹样，用塑料管代替"辫料"进行图案的塑造，然后将小的塑料管排列成漩涡纹状，大的塑料管作为块面的分割线。（图11）

方案2：主要材料为碎布、网眼面料、塑料胶管、木棍、装饰线。在凉山彝族服饰中有很多横向排列的条状装饰纹样，面料实验方案2想要表现的就是这种装饰形式给人的第一感官体验。用色块和材质上的区别来增强分割效果，银色金属感的装饰线反映的是彝族喜在服饰上装饰银饰的习性，黑色的肌理面料本身的手工抽丝质感使整块面料层次更加丰富。（图12）

方案3：主要材料为塑料胶管、木棍、网眼布、毛线。面料实验方案3与面料实验方案2有相通之处，只是在材料和排列方式上有所调整。（图13）

设计过程二：效果图绘制

本次服装设计的侧重点是将凉山彝族披毡融入廓形设计当中进行一系列的女装设计。

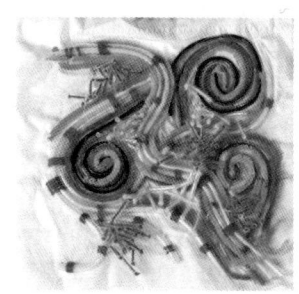

图11 面料实验方案1

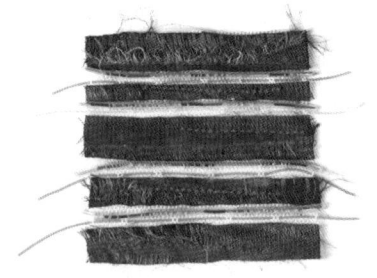

图12 面料实验方案2

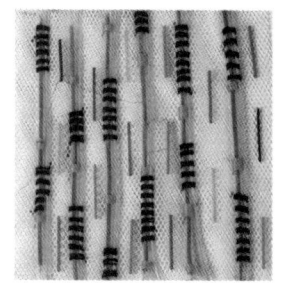

图13 面料实验方案3

二、设计巧思

图 14　设计草图

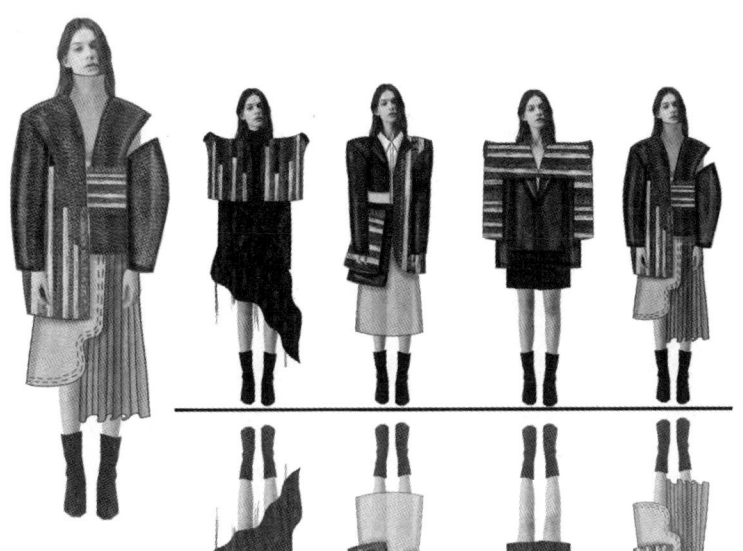

图 15　服装设计效果图

首先进行效果图的绘制（图 14），整体造型不要过分夸张，但也不能太过平常，既要符合彝族本身的审美特点又要符合当下人们对服装的审美需求。然后将前面做的面料实验融入款式设计中，这里笔者挑选的面料是实验方案 2。最后完成最终效果图的绘制，最终效果在色彩上为符合凉山彝族尚黑的颜色偏好，而主要以黑色为主色调，披毡挺括的造型与百褶裙的融合，在表现女性坚毅形象的同时又透露出一丝女性柔美的气质。（图 15）

现代服饰文化对传统民族服饰文化的冲击和影响是非常巨大的，民族服饰文化想要更好地融入现代生活，赢得更多发展和创新的机会，需要紧跟时代的步伐，既要坚守住本民族的精神内涵，又要适时的接受新鲜力量的融入，这才是传统文化拥抱活力之法。要真正做到凉山彝族传统服饰的创新设计，只是简单的"复古"是不够的，更重要的是把握彝族服饰文化深层的内涵，从中寻求能够应对现代化冲击的民族智慧和民族力量，实现民族文化的继承和发展。

结语

在多元化的现代，中国的传统服饰在很大程度上受着外来服饰文化的冲击，外国的服饰品牌和习惯在一定程度上改变了大多数中国人的穿着选择和方式。本文对凉山彝族服饰中最具特色的服饰元素——披毡和查尔瓦的历史、制作工艺和款式进行了介绍和分析，在此基础之上，结合现代的审美意识和潮流对其进行了创新设计，以期对凉山彝族传统服饰和文化进行传播和创新。

参考文献

[1] 李茜.凉山彝族服饰的创新发展 [J].四川戏剧，2018(07)：135-137.

[2] 刘冬梅.族群标识与象征——凉山彝族披衣服饰的符号指向初探 [J].民间文化论坛，2005(06)：39-44.

[3] 马晓华.四川凉山彝族服饰文化研究 [D].中央民族大学，2006.

[4] 马晓华.古韵遗风——彝族古今毡毛披衣比较研究 [C].中国博物馆协会服装博物馆专业委员会.服装历史文化技艺与发展——中国博物馆协会第六届会员代表大会暨服装博物馆专业委员会学术会议论文集.中国博物馆协会服装博物馆专业委员会：中国博物馆协会服装专业委员会，2014：111-114.

[5] 尤伶俐.凉山彝族服饰元素在现代服装设计中的应用研究 [D].浙江理工大学，2014.

[6] 张建世.凉山彝族毛纺织及擀制技艺调查 [J].西南民族大学学报（人文社会科学版），2013，34(06)：45-53.

[7] 刘文琳.四川凉山所地彝族服饰研究与创新设计 [D].北京服装学院，2017.

白族扎染技艺在面料设计中的应用初探

肖宛亭[1]

摘要： 白族扎染技艺历史悠久，对其进行深入的研究，具有很高的历史文化价值，同时也具备现代产品可开发条件。本文从白族扎染技艺的历史渊源谈起，对白族扎染技艺历史渊源、工艺技法、传承发展等问题进行了阐述，以白族扎染技艺为基础，通过现代设计的方法进行了独创性的工艺实验与设计实践探索，其中包括对不同条件下染色效果的整理、扎花技法的实验和设计实践。试图从设计艺术学专业背景的角度出发，通过设计实践的探索，将现代设计方法运用到白族扎染技艺的传承当中，从中得出传统的白族扎染技艺与现代设计相结合的创新技法，探索传统非物质文化遗产手工技艺的可持续性传承方式。

关键词： 白族扎染技艺；现代设计；非物质文化遗产；传承

白族扎染技艺是我国国家级非物质文化遗产之一，也是我国传统民族手工技艺的重要组成部分。其历史可以追溯到东汉时期，在斑斓的纹样之下渗透着当地的民俗文化，体现着民族思想观念、生活风貌的特征。因此，对白族扎染技艺的传承、发展与应用的研究具有重大意义。

一、白族扎染技艺综述

（一）白族扎染技艺的历史溯源

已有近两千多年悠久历史的扎染技艺是我国古代传统的手工印染技艺之一，是我国古代勤劳智慧的劳动人民在织物印染方面的杰出创造，积淀着深厚的历史内涵和独特的民族风采。扎染又被称为"绞缬""绞缡""染缡"等，属于一种防染工艺。据史书记载，

---

[1] 肖宛亭：四川美术学院硕士研究生

扎染技艺早期于秦汉时期出现；东汉时期，在今天的云南大理地区，即白族主要分布地区，扎染技艺已经发展的较为完备，并被人们广泛应用在日常生活之中；隋唐时期是扎染技艺发展的鼎盛时期，此时的扎染成为一种高雅华贵的艺术形式，并流行于广大中原地区；到宋代，胡三省在他的《资治通鉴音注》中对"绞缬"工艺做出了概括叙述："缬，撮采以线结之，而后染色；既染则解其结，凡结处皆原色，余则入染矣。其色斑斓谓之缬。"但由于当时的奢靡以及社会经济和制造技艺等因素的影响，加之朝廷的染缬禁令，扎染工艺在中原地区逐渐消失绝迹。大理白族先民对扎染技艺的熟练掌握，从唐代南诏长卷画《南诏中兴国史画卷》和宋代大理国宫廷白族画师张温胜携弟子所绘的《大理国画卷》中描绘的人物服饰中可见一斑。到今天，扎染技艺在以白族为代表的我国西南少数民族地区得到较为完整的传承和广泛使用。除中国外，还在印度、泰国、日本、非洲西部等少数国家有所保留。[1]

（二）白族扎染技艺的工艺概述

白族扎染工艺就是将其纹样图案在织物和面料上用线、绳等工具系扎而形成。花纹的产生不需要用笔绘制或用模板印制，仅需用线在面料上系扎或捆绑、抽褶缝制，也可以结合运用折叠的方法等等。系扎好的面料浸入染缸后，被系扎的部分无法浸入染料，从而形成花纹。根据系扎手法的不同，既能系扎出大小、形态随机的随性花纹，又可以系扎出较为规则的几何图形。大理白族扎染的工艺特点在于用针线对布进行缝制起到防染的作用，最终产生蓝白相间的图案和纹理。图案通过不同的针法，起到丰富其艺术语言的作用。[2] 染色完成后拆去线结，白色的斑点和花纹就显现出来。扎染工艺制成的纹样一般较简单纯粹，但由于手工系扎和染料渗透的过程中存在许多随机性，所呈现出的花纹错落有致、带有自然灵动的晕染效果，得到的图案与色彩形式十分丰富，体现着"自然美"。这种工艺效果在其他印染手法中是没有出现的，也不是其他印染手法所追求的。传统的白族扎染技艺具有独特又朴实纯粹的乡土气息，体现出别有一番意趣的地域特色。

（三）白族扎染技艺的传承意义

白族扎染技艺是全手工生产制作的，这是它最具价值的特征之一。浓郁的乡土风情融入作品之中，制作者的情感渗透在手工技艺之中，民间手工匠人不追求功利而执着追

---

[1] 傅怡，侯小锋.现代艺术视野下白族扎染视知觉再造[J].名作欣赏，2020，(27)：36-37.
[2] 余宏刚.大理白族扎染工艺及其旅游工艺品开发[J].武汉纺织大学学报，2019，32(01)：58-63.

求着技艺的锤炼,是手工技艺传承的精华所在。白族扎染技艺是民间手工匠人们有效利用本土的生态环境资源,创造出纺织品与染料和水的融合体。手工技艺越来越受到人们的珍视,其原因也不仅仅是其纯手工的生产制作形式,而更宝贵的是它汇集了乡土风情的方方面面,包括匠人的情感、纯天然的材料、时间的沉淀、制作的仪式等等。白族扎染技艺是当地居民在长期的生产实践中所逐渐总结出来的,装点着人们的日常生活,具有较强的实用性,是当地民众对于生活的热爱凝结而成的产物。由此可见,白族扎染技艺作为中国传统染织工艺的重要代表,是一项值得我们继承和发扬的非物质文化遗产。

二、白族扎染技艺的工艺制作研究

(二)白族扎染工艺

1. 扎染染料

传统扎染的染料被称为"蓝靛",其主要原料为板蓝根。由于需求量大,当地人专门种植板蓝根以供制作染色剂。春季三至四月间靛苗发嫩芽,八月成熟收割,清洗过的新鲜板蓝根先放入木桶进行发酵,待发酵成泥后再放入石质染缸中与工业用碱或石灰混合,制成最终用于染布的"染缸"。如果定期在用传统工艺制成的染缸中加入蓝靛泥,染缸就可以一直使用,其中沉淀的蓝靛泥还可以作为"酵母",用于培育新的染缸。叠加染色次数可以得到更深的颜色,且染制成的颜色受染剂的浓度影响。此外,运用天然植物制作染剂,染出的成品在外观色彩鲜艳的同时还可以起到对皮肤消炎保健的作用。

2. 扎染的工艺流程

扎染是一种特殊的染色工艺,在染色工艺中的学术用语就是"防染法"。[1] 传统扎染工艺的整个流程可归纳为扎花、浸染、拆线、漂洗四道工序。用于植物染剂染色的面料一般选用天然织物面料,如棉、麻、丝绸等。扎花即在面料上根据所需图案,运用缠绕、捆绑、抽缝、折叠等方法,将图案部分捆扎,还可以借助木板、小木棍等辅助工具。完成扎花的面料即可放入染缸浸泡进行染色,染色时将面料浸入染液稍微放置后取出拧干,此时面料呈黄绿色,将其静置,使染剂与空气充分接触后便显现出蓝色,待颜色完全变蓝后可再次进行浸染,反复浸染可以得到更深的颜色(图1)。浸染完成后即可将用于扎花的线或木板等拆除,染剂无法浸入被捆扎的部分,面料的本色得以保留,则显现出花纹。

---

[1] 金少萍.白族扎染工艺文化的传承、保护与开发[J].中南民族大学学报(人文社会科学版),2005(05):51-54.

图 1　染剂氧化变色的过程（图片来源：自摄）

拆线后需用清水漂洗面料以洗去浮色，也可以再将其浸泡于固色剂中。

（二）染色工艺实践探索

靛蓝染色呈现的色彩受到面料性质、浸染次数、是否使用固色剂等因素的影响，为了在设计实践中得到更准确的效果，作者进行了不同变量下的染色实验，并对染色结果做出数据整理（表1）。

表 1　不同变量下的染色效果（图片来源：自摄）

	白胚布	真丝软纱	纯棉T恤	竹节棉麻	本色棉麻	羊毛毡
面料原色		暖白色	纯白色	纯白色		暖白色
浸染1次						

二、设计巧思

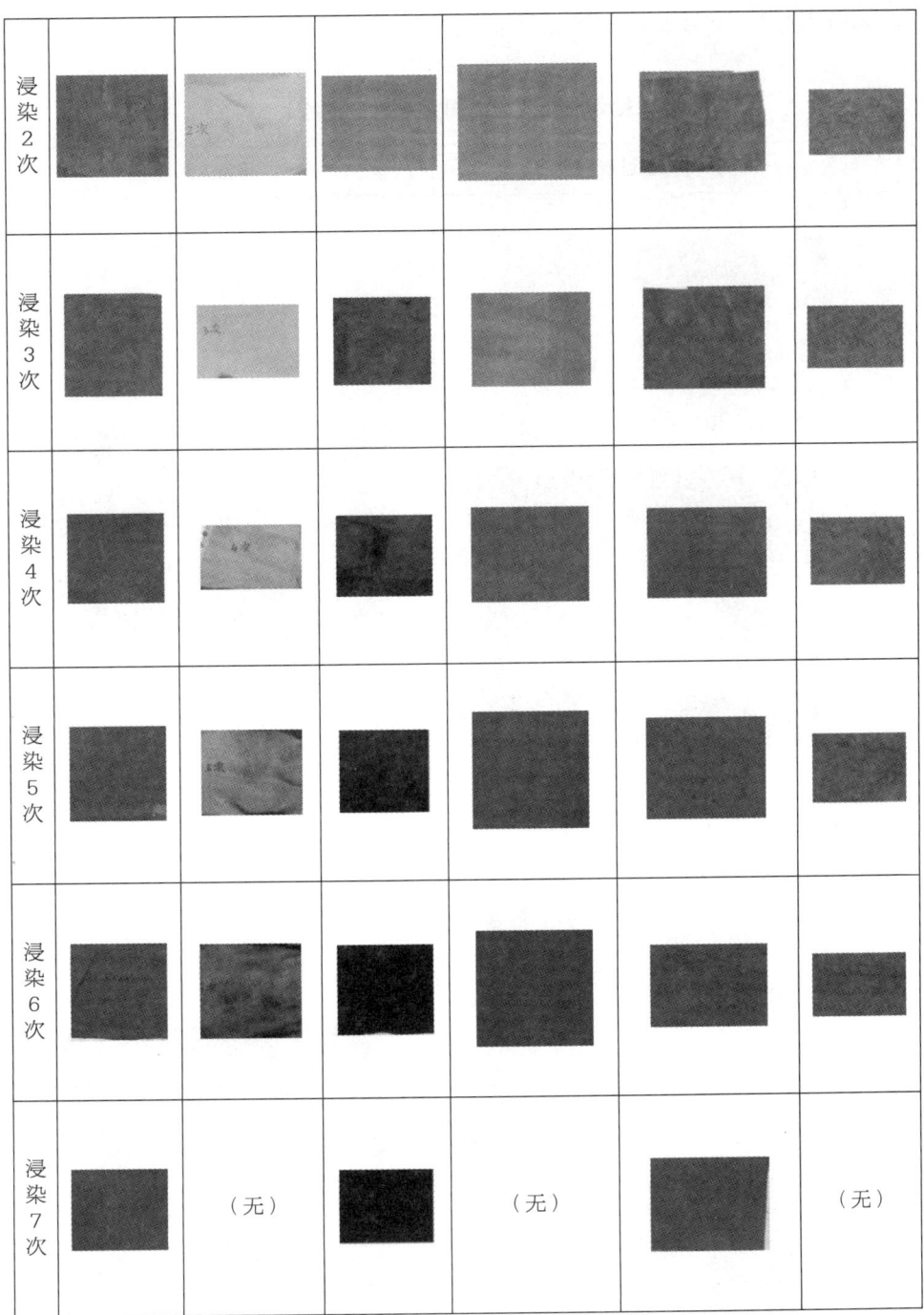

(三)扎花工艺实践探索

白族扎染技艺的扎花手法众多,将不同的扎花手法相结合又可得到更丰富的纹样效

145

果，作者对扎花工艺做出了以下实践探索（表2）：

表2 扎花实验（图片来源：自摄）

	扎花过程	染色效果
（1）	在面料上用水消笔绘制出扎缝位置。 进行缝制、捆绑。	
（2）	在面料上用水消笔绘制出扎缝位置并缝线。 将缝好的线抽紧并用橡皮筋捆绑以加固。	

二、设计巧思

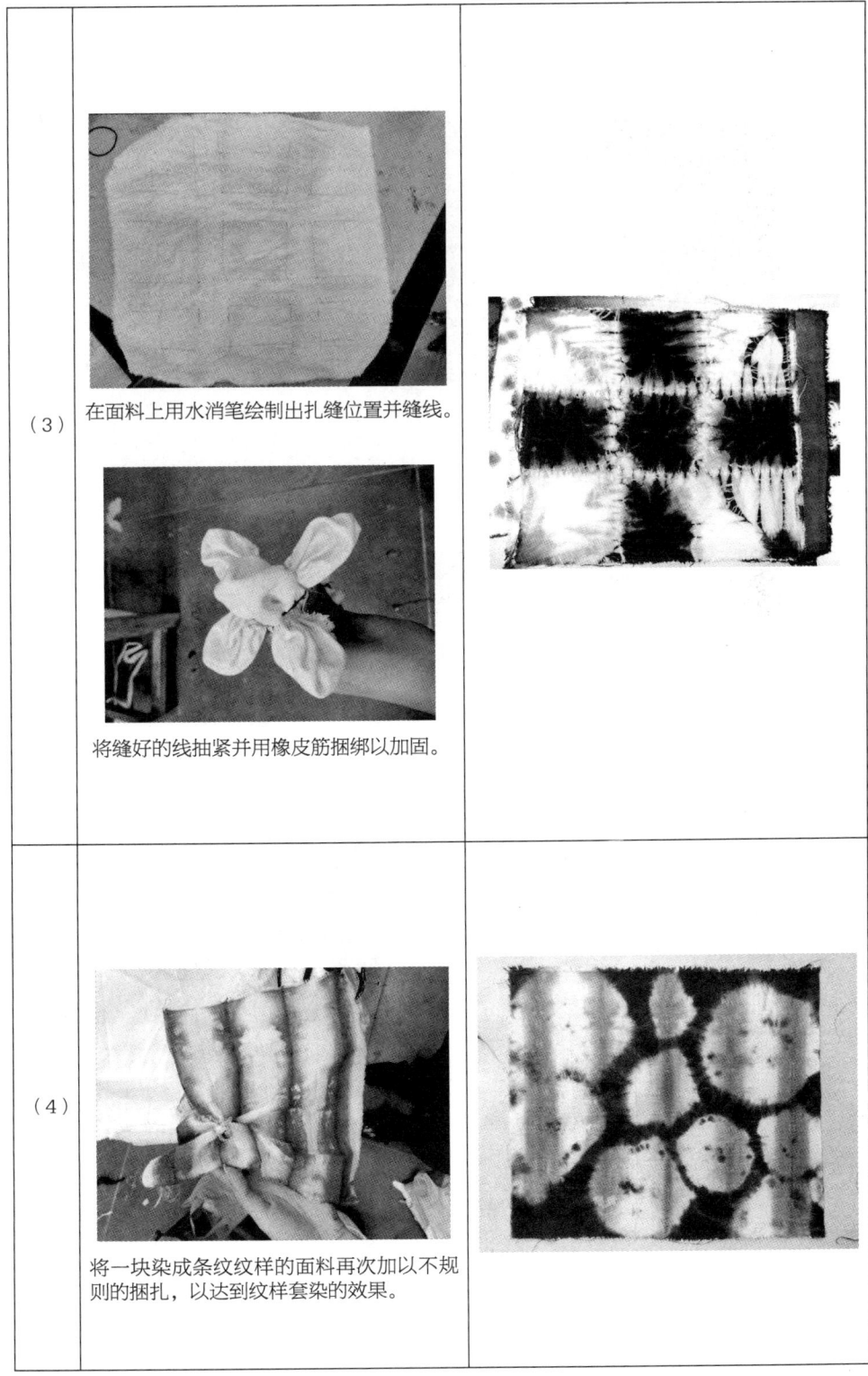

（3）在面料上用水消笔绘制出扎缝位置并缝线。

将缝好的线抽紧并用橡皮筋捆绑以加固。

（4）将一块染成条纹纹样的面料再次加以不规则的捆扎,以达到纹样套染的效果。

（5）	根据预先设计进行抽褶缝制和捆扎。	
（6）	根据预先的设计制线段，并抽紧、固定。 将扎缝好的面料浸染一次，洗去浮色后按照预先设计的位置进行捆扎，再次套染纹样。	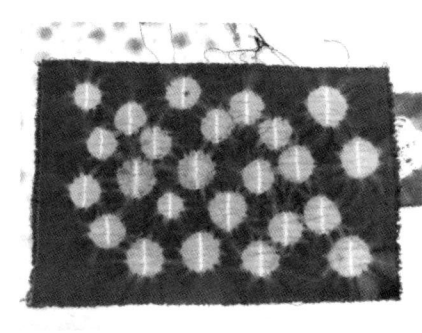

二、设计巧思

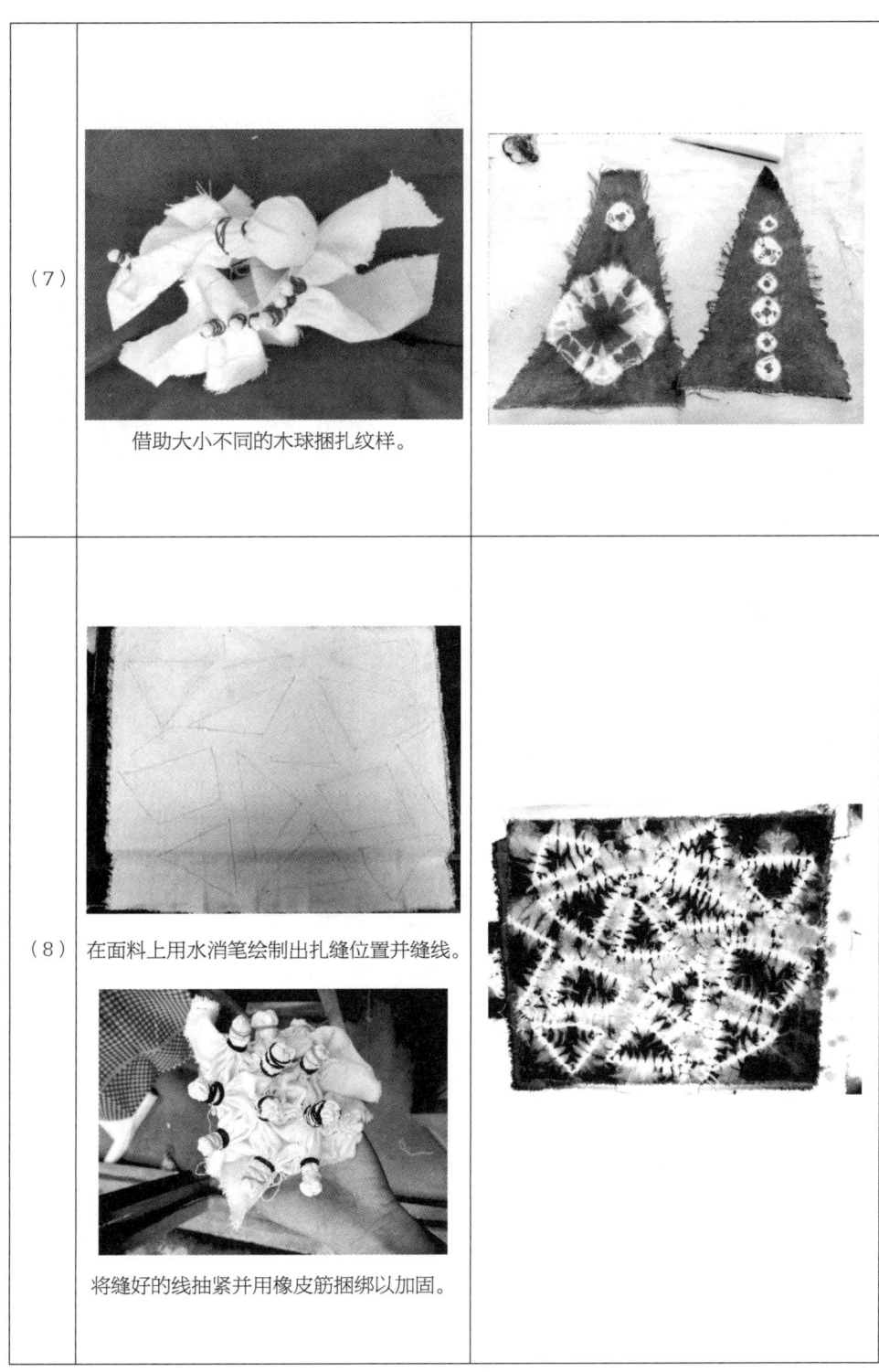

（7）借助大小不同的木球捆扎纹样。

（8）在面料上用水消笔绘制出扎缝位置并缝线。

将缝好的线抽紧并用橡皮筋捆绑以加固。

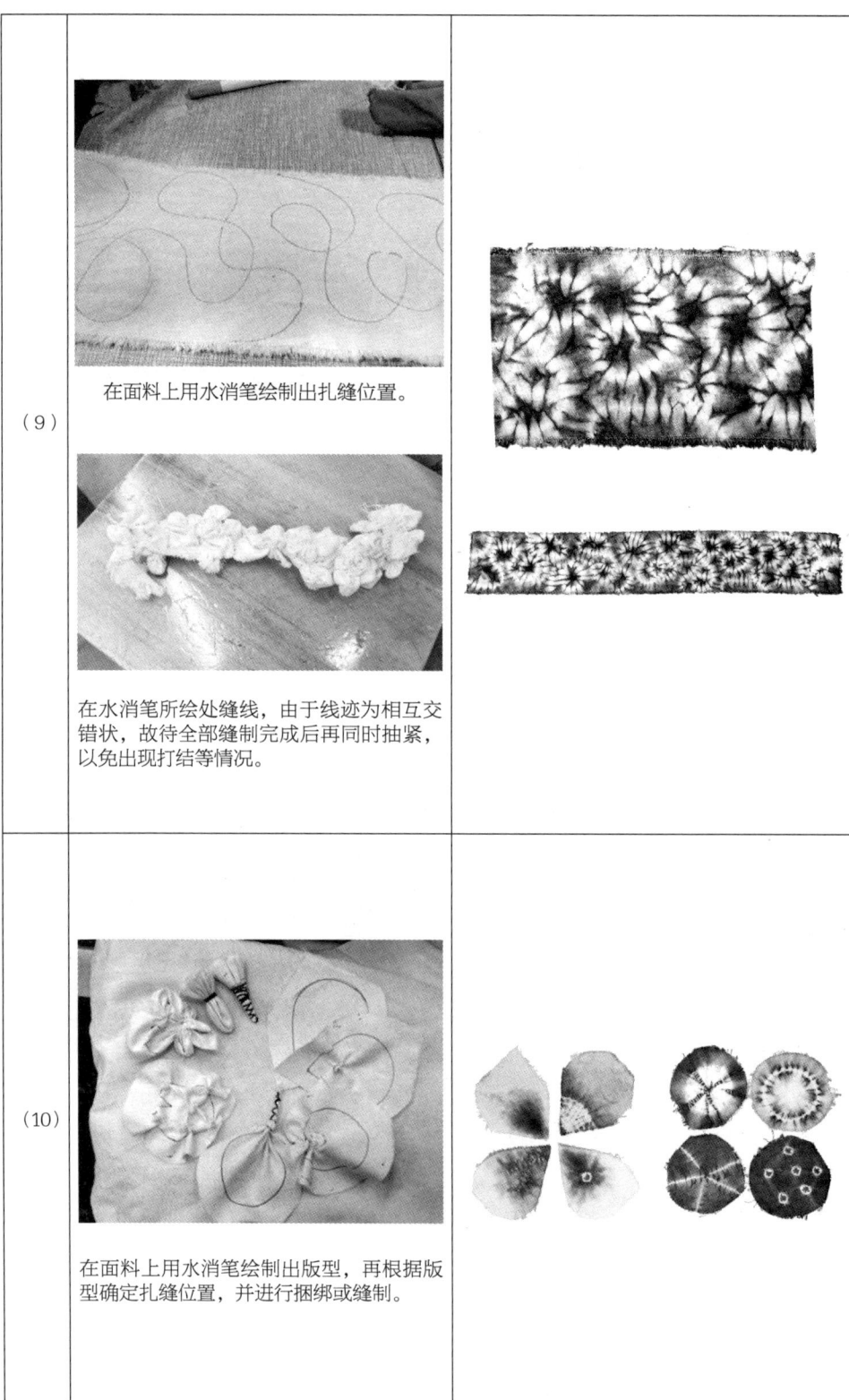

二、设计巧思

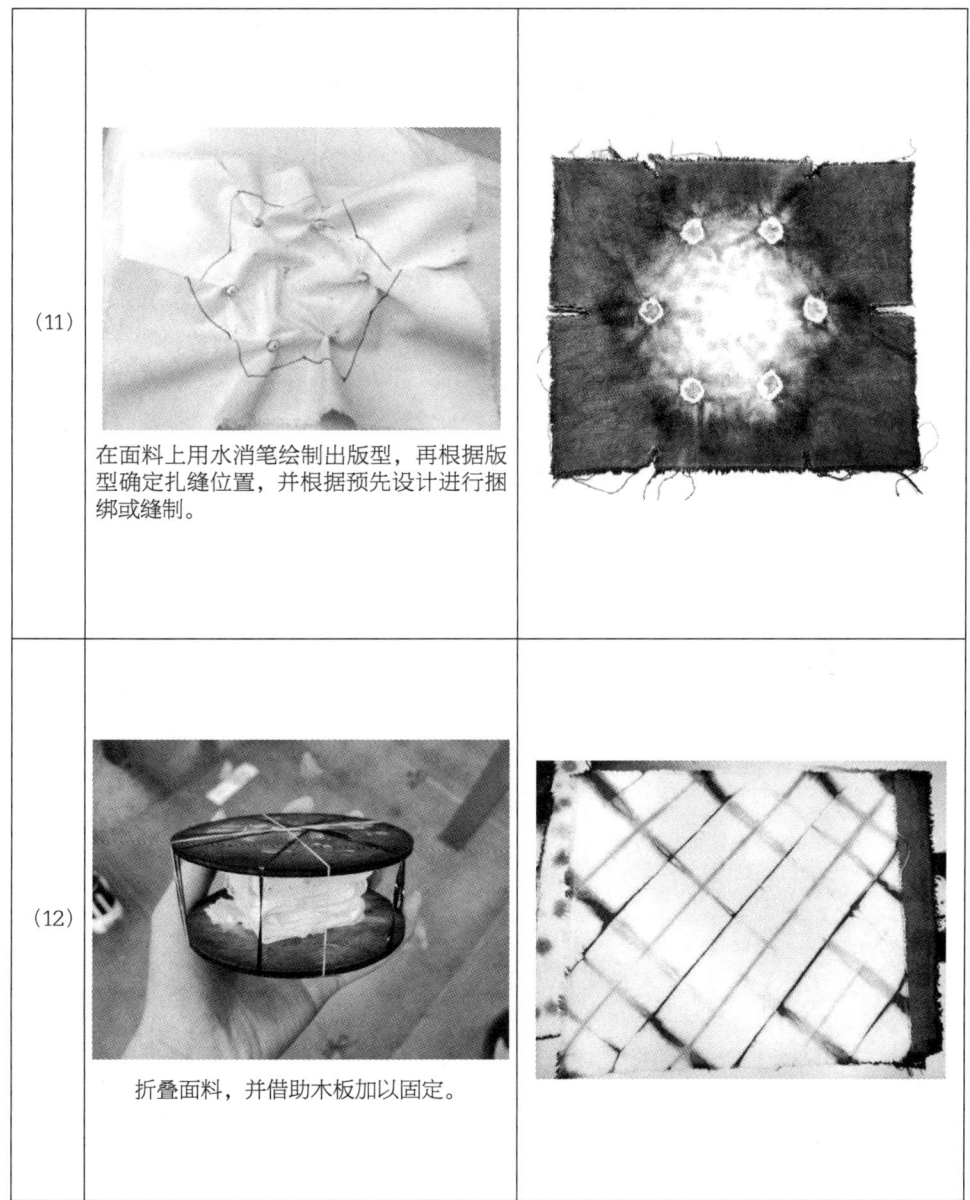

(11)	在面料上用水消笔绘制出版型,再根据版型确定扎缝位置,并根据预先设计进行捆绑或缝制。	
(12)	折叠面料,并借助木板加以固定。	

三、白族扎染工艺的实践应用研究

(一)白族扎染工艺传承与创新应用

白族扎染技艺在其制作工艺的过程中和作品上呈现出现代时尚推崇的自然之美、传统之美,扎染技艺本身又具有独特而丰厚的艺术、文化、历史价值,其明快雅致的色彩也非常符合现代时尚的潮流,白族扎染技艺作为一种传统的艺术形式在新时代的发展中有诸多机遇。突破传统、融入现代审美是当下继承和发扬白族扎染技艺需要着重解决的问题。对于现代设计者来说,要在立足于民族精神的同时,汲取时代的优势,突破传统技艺的局限之处。

(二)以扎染工艺为基础的设计实践探索

笔者从设计专业的角度出发,尝试将现代艺术设计和现代人的审美方式与传统扎染技艺相融合,在基于白族纹样的基础上以独立的艺术方式和现代审美进行关于扎染的设计探索,旨在突破传统扎染的固定模式,具体如下:

1. 装饰壁挂

将扎染面料与刺绣、钉珠绣等工艺相结合,或用质地、厚薄不同的面料叠加,制作装饰壁挂组合(图2—图7)。

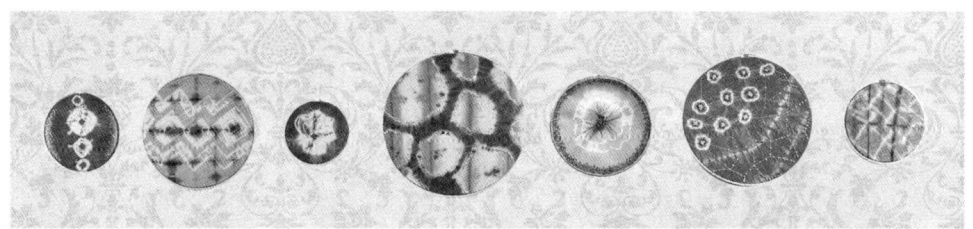

图2 装饰壁挂组合(图片来源:自摄)

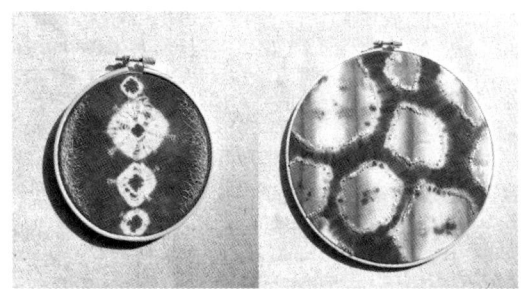 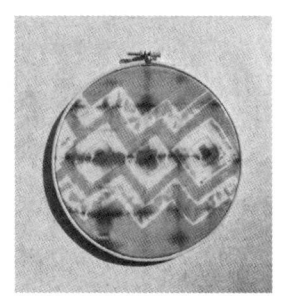

图3 壁挂1(图片来源:自摄)　　　　图4 壁挂2(图片来源:自摄)

 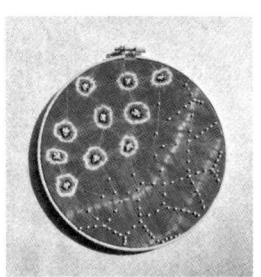 

图5 壁挂3(图片来源:自摄)　图6 壁挂4(图片来源:自摄)　图7 壁挂5(图片来源:自摄)

二、设计巧思

图3所示壁挂1为扎花纹样与刺绣结合的壁挂；图4所示的壁挂2采用了真丝绡与方格纹棉布叠加的效果；图5和图6所示的壁挂3和壁挂4为结合刺绣和钉珠绣的壁挂；图7中壁挂5的材料以真丝绡为主，部分辅助扎花的工具未被拆除，作为装饰物保留，边缘刺绣所采用的线也由植物染染制而成。

2. 家居用品

笔者以所做扎花实验为基础，设计并制作了一组家居用品：利用不同颜色、深浅程度不同的布料，制作出具有透光性特点的灯具（如图8、图9）。图10所示为一件花瓶装饰，其上装饰的流苏线由植物染染制，瓶身纹样为预先设计的纹样，瓶中的花朵由扎花实验中产生的边角料制成（如图11）。图12为可拆卸的相框套，由厚帆布制成，内部为木质相框内芯，相框套在背面由抽绳固定，可拆卸清洗、更换；图13为纸巾盒套，设计时结合立体形态设计扎花的位置，内部为硬质塑料内芯，扎染布套由松紧带固定，可拆卸，便于更换纸芯；图14所示为一组杯垫组合，茶壶垫为六角莲花形，杯垫有圆浮萍形和莲

图8 灯具——外观效果（图片来源：自摄）

图9 灯具——夜视效果（图片来源：自摄）

图10 花瓶装饰（图片来源：自摄）

花花瓣形两种。茶壶垫和杯垫均先制版,后根据版型设置捆扎花的位置,结合运用捆扎、缝线抽褶、吊染等方法,每一个杯垫的纹样都不相同。

图 11　花朵(图片来源:自摄)　　图 12　相框(图片来源:自摄)　　图 13　纸巾盒(图片来源:自摄)

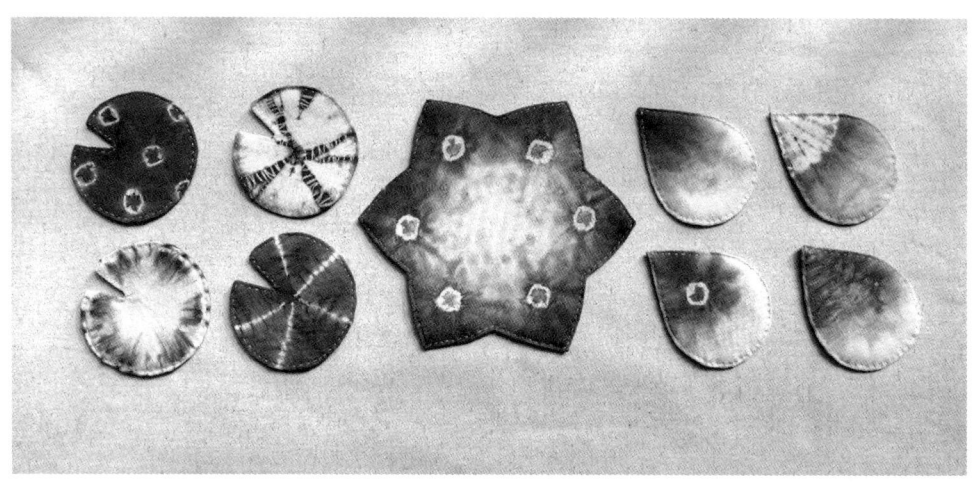

图 14　杯垫组合(图片来源:自摄)

3. 配饰

作者所制的此组配饰作品包括渔夫帽、防晒手套、发带、小丝巾、发圈、手提包等。其中,发带、小丝巾和发圈的面料为纯白色的棉麻混纺面料,染制过后色彩鲜艳,饱和度高,面料质地柔软爽滑,透气亲肤(如图15至图17)。防晒手套为成品纯棉手套,再进行扎花、染色制成(如图18)。手提包由厚帆布制成,结实耐磨,先扎染面料,再根据面料尺寸制版,双面为不同的方格元素纹样(如图19)。渔夫帽为预先制版,后根据版型裁布、设置捆扎花的位置,纹样有两种形式,间隔排列(如图20至图21)。

二、设计巧思

图15 丝巾、发圈组合1（图片来源：自摄）

图16 丝巾、发圈组合2（图片来源：自摄）

图17 发带（图片来源：自摄）

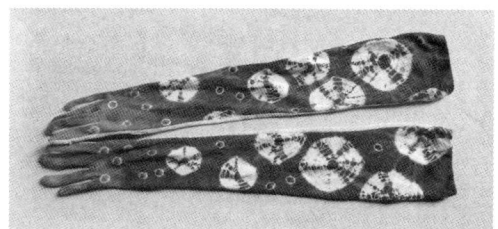

图18 防晒手套（图片来源：自摄）

图19 手提包（图片来源：自摄）

图20 渔夫帽——俯视（图片来源：自摄）

图21 渔夫帽——正面（图片来源：自摄）

结语

历经千百年传承和发展，白族扎染技艺可以被称为白族最具历史文化价值和民族文化价值的传统手工技艺之一。但是白族扎染技艺在传承与发展的道路上仍然面临一些挑战。传统的白族扎染技艺要得到更好的发展与应用，要在凸显民族特色、保持文化认同的基础上重视现代人的审美,拓展其独特的语言符号和表现形式,这样才能将其融入现代生活之中,进而找到一条保持传统技艺文化特色的同时又推动传统技艺传承和发展的途径。白族扎染技艺的传承核心是其传统的制作工艺,对于现代的设计师来说,设计工作的重点在于寻找其创新应用的形式和途径,使其更好地被时代所接受、认同,赋予其新颖的感觉。坚持不断创新、突破传统,运用适合当下的艺术语言,才能将传统技艺更好地传承。这样的传承才是有意义的、可持续的。

白族扎染技艺可以为现代设计师提供丰富的灵感,现代设计工作者应当运用具有时代特征的语言将独特的白族扎染技艺进行演绎,创作出既能代表传统民族文化内涵,又能体现当下时尚理念的作品。传统技艺和文化只有融入时代精神、适应时代的生活方式,才能有更加宽容和理性的进步;现代设计则要扎根于传统非物质文化遗产的沃土,走向世界舞台。

参考文献

[1] 傅怡,侯小锋.现代艺术视野下白族扎染视知觉再造[J].名作欣赏,2020,(27):36-37.

[2] 余宏刚.大理白族扎染工艺及其旅游工艺品开发[J].武汉纺织大学学报,2019,32(01):58-63.

[3] 金少萍.白族扎染工艺文化的传承、保护与开发[J].中南民族大学学报(人文社会科学版)2005,10-30.

[4] 周莹.试论白族扎染艺术在现代时装中的创新应用[J].纺织学报,2013,12-15.

[5] 周莹.试论白族扎染艺术在现代时装中的创新应用[J].纺织导报,2013,09-08.

[6] 朱霞.核心素养下非遗美术课程开发与研究——以大理白族扎染为例[J].美术教育研究,2018(19):96-98.

[7] 宋博文.大理白族扎染纹样的研究与应用[D].导师:赵新平.西安理工大学,2017

[8] 林芳璐.白族扎染工艺在时装设计中的应用研究[D].导师:江黎.中央美术学院,2016.

"非遗"语境下武强木版年画的传承与发展问题研究

曹玉婷[1]

摘要：中国传统文化博大精深，历史悠久的文化熔铸了强大的民族活力，而以活态形式传承至今的非物质文化遗产在其中占据了重要的位置。其中武强木版年画被列为国家级非物质文化遗产之一。武强木版年画作为河北民间传统美术的象征，见证了河北的历史发展和辉煌时刻。近年来，随着时代的发展和社会的快速转型，人们的审美情趣随着时代的改变而发生变化，"年味"不再浓厚，传统年画逐渐黯然失色，面临着被时代淘汰的风险，使得武强木版年画的保护和传承愈发重要。本文通过线上线下调研与文献研究，探究武强木版年画的传承保护与发展模式，总结发展创新思路。工艺当随时代的传承历久弥新，在传承与保护的同时，找到传统工艺与现代发展的结合点，传统审美与现代审美的平衡点，利用现代化的优势将武强木版年画价值发扬光大。

关键词：非物质文化遗产；武强木版年画；传承与发展

一、传承性与活态性：武强木版年画的传承保护

非物质文化遗产在多方面具有重要的价值，首先"非遗"在全世界的范围内体现了多民族文化的多样性，同时也向世人展示了文化积淀的优秀作品，体现了人们的强大创造力。其次，保护"非遗"满足了可持续发展的要求，对环境保护有直接的促进作用。最后，"非遗"中许多传统的民俗为人们之间的沟通建立了良好的途径，加强了各民族之间的沟通，也让宝贵的"非遗"工艺能够留存下来，世代传承。在"非遗"的语境下，武强木版年画的当代传承不仅要做好工艺的传授与传播，也应该跟随时代的脚步，敢于突破与创新。

---

[1] 曹玉婷：北京印刷学院硕士研究生

工艺传承是武强木版年画流传至今的重心所在,也是武强木版年画能否可持续发展的决定性因素。武强木版年画的工艺流程随着时代的改变和技术的进步,与时俱进地变化着。从宋朝时期的纯手工绘画到雕版技术兴起时的半印半画,到现在木版技术与印刷技术成熟后采用木版套色水印的年画制作方法。同时,纸张的材料和着色颜料也发生了变化,早期年画艺人就地取材,采用天然颜料印在手工纸上,后期多改用化学色进行印制,现在普遍采用薄而透明的宣纸,草纸用来吸潮。

一幅完整年画的完成有着固定的工艺流程,需要画师、雕版师、印刷师经过起稿、刻版、印刷和装裱这四道工序合作完成。画面构图丰富饱满,均衡对称,主要人物大而居中且全部呈现正面,突出重点,具有较高的完整性。造型采用了夸张和比喻手法,形象生动。"黑无白则不厚重,白无黑则无光洁",年画刻板以阳刻为主,兼以少量阴刻,墨线线条流畅简练。颜色强烈鲜艳,讲究搭配,色多不繁,色少不散,而且用不同的颜色来赋予不同的人物和事物不同的含义。

武强木版年画题材广泛,共分为四类。一是具有宗教特征的神类,二是表达人们美好愿望的美女娃娃类,三是戏曲小说与神话传说类,四是反映社会生活的新年画。而且形式众多,有灯方、历画、窗花、斗方、贡笺、中堂和组字对联等,不仅具有辟邪的作用,更多的被赋予了吉祥、幸福、美满的含义。其中包含着"花开富贵""连年有余"等字样的新年贺词,增加喜庆的气氛和人们对生活的美好祝愿,拥有较强的实用功能和教育性。工艺传承是对文创产品的开发与生产起到决定性作用的关键技艺。

图1 《天地三界十方真宰》
38cm×23cm 清代 武强年画博物馆藏 彩色套印

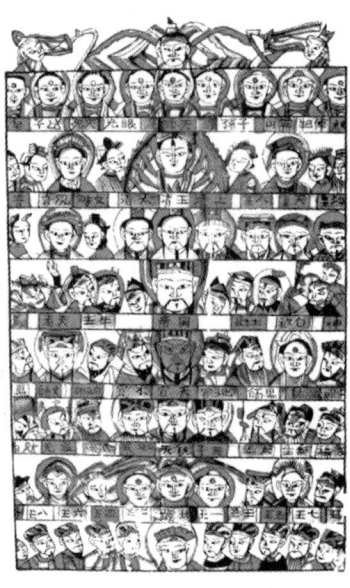

图2 《全神》
35cm×26cm 清代 武强年画博物馆藏 彩色套印

二、设计巧思

古人将技艺层次分为技、艺、道三个层次，艺则是技纯熟而熔于情，情动技自现，道行而艺现技发。其实工艺传承的不仅仅是手艺，还有情怀与精神。年画技艺多在家庭或行业内流传，家中祖辈制作年画或请教师傅。家族制与师徒制等多种形式的传承方式与模式

图3 2016年国家级非物质文化武强传统雕版传承收徒仪式

并存，其中师徒制是武强木版年画的主要传授形式。还有师徒口口相传的画诀也在木版年画绘制中占有重要地位，民间还流传着"能赠十锭金，不撒一句春（画诀）"这样的说法。

老艺人与年轻的专业技术人才之间的双向互动程度决定着武强木版年画的传承质量。第三代传承人马习钦师傅作为目前武强木版年画代表性传承人，多次举办版画培训与年画展览。2016年，14名弟子在武强年画博物馆中正式拜马习钦为师，成为第四代传承人，武强木版年画传承人队伍日渐壮大起来。

《非物质文化遗产概论》中指出了非遗的七个特性：独特性、民族性、传承性、综合性、活态性、流变性、地域性。其中这七个特性也对应着四个保护原则：本真性、可解读性、可持续性、整体性。[1] 在传承保护武强木版年画的过程中，也应该在遵循其特性和保护原则的基础上实施一系列措施。随着社会日新月异的变化发展，传统的年画市场在逐渐缩小，导致武强木版年画面临着人去艺绝的困境，生存现状及前景不容乐观。武强木版年画文创产业在保护中发展，在发展中保护的同时也要注重整体性，不仅要保护其形式与内容，也要保护传承人及其所在的文化空间和生态环境。

"保护为主，抢救第一，合理利用，传承发展"，这是非物质文化遗产保护工作的重要指导方针。在正确的保护和引导之下，"非遗"的传承和发展是相得益彰的。政府非常重视古版的抢救与现版的留存，武强年画博物馆作为全国首家年画专题博物馆保护了很多珍贵的古版和历史资料，是年画艺术之乡的象征，也是河北对外交流的窗口。武强年画博物馆相继编纂武强年画相关书籍，同时设立年画专业研究机构，与其他年画产地联合出版了系列年画作品集。政府将大韩村、曹庄等地设立为年画生产的重点保护村，

---

1 王文章.非物质文化遗产概论[M].北京：教育科学出版社，2010：426.

并对其提供相关支持，激发武强县的传统村落应对现代社会转型的自我意识，使武强木版年画获得一个稳定且可持续发展的空间。

武强木版年画的保护离不开传统工艺的传承，而工艺的传承需要专业的技术人才，为了使具有极高艺术价值的武强木版年画传统技艺得到更好的传承，老艺人的保护和年轻人才的培养至关重要。老艺人经历了岁月的洗礼后精力有限，而年轻人一是很多人对传统文化兴趣不大，二是在外务工的人数居多，年画从业者数量骤减。在武强木版年画工艺传承和文创产品开发过程中，传承人对全部技艺的了解是基础，掌握关键性技艺是核心，而培养有一定艺术素养和创新能力且具有独立设计能力的设计型艺人是新的方向。目前武强木版年画的保护措施较为完善，但是在让传统艺术焕发出新的生机与活力，构筑一个合理可持续的保护体系方面还有很大的上升空间。

二、民族性与综合性：武强木版年画的发展与创新探索

（一）武强木版年画的发展基础

便利的地理区位优势。水路、陆路交通的便利为武强木版年画产业规模发展提供了良好的地理条件。

强大的社会经济基础。武强木版年画的发展离不开政府大量资金的投入。

悠久的历史文化价值。粗犷奔放的武强木版年画，是为了满足人们过年时对美好生活的向往而产生的年俗，也是传统手工艺人的产物。燕赵文化作为武强的文化背景，环境因素和地域特点使得武强木版年画在内容上以反映农民质朴生活为主，是武强民间智慧的结晶，表达了广大人民对祖国的热爱。燕赵文化同时也带着苍劲和辛辣的味道，根据民间传说和寓言故事改编的讽刺幽默题材的年画内容风趣幽默，充满了当地人们的个性表达。

文创产品的研发与创新能力。武强成立了河北省博物馆学会文创产品专业委员会，武强年画博物馆还与衡水学院美术学院签署了馆校合作文创产品开发合作协议，体现了武强县政府对武强木版年画文创产品发展的重视。

（二）互联网背景下的发展现状

在现代观念思维的转变下，武强年画博物馆为了使观众有更好的观展体验，利用多种新型多媒体技术展示年画的魅力，并运用互联网加大武强木版年画的传播力度，积极进行网络产品的开发。创建官方微信公众号，发布武强年画博物馆资讯、通知、专题报

道。利用VR技术推出了"线上博物馆"进行智能导览云观展。华为联合武强木版年画运用5G加4K/8K超高清技术直播武强木版年画制作流程，让世人"清晰"领略武强木版年画的独特魅力。通过拍摄纪录片的形式为武强木版年画的保护与传承留下珍贵的资料。还与动漫IP合作打造了中国第一部具有武强年画风格的电视动画片《年画中的传奇》、动漫影片《十不足》，产出一系列衍生品。在支付宝集福字的新形势下，中国手艺网联合微信推出了包含武强木版年画与各地年画的年画小游戏《年画带回家》，引起了较好的社会反响。线下销售已经不能满足人们的需要，武强年画店，武强年画连环画专卖店，武强手工木版年画店等网上商店应运而生。

（三）文旅结合中的文创产品与行业发展

"武强城四方方，南关处处是画坊。大画坊，小画店，人来人往团团转。"早期画店多有常年客户上门交易或送货到各个批发庄点、画市。后期武强年画社成立后，新华书店发行成为武强木版年画售卖的主要渠道。武强年画也在多年行销中根据各地风俗习惯、审美观点的差异和需求，形成了不同内容面向不同地域发行的特点。现在以年画产业中起着龙头标杆作用的武强年画博物馆和武强年画社为主导的事业单位与个体经营并存是武强木版年画的产业现状，初步形成了武强木版年画的产业集聚区。在保证本真性的前提下对武强木版年画加以传承，规范制度框架，把握其规律，使"非遗"成为文化创意产业的独特资源。文创产业以文化为基础，以创新为源泉，以消费导向为动力。立足于武强木版年画文化产业的长远发展，在传承传统工艺和新产品开发上与旅游产业挂钩，推出系列摆件和生活用品为代表的文创产品。根据现有的资料归纳总结出武强木版年画的文创产品分为两类，一是通过变形、抽象、提炼的方式对已有的武强木版年画图案进行再应用的图案应用型文创产品；二是以传统手工艺为基础，制作针对高端收藏爱好者的传统工艺型文创。

三、独特性与地域性：
武强木版年画中经典题材与典型图案的运用

（一）经典题材的不同诠释

随着全球化进程的加快，每个民族独特的文化根基体现了"和而不同"的多元化趋势。随着南北文化交流的继承与发展，各地对经典题材都有不同的诠释，彰显了自己的文化独特性。年画题材的流通性导致相同的题材因为地域、生活环境及需求的不同，呈现出

图4 《花开富贵》
47.5cm×29.5cm 民国墨版套色,
现藏苏州桃花坞木刻年画博物馆

图5 《四季花开》33cm×59cm 老版新绘
王树村收藏

的画面和体裁也不尽相同。以"花开富贵""门神（秦琼、尉迟恭）"题材为例,将武强木版年画与"南桃北柳"的苏州桃花坞年画和天津杨柳青年画进行对比分析。

《花开富贵》作为喜画的经典作品常被民间用来祝贺新婚的夫妻,寓意多子多福,长命富贵。代表南方的桃花坞年画中的《花开富贵》通过把物体抽象为线条的方式,对线条的处理更为细腻。而代表北方的杨柳青年画中的《四季花开》是一个身着朝服的娃娃手执梅花、荷花,又有牡丹竞相开放。将具有代表性的娃娃形象与花开富贵的题材相结合,表达人们对幸福生活的追求与向往。武强木版年画中的《花开富贵》不同于南方年画的秀气细腻,整幅画面的水印效果趋向于中国传统绘画风格,构图丰满、线条粗犷、设色鲜艳。花瓶的主色调为粉红色,瓶中插满象征吉祥的四季花,象征富贵的牡丹位居其中,所以名为花开富贵。画面中充满了丰盛的瓜果、五子棋盘和古琴,厚重的书卷上的书目作为历史的痕迹展示了当时流

图6 《花开富贵》
78cm×54cm 清代彩色套印
武强年画博物馆藏

二、设计巧思

图8 《小鞭剑门神》
各 28cm×22cm 清代 彩色套印
武强年画博物馆藏

图9 《门神（秦琼、尉迟恭）》
门画 86cm×46cm 清晚期 墨版门画
现藏苏州桃花坞木刻年画博物馆

图10 《门神（秦琼、尉迟恭）》
贡尖 100.5cm×169cm 民国
天津博物馆收藏

行的书籍是《三国志》，琴棋书画的文化气息浓厚。

以隋唐时期的秦琼和尉迟恭门神形象为例，对三者进行比较分析。据《隋唐演义》记载，唐太宗因夜晚常常梦见鬼魅，秦琼和尉迟恭便戎装立门以侍。唐太宗体恤两位大将日夜辛苦守在门前，命画师绘制二位将军的真容贴在门上。"敬德月下赶秦王，打三鞭，还两锏，马跳红泥涧"。每逢年节，民间沿袭此法在门上绘以白脸秦琼和红脸尉迟恭形象以避凶邪。

三个年画产地以秦琼和尉迟恭形象为原型，加以当地特色，呈现了不同的画面。桃花坞年画《门神（秦琼、尉迟恭）》中的门神采用水印套色，两位将军各执鞭锏相对起舞，神采飞扬。与武强、桃花坞中手持鞭与锏的秦琼和尉迟恭不同的是，杨柳青年画《门神（秦琼、尉迟恭）》的秦琼和尉迟恭手持锤携弓箭，合称"对锤门神"。杨柳青年画的门神整幅画面堆金沥粉，祥云勾花衬底，彩色套金，并用手工线描笔法绘制头部脸部细节，用笔工细，画面素雅柔和，具有强烈的感染力。绿色衬底的双喜花卉纹样将门神形

163

象衬托得更加鲜明突出，华丽且庄重。武强木版年画《小鞭剑门神》中的秦琼和尉迟恭顶盔披甲，举锏扬鞭，侧头对视但身子呈正面，双腿叉开站立。画中人物身材粗壮且短，不仅表现了人物身材的魁梧，更是为了突出人物头部，长髯圆目，让人看到就有不怒自威的感觉，夸张的造型配以丰富的色彩，极具装饰效果。

（二）典型图案应用的极致化

民族性与地域性是使各地年画都独具特色的重要原因，年画在不同的地域和民族中，有其特定民族独特的思维方式，从各地年画中可以解读出年画所在地域的生活方式和习惯、价值观念、传统习俗等。文化是文创产品的灵魂所在，国内较好的年画文创产品以桃花坞年画和杨柳青年画为代表，有一个共同的特点：设计师在构思将年画中的核心价值转化为文创产品时，会选取一个最具当地特色、认知度最广、富有丰富内涵、寓意吉祥的代表作品作为文创产品的典型图案，深入挖掘其中的精华，经过提炼后加以设计，应用到各类文创产品中，将典型图案做到极致。使典型图案作为当地年画的标志，加上大众自身对当地年画的认知积累，通过辨识、判断最后产生共鸣，获得认同感。加深大众对当地典型图案及木版年画的认知度，在独特性的基础上发展多样性。

"桃之夭夭，灼灼其华。"产生于桃花坞的桃花坞年画因根植于此地的艺术特色更具传统色彩。其中的代表作《和合致祥》刻版极为精细，造型丰满敦厚，人物服饰花纹

图14 《和合致祥·一团和气》
中堂 清中期 海外收藏 墨版套色敷彩

图15 乔麦年画品牌文创产品丝巾、包
（图片来源于中国手艺网）

二、设计巧思

图17 《连年有余》 横三裁 60cm×35cm 老版新绘
天津杨柳青博物馆收藏

丰富细密，颜色搭配合理。冰梅纹围边再点缀回纹与宝相缠枝纹，更加烘托了画面的富丽端庄。通过提取人物衣饰面部神态等传统经典图案元素，结合现代审美装饰表现手法和设计手法创新年画图形，创作出了KFC、百雀羚等品牌的桃花坞木版年画包装盒。传承人乔麦创立了"乔麦年画"品牌，采用多种形式将年画运用到各处，如与一家烘焙品牌合作出了年画主题文创食品，打造了一家关于年画主题的民宿——乔麦年画客厅。

杨柳青年画中的《连年有余》受到众多收藏者的喜爱。画中脸颊饱满、肤色红润、眉眼带笑的胖头娃娃抱着一条大鲤鱼，在莲叶与莲花的衬托下，构图有重点次要之分，整幅画面显得鲜活饱满。在文创设计方面，莲年有余文创社利用网络平台用年轻的方式分享关于杨柳青年画的新鲜事儿。还有自己独立的文创商店，深入挖掘了《连年有余》和其他传统年画的精髓，使之与现代时尚元素相结合，设计出钥匙扣，移动电源，鼠标垫，儿童蛋壳包，福禄寿大三吉潮袜，与品牌联名的运动鞋等兼具艺术美学与实用创意的文创产品。

《六子争头》是武强木版年画的代表作品。最初出现在年画作品《九九消寒图》中，经过不断完善，出现了各种风格与内容的画面形式。这张年画利用三个娃娃臀部、头部和身体的相互借用，形成六个娃娃的图案，寓意着六六大顺。画面四周绘有牡丹、荷花、山茶、菊花和十二生肖，取之平安吉祥之意。图案色彩以红黄蓝三原色为主，配以黑白多版套印呈现多种色彩对比鲜明。在文创产品设计中，加入当地特色，将流传于河北省武强县的一种古老的民间年画工艺品、被誉为武强年画一绝的张搭与六子

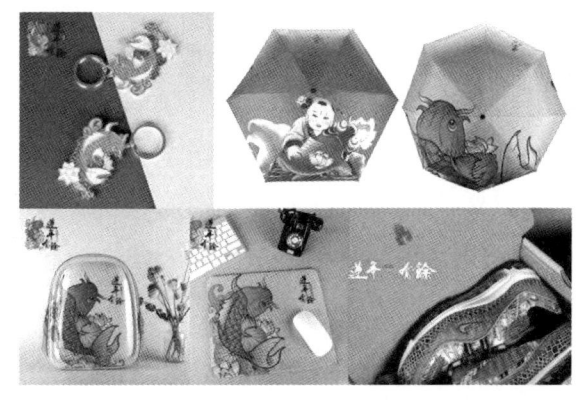

图18 文创产品钥匙扣、雨伞、儿童包、鼠标垫、鞋 莲年有余文创社

165

图19 《九九消寒图》 23cm×34cm 清代 武强年画博物馆藏

图20 《六子争头》 武强年画博物馆藏

争头图案结合，两者相交创造出富有双重内涵的传统工艺产品。但六子争头图案相关的文创中传统工艺类产品占多数，设计性不强。在调研过程中，发现武强没有优秀的本土设计品牌，唯一运用现代设计方法与六子争头图案相结合的文创，是在一家制作全国各地年画文创商店——豫游纪中的六子争头绘本礼盒，这使得武强木版年画文创产品难以进入到高层次、高质量、高品位的市场，同时也代表有很大的上升空间。

四、本真性与可持续性：武强木版年画的发展与转型

（一）打开年画市场、加强知识产权保护

年画市场随着时代的变化而有所改变，但市场是最重要的推动力量，打开年画市场成为文创发展的必经之路，也决定了武强木版年画文创产品的发展走向。同时应建立健全相关政策与经济制度，根据武强本地年画企业和年画文创机构的具体现状给予相应的生产性保护，如给企业相应的扶助资金，解决贷款、场地等需求，在市场发挥作用的同时，建立宣传营销渠道和平台和进行年画品牌建设。而年画相关的知识产权力量比较薄弱，应向武强木版年画传承人及相关设计人员普及知识产权知识，加强知识产权保护，鼓励申请各项专利并减免其申请专利的费用。2018年武强木版年画作为各产地年画之一参与了中国手艺网所做的"年画重回春节"系列活动，进行了持续三个月的传播，取得极大的社会反响，为年画走向市场做了充分的铺垫。

二、设计巧思

图 20 《三鱼争月》

图 21 武强年画博物馆镇馆之宝《三鱼争月》
30cm×45cm 清版 墨线 武强年画博物馆藏

（二）挖掘具有武强木版年画独特性作品

在搜集资料的同时，发现武强大多都以最有名气且寓意吉利的六子争头形象来做文创产品的原型，而忽略了武强年画博物馆的镇馆之宝《三鱼争月》（图20、图21）。在冯骥才和中国民间艺术家协会领导、倡导并参加的，对武强县旧城村旧居民屋顶上秘藏古版的挖掘抢救活动中挖掘到此古版。整个画面充满活力，而且"三鱼争头"的思维方式与"六子争头"相同，经考证，究其渊源与西安半坡山考古出土的仰韶文化人面鱼纹彩陶盆相对应。其中的"月"谐音于"跃"，是民间年画中惯用的谐音手法。"三鱼争头"的形象也非常奇特，很像是一种符号或是图腾，三鱼争头图案在后代的民俗中还有流传，形式多变。由此看来，在设计文创产品时，《三鱼争月》不失为一个好题材，如将其中的年画文化语言符号化，并用符号化的设计形式表现出来，遵循"三鱼争头"图案构成规律进行再设计，会成为除了"六子争头"图案后武强木版年画文创产品的另一亮点。

（三）基于传统年画的创新设计转化

传统年画的传承是创新设计基础。由于乡村年轻劳动力的流失，武强木版年画的传承面临着巨大挑战。随着乡村振兴战略的推进，武强木版年画的发展对于就近解决就业、解决乡村空心化具有更重要的社会效应，同时获得传承的外在市场动力，吸引年轻劳动力从事武强木版年画的传承生产。而传统年画的创新设计转化离不开传承人与设计力量、营销团队之间的沟通和合作。设计师需要在具备创新意识和武强木版年画相关的知识储备的基础上对文创进行创新设计，创作出符合武强木版年画的特性且与产品的造型及功能相适应的文创产品。武强木版年画在这方面有所欠缺，需要加强文创设计人才的培养。在创新设计方面可以联合高校及社会机构开展武强木版年画文创产品设计大赛，集思广益，发挥更多人的创作才能，为文创产品的开发谏言献策。2019年的清华年画日新训练营中，在创作导师的指导下，以年画产地划分为由年画人+设计师+美术创作者组成的九个创作小组，以设计和创作力量对年画进行创新设计，为年画传承人解决了发展中的现实课题。其中武强创作组创作的《五子图强》，结合了新时代生活的特征，延续了传统年画的题材，同时也赋予其崭新的时代内涵，为今后的武强木版年画文创产品创新设计提供了范本。

（四）构建年画品牌价值链

随着中国传统文化与现代潮流碰撞的"国潮文化"的兴起，吸引了人们对传统文化的关注，"国潮文化"对品质、文化、个性等需求的创新，正推动国货不断焕发新的神采，让国潮品牌收获了大量的新生代消费群体，在竞争激烈的市场上闯出一片新天地。国潮的热度与年轻的态度息息相关。无论是故宫文创的热潮、《延禧宫略》的热播还是盖娅传说的文化输出，都与当下年轻人个性时尚与文化价值并存的消费偏好不谋而合，拥有广泛的文化认同和强烈的文化自信。年画文创产品需要顺应时代的需求和人们生活方式的转变，佛山木版年画与佛山文化相结合的品牌"解忧年画铺"是值得学习的范例。它将当地粤语与佛山木版年画结合创造了"SHISHI 掂档"品牌，不仅可用于春节还可用于商用场合，扩大了年画的应用范围。同时进行 VI 设计，有了落地的形象认知和产品包装，具备良好的传播效应。而武强木版年画文创产品缺乏品牌意识。文创产品品牌化有利于增强受众对武强木版年画品牌的识别性并做出相应的购买倾向，巩固品牌的市场地位，保持和增强武强木版年画的生命力，发扬年画传统文化。其中构建价值链是品牌立体化运营的核心，成熟的文创产品设计公司应从文创产品的诞生、策划、设计到制作样品、批量生产及至宣传推广、销售运营都有相应的人员，形成一条完善的产业链。打造传承人与品牌合作的新形式，以文创产品品牌为媒介，衷于原创的文创产品为物质基础，武强木版年画的文化内涵为语言，创造出属于武强木版年画独有的潮流。

（五）数字媒体技术与文创产品的融合

伴随着现代化传播媒介的多元发展，互联网与数字媒体的更新换代成为推动文创产业发展的关键性力量，也为文创产品的开发带来创新性的动力。武强木版年画文创产品可以利用数字媒体技术，将年画中的画面、文字与声音动效融合起来，形成具有立体感的文创产品，增强不同形式的传播媒介之间的联系性。会动的 AR 门神画作为武强木版年画文创产品的初次尝试，说明武强有数字媒体技术与文创产品融合的意识并朝之发展。在互联网高速发展的时代，以开放的态度关注现代设计、自媒体、网络销售等新经济文化形式对武强木版年画所产生的影响。尤其自媒体时代下各种新媒体营销手段层出不穷，各种非遗产品交易平台也应运而生。作为国内首家非物质文化遗产艺术品交易平台的"绝艺"整合了百位非遗传承人、设计师及供应链管理体系，以满足品牌化、品质化的市场需求，推动了非物质文化与互联网技术和金融相结合。抖音也推出了"非遗合伙人"计划，通过加强流量扶持、提高变现能力、打造非遗开放平台及开展城市合作等方式，全方位助力非遗传播，帮助发掘非遗的文化和市场价值，让非遗被更多人看见。武强木版年画传承人应积极主动地利用抖音短视频、微博、微信、直播、绝艺等这些大众喜闻乐见的新媒体和非遗产品交易平台，通过直播工艺过程、微博转发抽奖、微信公众号推送信息等多种新媒体营销方式，吸引更多关注，拓宽互联网传播渠道，提升自身的知名度和影响力，增加文创产品销量，从而传播武强木版年画文化，增强大众的文化保护和文化传承意识。

（六）开展多领域的跨界合作

在新时代的形势下，许多品牌纷纷跳出舒适圈在其他领域寻找与探索新的品牌形象和用户群体，开展跨界合作。跨界合作跨越了两个不同的领域，让不同意识形态的元素与文化相互渗透从而产生新的亮点，代表一种新锐的生活态度和审美方式。为了使传统文化焕发新生，故宫首次开放十幅故宫典藏名画与腾讯共同打造"古画会唱歌"NEXTIDEA音乐创作大赛的全新文创项目，每首歌都是由一幅著名古画改编而成，让音乐与绘画两种最历史悠久的艺术形式跨界融合，激发更多的年轻人关注中国古代绘画，用音乐的形式让传统文化"活"起来。而年画文创也不例外，天津杨柳青年画与 NIKE 首次跨界合作设计了一款印有经典图案"连年有余"的运动鞋，销售火爆。跨界合作中产生的交流与碰撞越激烈，催生新事物的生命力和竞争力越强，而且跨界对于网状的知识结构的要求越来越丰富，具有交叉学科性质的现代设计也越来越具备文化意义。武强木版年画文创产品在设计开发中也可以结合本地特色，与武强文化产业中较为突出的乐器、周窝音乐小镇板块开展多领域的跨界合作，从传统到现代，从有形到无形，凝聚成自身独特优势，在新领域中寻找属于武强木版年画文创的新风格。

五、总结

在"非遗"的语境下，武强木版年画不仅要做好传承与保护，更应该紧随时代发展进行自身的突破与创新。在传承模式方面，突破年龄、性别等各个方面的局限，树立科学且全面的技艺传授观念与模式，以传承人为核心，在物质与精神上对老艺人多多关心，对新艺人重点培养，营造良好的工艺氛围，提供平台支持。在传播方面，应在互联网背景下结合新媒体技术，通过线上线下多元的传播途径，扩大其传播范围。现代科技水平的飞速发展为文创开发提供了多种技术支撑和拓展空间。武强木版年画作为一种传统的版画工艺，在具有工艺品特性、图案精美和文化内涵的基础上改变其载体与介质加以现代设计，紧跟时代适应不同层次、不同文化、不同品位人群的需要，转化为符合现代生活需求的文创产品。在可持续发展的大环境下，文创产品使用天然材料、环保的加工过程更符合当今绿色消费的趋势，具有巨大的市场潜力。文创产品作为武强木版年画与大众两者连接起来的沟通桥梁，将武强木版年画这一传统工艺推入人们的日常生活，使大众透过产品的物质属性、外观功能等体会到武强木版年画更深层次的文化魅力。而武强木版年画的创新发展除了文创产品的开发，也在于通过创新让武强木版年画的应用场景还继续存活于人们的生活当中，更好地将年画的历史文化价值传承下去，焕发出新的生命力。

参考文献

[1] 冯骥才.中国木版年画集成：武强卷[M].上海：中华书局，2007.

[2] 王燕.传统手工艺的现代传承[M].南京：译林出版社，2016.

[3] 王文章.非物质文化遗产概论[M]北京：教育科学出版社，2010：426.

[4] 薄松年.武强年画的艺术特色[J].天津美术学院学报，2008(04)：56-59.

[5] 刘维尚，王桂莉，贾丽.武强年画民艺历史探源[J].兰台世界，2015(04)：61-62.

[6] 白丽荣，卫立冬，及月华.民间艺术的奇葩——武强年画[J].衡水师专学报，2001(04)：25-27.

[7] 刘魁立.非物质文化遗产的共享性本真性与人类文化多样性发展[J].济南：山东社会科学，2010(3).

[8] 刘晓洁.天津杨柳青年画衍生品创意设计研究[J].艺术教育，2019(03)：187-188.

[9] 邱小松，王烁.图像的自叙——探寻武强木版年画工艺变迁[J].艺术研究，2019(06)：46-49.

[10] 马云霞.河北武强木版年画的传承与发展研究[D].河北师范大学，2016.

[11] 李雯君.苏州桃花坞木版年画的装饰语言研究[D].湖北工业大学，2012.

[12] 王飞.武强年画中民俗文化的表现研究[D].河北大学，2013.

[13] 胡毋意.文化创意产业的原创力研究[D].复旦大学，2010.

[14] 王海丰.新兴木刻运动中的一支劲旅[D].中央美术学院，2014.

三、传承传播

北京段运河文化遗产传承存在的问题与对策分析

黄琪[1]

摘要： 京杭大运河承载着数千年的华夏文化基因，蕴藏着中华文明丰厚的活态文化遗产，是中华民族的文化象征。该文从大运河北京段自然文化遗址消失破坏、运河遗产功能丧失、运河文化遗产遭到城市建设的冲击等存在的问题出发，探讨北京段运河的传承与保护的方法与对策。

关键词： 北京段运河；存在的问题；对策分析

一、北京段运河文化遗产传承保护存在的问题

大运河工程不仅代表着古代水路交通的辉煌成就，还具有在改朝换代中沉淀的文化底蕴。大运河，既是一种文化，也是一种社会现象。大运河把各不相同的地域文化及民族特色等关联起来，具有多样性、包容性和开放性等特征的大运河文化不仅显现中华文明，宣扬国家形象，同时还增强人民的文化自信和民族自豪感。北京段运河是京杭大运河的端点，京杭大运河给北京提供了长流不息的有利条件，而北京特殊的职能属性和需求，反过来也为京杭大运河的发展起到了极大的推动作用。但是，由于近百年来的自然变迁以及人为的破坏，再加之有关部门的保护工作力度不到位，导致大运河在逐渐衰败，不再繁华。目前，北京段运河出现了一些问题。

首先，北京段运河文化遗产受到污染、破坏。如运河的历史水源出现断流。白浮泉、玉泉山的泉水几乎断流。由于人口的增加，地下水持续开采，导致水位下降，以及上游十三陵水库的修建及防渗处理等工作的开展，使得白浮泉的泉水流量逐渐变小，最后出现断流。加之玉泉山泉的出水量跟大气降水与河流入渗有关，但由于地下水被长时间的

---

[1] 黄琪：北京联合大学艺术学院硕士研究生

过度开采，导致地下水逐渐干涸、水位也持续下降。而永定河的水质恶化等一系列地质环境与生态环境问题，也导致了玉泉山泉水的断流。北京段运河河道因污染严重而失去水源作用。如通惠河污染很严重，河的两岸堆满了各色各样的塑料瓶、包装袋等废弃物，人们无须靠近就能闻到很刺鼻的恶臭味。污染如此严重的河道，不但不能作为水源，还严重污染环境。

其次，北京段运河文化遗产的功能在丧失。如运河河道基本丧失原有漕运功能。虽然在明末清初时期，漕运商贾盛极一时，但如今的漕运码头河坝上只剩下了两旁的绿化带。由于上游水库拦储，截走了水源，加之两岸农田灌溉，导致局部河道水深只有几米，达不到通航的标准。还有一部分遗产点被完全废弃、闲置。运河北京段的澄清上闸，也早已废弃不用了。在过去，因为通惠河的水量逐渐变少，澄清上闸也逐渐不再使用。在经受风吹日晒雨淋过后，澄清上闸变得更加残破，只剩下一些遗迹。

最后，北京段运河文化遗产遭到现代城市建设的冲击，如什刹海。什刹海位于北京市西城区，毗邻北京城中轴线，在现代化城市建设中，周围逐渐建起了适合办公、餐饮、娱乐等多种功能的综合高档建筑楼房。这些现代化建设所带来的风潮如果不把控好度的话，势必会对什刹海的传统文化底蕴造成冲击。当下，北京段运河文化遗产的系统整体性及安全性在面临着十分严峻的威胁和挑战。

二、北京段运河文化遗产传承的对策分析

（一）多层次立体化保护

北京段运河的文化遗产既有历史上留存下来的物质文化遗产，又蕴藏着丰富的非物质文化遗产。所以我们应该以可持续的方式去延续它的文化形态，让其在现代生活中以合适的方式继续发挥它的文化价值。针对北京段运河文化遗产的传承问题，我们应该从运河的自然环境保护、物质文化遗产保护以及非物质文化遗产保护三个方面对其进行立体化保护。

在运河的自然环境保护上，除了建设防洪、航道疏浚、水工设施保护及输水河道工程外，北京段运河文化遗产点上不允许再建设其他工程或者进行爆破、钻探和挖掘等作业。对于已经造成大运河或运河周边环境污染及威胁的设施，政府部门应该加大力度予以整治。在对运河环境进行保护及整治后，相关部门可以因地制宜地开展运河不同河道的生态养人工作，如建设运河生态公园等，以此促进人与自然和谐发展，构建人与自然共生共荣的生态理念，展现北京段运河绚丽多彩的文化风貌。

在运河的物质文化遗产保护上，我们应该尽可能地对现留存的物质文化遗迹进行保护。针对白浮泉、玉泉山的泉水断流情况，相关部门应该培养居民节约用水习惯，合理配置生活、工业、农业用水，严禁工业生产对水资源造成污染及浪费。严格限制开采地下水，对各村、企业及事业单位私自开凿自备井的行为予以教育及警告，加强水位及水质监测，确保运河水质安全。针对北京段运河仓库、码头等遗产功能丧失问题，政府相关部门应该在解决河道污染及水源断流问题后，在能达到通航标准的前提下开通航道，重新通航，即使不作为运输货物的交通渠道，也可以用来作为北京段运河的一个观光景点，让生活在运河两岸的人民或者游客可以乘轻舟或者坐快艇来观赏运河的风光。至于北京段运河上闲置的一些粮仓或者仓库，也可以在有关部门的组织安排下重新投入使用，仓库不一定按照以前那样去行使它的功能，我们可以结合时代特色以及迎合当下人们的精神需求，将过去封闭的仓库用来陈列一些过去的旧物件，做成一个时光展览馆。这样的一个举措不仅能传承北京段运河文化遗产，还能在观赏旧物件的时候与北京段运河历史来一场有深度的交流对话。针对澄清上闸被废弃问题，可以通过恢复通惠河的漕运功能，让澄清上闸重新得到利用，也可以让澄清上闸作为古建筑遗迹留存。这样在人们观赏这些古建筑及碑文时，也能感受澄清上闸当时的繁荣景象。对于什刹海遭到冲击的问题，最先要实施的是保证街区的特色和品质。什刹海地区具有浓厚的传统文化，而后来开发建设的一些餐饮、娱乐等场所，它们所代表的文化大多现代气息浓厚，尤其酒吧文化具有显著的外来文化特征。而这必然导致传统文化与外来文化的交融与冲突，外来文化的进入势必会带来破坏与开发两方面的影响。所以对待这种因城市开发建设而带来的文化冲击问题，最关键的是要处理好外来文化与传统文化的融合问题。我们应该在保护好传统文化，制定好相关规章制度及规范经营的前提下，让外来文化给本地区注入新鲜血液。

在运河的非物质文化遗产保护方面，我们应该进行有针对性的保护。如北京段运河的运河船工号子、军粮密符扇等非物质文化遗产。运河船工号子是运河的一个鲜活的历史记忆，由于运河断流，使得船工号子失去了生存的空间。对此，我们应该寻求会唱船工号子的老一辈人并通过录音或视频的方式学习并将之保存下来。而对于军粮密符扇，它是运河漕运文化的见证物之一，它承载着非常丰富的历史文化内涵。但由于运河漕运、仓库等功能的丧失，军粮密符扇也就停留在了历史的印记里。目前只在通州还能找到一把军粮密符扇，但早已有了岁月的痕迹，十分残破。就此，我认为相关部门应该竭力对其进行修复，然后将其保存于非遗博物馆进行展示。运河船工号子与军粮密符扇都是运河文化最有力的见证物，它们都蕴藏着丰富的运河文化。我们应该齐心协力，把运河非物质文化遗产所蕴藏的历史文化及文化价值好好地保护和传承下去。

（二）借助政策导向发展运河文化带

保护北京段运河，不仅能促进北京的经济发展，同时还影响着北京这座城市的文化气质。大运河滋养着北京，北京也呵护着这条河。为贯彻习近平总书记对大运河文化的重要批示精神，保护好、传承好、利用好大运河文化资源，北京市发改委会同相关部门编制了《北京市大运河文化保护传承利用实施规划》（以下简称《规划》）《北京市大运河文化保护传承利用五年行动计划（2018年-2022年）》（以下简称《行动计划》），北京市在制定《规划》《行动计划》时一直坚持高站位——把大运河文化保护传承利用作为贯彻落实党的十九大精神的实践，在建设社会主义文化强国的整体格局中，围绕"四个中心"功能，谋划优化提升大运河文化带的功能作用。坚持抓落实——无论是空间、政策，还是项目，都要坚持以目标为导向，以保证让大运河文化保护传承及利用这一项任务落地。

在北京段运河保护传承上，北京从"千年运河"文化遗产与生态都得到有效的保护出发，发挥运河文化对优化提升首都功能布局的支撑作用，展现中华文化魅力和时代风采。在运河保护问题上，北京计划从2025、2035和2050年三阶段对北京段运河文化保护传承开展了中长期的统筹规划。在2025年，大运河文化带的文化内涵更加丰富；大运河文化带品牌影响力显著提高；大运河文化带生态环境整体改善；大运河文化带沿线区域协同发展更加深入。而在2050年，北京段运河将全面建成魅力、协同、多彩及美丽运河，大运河文化带也将成为满足人民日益增长的美好生活需要的民心工程、"千年运河"中华文明金名片的标志工程。这些规划将有助于更好地传承与利用北京段运河文化遗产。

（三）以文创促进运河文化遗产的发展

运河文化除了具有精神层面的意义外，还具有实际效用，它能够将不同地区、毫不相识的人们的信念紧紧联系在一起，所以在运河文化传承上不能将它束之高阁，而应该将其作为人们生活、民俗习惯的一部分，进而形成一种文化现象。我们应该探索北京段运河的文化价值，将其与文创产业相融合。通过获得大众对运河文化价值以及文化符号的认同感，来激发大众对于运河文化保护及传承的热情，同时也可以将运河文化融入当下文化创意多种产业模式中，深入挖掘和丰富大运河文化内涵，最大程度发挥其文化价值。所以，在进行运河文化与文创产业结合时，我们要做的就是研究和探索运河文化和文创产业二者之间的连接点及契合点，通过研究探寻其中的联系进而从中提取运河文化中具有代表性的民族地域文化，比如在饮食、戏曲、商业、艺术等文化中选择其中能够引发大众共鸣的一个点，从该点进行切入，并结合时代特点对其进行再创作、再生产，让北京段运河文化遗产不再只是冷冰冰的陈列在展览馆或博览会当中。我们应该让北京段运河文化遗产踏着轻快的步子走入到人们的日常生活中，让大众近距离了解和认同运河文化，并因此感到骄傲。另外将运河文化与现代生活进行有机融合，从而创造出具有运河文化特色的文创产品，这也是民族文化自信的一种体现。

（四）将科技与运河文化遗产相融合

随着人工智能时代的到来，我们可以运用人工智能为运河文化遗产的保护、传承提供数字化、精准化及场景化的全新路径，从而搭建遗产保护智能大数据平台、文化传承智能传播以及旅游开发智能终端平台。首先，大数据可以实现以数字化的方式来保护和传承北京段运河文化遗产。对北京段运河文化遗产的传承而言，大数据可以给文化遗产保护提供全新的生产方式，系统通过对运河文化遗产数据的获取、存储以及处理形成运河文化遗产的一个动态数据库，这个动态数据库不仅能实时监控非遗状态还能提供相应的对策，还能将其资源化，从而最大限度地挖掘北京段运河文化遗产的独特价值。其次，智能算法可以实现文化遗产的传承精准化。在2017年，我们国家发布了关于推进数字文化产业发展的相关指导意见，意见鼓励对非物质文化遗产等相关文化资源进行数字化转化和开发，以寻求民族传统文化的创新性发展。如果将北京段运河文化遗产数字化，并加入现代设计元素，不仅可以实现对文化遗产的保护，还可以加深社会大众对其深厚文化及价值的理解。在人工智能时代，智能算法通过借助大数据进行深度学习，对运河文化背后的历史故事、意象、风俗等进行深入的剖析，有助于整合文化遗产资源。在传承过程中，不同种类的文化遗产素材也可以与VR、AR等技术充分结合，打造沉浸式文化产品，让大众能够在虚拟的世界中领略京杭大运河当年的盛况。

三、结语

北京段运河是京杭大运河的端点，它蕴藏着丰厚的文化遗产，犹如中华民族流动的血脉。所以我们应该做好北京段运河文化遗产的传承保护工作，深入挖掘和丰富北京段运河的文化内涵，通过获得人们对运河文化价值以及文化符号的认同感，来激发大众对于运河文化保护及传承的热情，增强民族文化自信以及人们对运河文化的自豪感。

参考文献

[1] 张志平,商建辉.人工智能时代大运河文化遗产的保护、传承与利用[J].文化学刊,2019(10):55-57.

[2] 方静.论大运河特色文化遗产活态传承利用-——以常州段运河为例[J].中国名城,2018(12):92-96.

[3] 朱季康.大运河文化带沿线城市非物质文化遗产保护与传承工作的现状、分析和提升策略[J].地域文化研究,2020(04):52-62+154.

[4] 李帅康,徐长贵,张圆圆.论如何传承和保护中国大运河文化遗产[J].南方农机,2019,50(08):211.

[5] 叶楠,崔琪.大运河北京段遗产保护规划[J].中国名城,2011(09):49-53.

[6] 张旭嫒.从"非遗"到文创——大运河文化的传承与创新[J].戏剧之家,2020(02):193-194.

[7] 孙凤华,杨勇.加大地下水回补力度 推进水生态文明建设[C].北京水问题研究与实践(2018年).2019:120-126.

[8] 谷健芬,杨勇,刘立才.玉泉形成与断流原因及恢复措施分析[J].北京水务,2018(01):27-32.

[9] 郭欣.白浮泉:京杭大运河北起点[N].北京日报,2017-07-27(017).

[10] 夏青.60年来什刹海的变化[C]//史苑撷萃:纪念北京史研究会成立三十周年文集.2011:162-173.

[11] 石永民.试论对京杭大运河非物质文化遗产的保护[J].现代城市,2007,2(03):49-52.

在非遗语境下谈振兴传统工艺

尚青玉晶[1]

摘要：本文以传统工艺的内涵及其非物质性的核心本质为出发点，在非物质文化遗产保护与传承的语境下讨论振兴传统手工艺的方式与意义，并提出创造性转化与创新性发展，振兴先育人，建立传统工艺集聚区等振兴传统工艺的具体方式。

关键词：非遗；振兴；传统工艺；工艺集聚区

2017年1月，中共中央办公厅、国务院办公厅印发了《关于实施中华优秀传统文化传承发展工程的意见》[2]，对实施中华优秀传统文化传承发展工程提出了指导性的具体要求；同年3月，原文化部、工业和信息化部和财政部制定的《中国传统工艺振兴计划》[3]经国务院同意并发布，该计划明确了未来几年我国振兴传统工艺的重要意义、总体要求、主要任务和保障措施。这些政策的颁布体现了近年来党和国家对传承和发展我国优秀传统文化特别是传统工艺的高度重视和战略远见。当下，在非遗学术领域继续探讨如何振兴传统工艺，有着非常现实的意义，且十分必要和迫切。

一、传统工艺的内涵及其非物质性因素

在工艺发展史上，我们惯常把传统工艺称之为工艺美术。工艺美术是美学和生活的结合，是艺术和科学的产儿，和人民生活紧密相连，它通过衣食住行等生活各个方面服务于人民。从工艺美术的种类分，可分为生活日用品和装饰欣赏品两大类。前者如花布、陶瓷、

---

[1] 尚青玉晶：中国艺术研究院研究生院博士研究生
[2] 《中共中央办公厅国务院办公厅印发<关于实施中华优秀传统文化传承发展工程的意见>》，中华人民共和国中央人民政府官网，http://www.gov.cn/zhengce/2017-01/25/content_5163472.htm
[3] 《国务院办公厅关于转发文化部等部门<中国传统工艺振兴计划>的通知》，中华人民共和国中央人民政府官网，http://www.gov.cn/zhengce/content/2017-03/24/content_5180388.htm

家具等，后者如牙雕、玉器、景泰蓝等。[1] 从这个定义来看，对于工艺美术类的非物质文化遗产的传承与保护的核心在于其物质生产的技术性因素和精神生产的文化性因素。

二、振兴传统工艺是非遗保护工作的重要组成部分

联合国教科文组织《保护物质文化遗产公约（2003）》在第二条关于非物质文化遗产的定义中，将"非物质文化遗产"的内容涵盖为五个方面，分别是：口头传统和表现形式，包括作为非物质文化遗产媒介的语言；表演艺术；社会实践、仪式、节庆活动；有关自然界和宇宙的知识和实践；传统手工艺。[2] 这从根本性的层面确立了传统工艺是非物质文化遗产的重要组成部分。从《保护非物质文化遗产公约（2003）》中关于振兴的表述来看，可以得到这样的结论——"'振兴'是非遗保护的最高级别，其相应的英文表述是 revitalization，也即，让非遗项目恢复甚至赶超其历史上最活跃的时代。"[3] 振兴传统工艺是非物质文化遗产保护工作的重要组成部分。

2004 年我国正式加入《保护非物质文化遗产公约》。自 2006 年我国设立首个"文化遗产日"（2016 年更名为"文化和自然遗产日"）以来，已经走过了 16 个年头。这 16 年来，我国结合现阶段的具体国情，以自身实践在非物质文化遗产保护与传承的道路上不断探索并取得了一定成效。在 2019 年 6 月 8 日——我国第 14 个"遗产日"时，文化和旅游部非遗司及相关机构在广州召开了 2019 年"文化和自然遗产日"优秀案例发布会，集中发布了非遗与旅游融合、国家级非遗代表性项目保护实践、传统工艺振兴三个方面的优秀案例。这表明在具体实践中，传统工艺振兴作为非物质文化遗产保护工作的重要组成部分，在国内逐渐引起了普遍的关注并被大力推进。

三、振兴传统工艺的意义

（一）提升文化素养，改善自然环境

非遗保护的宗旨，是更好地促进人的全面发展。传统工艺是从人们的衣食住行中诞生并繁衍发展的，它与人们的生产、生活息息相关。从这些传统工艺中，我们可以见人

---

[1] 田自秉.中国工艺美术史 [M].北京：东方出版中心，2010：1.
[2] 《保护非物质文化遗产公约（2003）》，中国非物质文化遗产网·中国非物质文化遗产数字博物馆，http://www.ihchina.cn/zhengce_details/11668
[3] 陈岸瑛.振兴中国传统工艺的目标和标准 [J].民艺，2018(05)：52-56.

见物见生活见时代，人的方方面面都可以反映在各类工艺美术作品中。传统工艺与人们的日常生活日夜相伴，由此产生的审美趣味及创造行为则已经成为传统文化的重要组成部分，并在人们的日常生活中潜移默化地发挥着教化作用，提升人民群众的文化素养。传统工艺是建立在追求人与自然和谐的生态文明基础上的生产方式。传统工艺中不乏环保绿色可持续的造物创意，比如以废弃的麦秸秆来做鸡蛋的包装。再如我国古代工艺美术精品的典型代表——西汉长信宫灯，强调功能与装饰、形式与内容的高度统一，兼具实用性和审美性，既是儒家"文质彬彬"工艺思想的集中表现，也是绿色环保设计思想的真实体现。所以振兴传统工艺可以全面提升人民群众的文化素养，为绿色设计提供设计思路，利于改善自然环境，也是实现人类社会和谐可持续发展的必然要求。

（二）助力精准扶贫，推动乡村振兴

振兴传统工艺的意义还在于可以助力精准扶贫和推动乡村振兴，这是牵一发而动全身的多赢之举。在以传统工艺项目为抓手促进就业增收方面的例子比比皆是。据数据显示，目前，国务院公布的 4 批 1372 项国家级非遗代表性项目中，传统工艺类项目占总数的 30%，它们凝结着历史的厚重与智慧，也在日常生活中发挥着举足轻重的作用。如以藏传佛教、神话故事、史诗、藏族历史人物及传统知识为内容，以唐卡、壁画、堆绣、雕塑等绘画造型为表现形式的热贡艺术正是其中的典型代表。热贡艺术诞生于青海省同仁县，是当地众多农户代代相传的一门手艺。近年来，通过把传习所建设与文化产业发展相结合等多种形式，热贡艺术在同仁全县遍地开花。据统计，截至 2018 年底，同仁县共有热贡文化企业 133 家，从业人员 2.1 万余人，全年经营收入 7.51 亿元，同比增长 20.04%，人均增收 3.6 万元，昔日祖传的传统工艺已成为同仁县百姓增收致富的法宝。[1]通过弘扬和振兴传统工艺，切实使当地居民脱贫致富，取得了显著成效。随着非遗助力精准扶贫的大力推进，越来越多的人正在利用一双巧手和一项技艺脱贫致富。传统工艺也是推动乡村振兴的重要抓手。浙江省磐安、泰顺等地采用"合作社 + 公司"的发展模式，推动非遗联姻旅游业，村集体以土地折价入股、农户以资金和古民居入股、传承人以技艺入股成立合作社，运营非遗相关体验项目。乡村非遗体验游的开展既推动了当地非遗项目的传承发展，丰富了乡村旅游业态，又带动了当地农户就业增收，有力推动了美丽乡村建设，带动了乡村振兴。[2]

---

[1] 《非遗助力精准扶贫行稳致远——看见文化的力量》，中国非物质文化遗产网·中国非物质文化遗产数字博物馆，http://www.ihchina.cn/news_1_details/19245.html

[2] 《非遗助力扶贫·共筑美好生活——脱贫攻坚和乡村振兴中的非遗力量》，中国非物质文化遗产网·中国非物质文化遗产数字博物馆 http://www.ihchina.cn/Article/Index/detail?id=19182

（三）增强文化自信，实现民族复兴

文化是一个国家、一个民族的灵魂。实现中华民族伟大复兴的中国梦，不仅包括器物层面的赶超、制度体系的完善，更离不开中华文化的发展繁荣。传承和振兴传统工艺，使我们能更清晰更深入地认识根植于民族深处的中华优秀传统文化；传承和振兴传统工艺，就是保护好中华民族赖以生存和发展的文脉根基，文化的发展才是有源之水，用之不竭；传承和振兴传统工艺，能激发全民保护传承文化遗产的文化自信和文化自觉；传承和振兴传统工艺，有助于建设社会主义文化强国，增强国家文化软实力，对最终实现中华民族伟大复兴的中国梦具有重要意义。党的十八大以来，以习近平同志为核心的党中央带领全国人民提振全民族的文化自信，从文化战略上引领传统工艺美术的振兴，使工艺美术的发展更加注重传承民族文化情怀、关注本土生活方式、展现中华审美风范、凸显文化价值导向，从而突破困局，为传统工艺的传承、发展、振兴迎来新的生机。

四、振兴传统工艺的方式

（一）创造性转化，创新性发展

习近平总书记在十九大报告中提出，要"推动中华优秀传统文化创造性转化、创新性发展"，这句话为今后我国文化建设事业的发展指明了方向。针对传统工艺的振兴而言，贯彻"双创"方针符合新时代发展的要求。"面对传统工艺美术的衰微和变化，要使之实现新的复兴，就要探讨振兴传统工艺的科学发展路径，重点要解决如何实现传统工艺与现代生活的结合以及与新时代相适应的问题。"[1]传统工艺在新时代背景下需要创新发展，就是要实现传统与现代的结合。中华造物史上向来有"古为今用，推陈出新"的传统，我们应当发扬好这一优秀的传统思想，使传统工艺与现代设计之间进行有机转化。不可一味仿古，也不可盲目创新。积极开发衍生产品及文创产品，深度发掘传统文化魅力，创造出为当代人生活服务和符合当代人审美情趣的日用品和艺术品，使之融入当代，共同助力传统工艺振兴。

（二）振兴先育人

振兴传统工艺的主体是人，传承的载体也是人，振兴传统工艺的核心主要在于人才

---

1 李荣启.传统工艺美术的保护传承与振兴发展（上）[J].民艺，2019(02)：74-78.

的培养。文化要发展，就需要一群有担当的文化人，能够感国运之变化、立时代之潮头、发时代之先声。振兴传统工艺也要有一批这样的领头人。活跃在民间的大批手艺人，正是文化的传承者，让风俗习惯、美食服饰、艺术表演、刺绣雕刻等代代相传。不仅有领头人，还要后继有人，这就需要我们建立起完善的传承人才培养机制，鼓励当地人退城返乡学习，传承传统工艺技术，共筑工艺振兴发展工程，激发年轻一代的民族自豪情怀，立志投身于传统工艺事业。另外，对于非遗的受众层面来讲，积极通过非遗这个文化载体开展美育教育，如非遗进校园，学生们到博物馆、非遗传习所、非遗生产基地等场所进行参观学习和接受实践教育，切身感受中国传统工艺的魅力和培养爱国情怀，无论对于下一代自身的美育，还是对于振兴传统工艺以及非遗的长远发展来说，都是需要且必要的行之有效的手段。

（三）建立传统工艺集聚区

一项传承保护发展良好的传统工艺，定当有一个适应其发展的生态系统在背后做支撑，比如景德镇陶瓷工艺集聚区。景德镇传统陶瓷烧造技艺离不开景德镇瓷都人生存空间所形成的生态系统，包括物质性的客观存在，如瓷土原料、烧造场所、历史文物等，非物质性的与景德镇传统烧造技艺相关的民间信仰、民俗活动、文学艺术、衣食住行等。所有的这些构成了景德镇发展循环良好的一个适合于其工艺发展的生态系统。景德镇之所以靠单一的制瓷技艺活色生香了一千多年，其根本原因在于一代又一代优秀手艺人的介入，即所谓的"匠从八方来"。时至当下，匠人依旧依靠血缘、地缘、业缘源源不断地来到这里，但更可喜地是越来越多的青年艺术家群体逐渐汇聚于此，形成数以万计的艺术景漂群体，他们的作品各具特色，呈现出百花齐放、百家争鸣的喜人局面，很好地呼应了景德镇国家陶瓷文化传承示范区的这项千年大计。这不失为一个以建立传统工艺集聚区来振兴传统工艺的范本。

综上所述，振兴传统工艺是非遗保护工作的重要组成部分，在非物质文化遗产保护与传承的语境下讨论振兴传统手工艺的方式与意义是十分必要的。振兴传统手工艺具有提升文化素养和改善自然环境，助力精准扶贫和推动乡村振兴，增强文化自信和实现民族复兴等意义。创造性转化与创新性发展，振兴先育人，建立传统工艺集聚区等都是目前确已初见成效的具体的振兴传统工艺的方式，这些方式今后仍然需要切实际、多样化、互利互补地协同发展，以满足不断变化的社会需求。

三、传承传播

运用多元媒介，使大运河非遗成为共同历史记忆

孙嘉[1]

摘要：大运河线路文化遗产作为文化景观，强调人类的制造、创造，以及与自然的关联，是古代先贤们历经多年的科学经验的总结和自然宇宙观念的体现，内蕴伟大的创造力。对这一非物质文化遗产的保护、传承与发展，应该找寻一条适应当下时代的路径，活化运河沿线的文化资源，有效利用多元媒介，通过合理的博物馆展览陈列、动漫和影视化的再创造，并结合网络资源，让运河非遗资源真正进入千家万户的生活中，培养民众关于运河非遗的共同历史记忆。

关键词：大运河；非遗；历史记忆；博物馆

  大运河始建于春秋时期的邗沟，由京杭大运河、隋唐大运河和浙东运河三部分组成，从开凿到现在已有两千五百余年的历史，是跨越我国中东部地区数流域的水路交通脉络，并且沟通了南北多个区域的经济、文化，与长城、坎儿井并称为中国古代三大工程。大运河具有深刻且丰富的文化属性，在物质层面，它是绵延时间长远、惠及范围广泛的运河遗产，是具备显著技术价值的水利工程，是古代中央集权国家漕运方式和经济制度的重要遗存，不仅凸显了古代人在水利工程技术方面的创造，同时也是人与自然联动的大型工程，保存至今则成为超大型、系统性、综合性的文物，反映着中国人注重人与自然繁荣相生、天人合一的和谐自然观，见证大运河地区和中国古代社会的深刻历史变革。习近平总书记对综合保护大运河高度重视，并在 2017 年 6 月作出重要批示："大运河是祖先留给我们的宝贵遗产，是流动的文化，要统筹保护好、传承好、利用好。"

  "国际古迹遗址理事会"（ICOMOS）作为国际非政府组织，工作范畴主要包括对古迹和遗址的保护，在与国际工业遗产保护委员会（TICCIH）联合编制的《国际运河遗迹

---

[1] 孙嘉：中国艺术研究院研究生院博士研究生

名录》中曾明确指出评定运河遗产的四项标准："（1）是人类创造天才的杰作；（2）在技术价值发展方面有重大影响力；（3）是体现人类历史上重要阶段的建筑或特征的突出实例；（4）与具有突出普遍价值的经济社会发展直接相关。"[1]依据这一标准，该名录将我国大运河纳入八条著名运河名单之中。在联合国教科文组织通过的国际文化线路遗产保护的基础性文件《文化线路宪章》中，对定义文化线路的标准作出如下说明："任何交通线路，无论是陆路、水路，还是其他形式，拥有实体界限；以其自身所具有的特定活力和历史功能为特征，以服务于特定的、十分明确的用途；且必须满足以下条件：首先，它必须是产生于、也反映了人们之间的相互往来，以及贯穿重大历史时期的人类、国家、地区甚至大陆之间的货物、思想、知识和价值观的多维度的持续的相互交流；第二，它也因此必须促进了其所影响的文化在时间和空间上的杂交融合，并通过其有形的和无形的遗产反映出来；最后，与线路存在相关的文物和历史关系，必须已经构成了一个充满生机活力的系统。"[2]上述文献提出的标准较为强调运河遗迹和文化线路的工程和技术价值，但对于大运河文化领域的贡献却显关注不足，无法涵盖大运河工程技术和文化内涵兼具的特质。事实上，诸如经济、社会、制度、文化、风俗等非技术要素在大运河的建设和发展中同样至关重要，也是大运河非物质文化遗产所主要考量的问题。

大运河文化是基于运河水利水运工程形成的，在漫长的历史发展沿革中，其内涵不断得到深化，外延不断扩展，所涉范围早已不再只局限于运河的技术工程，而成为印刻着中华民族发展历程的文化之河，是文化景观和文化线路，是具有综合资源的发展线路，其价值的实现是基于社会总体文明和文化的积淀，而不能用非常狭隘的概念去框定它。这个思路也将运用于我们具体的运河非遗保护和发展工作中去，即不只是单纯保护物质文明层面的遗产，更重要的是保存多元的、文化层面的遗产，将这些丰厚的历史积淀凝结成民族人民共同的历史记忆。这就要求我们运用多元的媒介手段去活化运河非物质文化遗产，综合运用博物馆展览展示功能、网络和影视媒体的传播以及相关设施的营建。

在明确了大运河的当代价值及对其进行保护的必要性后，如何保护就是我们必须要面对的问题。大运河沿线省市在学习领会习总书记指示的同时，也已经积极开展相关工作，明确活态保护、在发展中保护才是真正的保护。基于此，我们首先要做的是尽力保存物质形态的大运河文化遗产，同时积极学习和再现运河非物质文化遗产，利用市场、政策、教育等资源对其进行发展，并纳入多元的媒介手段，使之融入当代社会生活。

---

1 曹胜强.运河文化研究：第1辑[M].北京：中国社会科学出版社，2010.
2 同1.

一、进入博物馆和展览中的非物质文化遗产

博物馆在非遗保护、传承和发展中扮演着重要角色,当非遗脱离了原初语境进入博物馆时,其优势在于为大众带去更多了解非遗的机会,尤其是远距离地了解其他地区的非遗。随着我国文旅合并政策的出台,博物馆更是日益负载了文化展示和传播交流的职能,其在非遗领域所发挥的保护作用也愈加突出。

2020年11月1日,由国家历史博物馆、首都博物馆、天津博物馆、河北博物院共同推出的"舟楫千里——大运河文化展"在国家博物馆正式向公众开放。展览展出170件(套)展品,分为"一河千载通南北""货通南北利四方""千艘并进万夫牵""神工当惊世界殊""因河而兴文化盛"五部分。举例来说,在"一河千载通南北"板块中,通过国博馆藏的《大禹治水图》《运河全图》和扬州市文物考古研究所收藏的隋代《鎏金铜铺首》等展品,系统介绍了大运河两千余年开凿、流通以及治理历史,是国家博物馆首次全面系统展现大运河及其衍生文化遗产的尝试。

事实上,这一分类正好体现出大运河非遗的几大构成部分,是内蕴较为清晰的策展逻辑。从展品的选择上,我们可以看到,与单纯关注展品的艺术性不同,非遗展览更为注重展品的历史和文化内涵,以此向公众展现大运河的水利功能、开凿营建历史、通航状况,其中也涉及如何对其进行漕运管理,以及具体利用到的工程技术。传统水利的辩证思维包含除弊、防患、兴利三方面核心价值,大运河的建造和后续长时段的维护正是实现上述三大价值的体现。除弊、防患、兴利三方面内涵互为表里,彼此之间又有着矛盾的张力,需要不断地平衡、统筹三者之间的关系和占比,从而维护大运河沿线水利和经济的协调运转。而这些历史和社会性的内容则是非遗展览较为关注的方面。除了举办展览外,我国近年来也在运河沿岸地区陆续建设了多种主题博物馆作为文化展示窗口,对大运河博物馆的建立与运营是打造大运河非遗品牌、实现非遗保护资源利用最大化的有效途径。

二、具有科普性质的动画和影视化宣传

衡量一种非遗的存在状况,不能只看有多少人熟悉和运用它,还要关注它所面向的人群,尤其是它的受众群体中是否有儿童和青年人。在此,我们借用语言学方面的例子来说明这一问题。一般认为,"'濒危语言'指少年儿童已不再使用、将在一两代人之

内消失的语言"[1]。可见，有些语言尽管还有很多人使用，但因为缺少儿童和青少年使用者，而被划定为濒危语言。这个道理在非遗领域也同样适用，培养年轻一代的兴趣和认识至关重要。

将一种古老的手工艺介绍给年轻社会群体时，首先要考虑他们的兴奋点，不能一味老调重弹"材美工巧"。在现代信息化社会，对于运河非遗的保护不能仅是把它们放到博物馆冷冰冰的柜子里，而是要适应新时代的语境，正所谓"活鱼要在水中看"。《保护非物质文化遗产公约》中明确指出，所谓"保护"，就是"指采取措施，确保非物质文化遗产的生命力，包括这种遗产各个方面的确认、立档、研究、保存、保护、宣传、弘扬、承传和振兴"。将动画、电视、电影等媒介运用到非遗保护工作中，能填补文化传播领域的空白，在传媒和非遗领域取得双赢，这就是活态保护的路径。

依托普及广泛、受众群体年轻化的动画形式，将复杂、严肃甚至是有些高不可及的知识进行具象化、形象化、趣味化的表达，既不失知识普及的严谨性，也始终坚持艺术创作的趣味性、形象性。人们对于图像的接受度明显高于抽象的、文字性的读解，诉诸于视觉的艺术形式在情感交流方面也可以带来更强大的感染力。尤其是对于年轻人以及儿童来说，非遗与带有科普倾向的动画有机结合，有效降低了学习者的负担；通过 IP 化等手段，创造贴近年轻受众群体生活和内心的形象，令他们发自内心地热爱运河非遗。

许多动画作品体量较小，调性也偏向轻松，如何用这样的形式来呈现大运河悠久深厚的文化传统，如何从细节入手、由小及大，又能跳脱出单纯的卡通、娱乐的范畴，高屋建瓴地展现大运河沿线的历史文化，是需要制作团队和相关专家学者思考的问题。制作团队可以邀请大运河文化及相关领域的专家学者为动画片等影视作品进行内容方面的把关，对所涉的重要历史事件和典故、科技原理、经济和政治学知识以及文化内涵等作出理论指导。这样做，能够在对非遗资源进行活化的同时，最大限度地还原历史真实，严肃对待传统文化，保证内容的深刻性。同时，邀请多方面领域的专家，集思广益，更能够丰富动画和影视表现的全面性。

以近年来出现的与大运河有关的动画为例。《大运河奇缘》是由北京广播电视台卡酷少儿频道原创出品的首部聚焦北京市大运河文化带的动画作品，于 2019 年 12 月 28 日在北京广播电视台卡酷少儿频道首播，讲述了运河边长大的小女孩偶遇运河精灵并一起

---

[1] 2000 年 2 月在德国召开的濒危语言学会议将语言按现状分为 7 个等级，其中"安全的语言"指"前景非常乐观，群体的所有成员包括儿童都在学习使用的语言"；"严重危险的语言"指"所有的使用者都在 40 岁以上、而群体内部的儿童和年轻人都已不再学习使用的语言"；"只有少数的 70 岁以上的老人还在使用、而群体内几乎所有其他的成员都已放弃使用的语言"则被划入"濒临灭绝的语言"行列中。

保护运河的故事。在动画中，主人公的主线剧情任务是要对抗黑沙污染，以13个与传统文化有关的小故事来进行情节推动，既有对传统文化、运河文化的普及，也始终以环境保护和运河生态文明为旨归。小故事的内容包括南旺枢纽、瓜州堰、《清明上河图》，其中也涉及了许多我们耳熟能详的历史人物，如吴承恩、乾隆、贺知章等。动画以章回体的方式带领观众领略北京的风景、建筑，其中许多对历史场景的重塑和还原无疑是思接千载的，令观众在千年之后目睹古代的繁华盛景。大运河对北京城的建立具有重要意义，正如古代俗语所说："流成的杭州、漂来的北京。"因此，《大运河奇缘》讲述了"一支塔影认通州""京城辐重九州来"这样的故事，上溯大运河与北京的渊源，无异于给青少年上了一堂生动的历史课。

三、合理运用互联网资源

对大运河一带非遗的保护工作还可灵活运用网络直播方式，善于利用"两微一抖"的传播能力。同时，将优质的文化内容引入社交网络平台，也是对平台内容的整体提升。近年来，考古领域在这一方面有许多举措值得我们借鉴和学习。

例如，江西省南昌海昏侯墓考古发掘工作便是公共考古领域一次较为成功的尝试。考古学家从2011年开始对该遗址周边进行考古调查、钻探，2016年主棺枢吊装进入实验室清理发掘，直到今日，相关考古工作仍在进行中。围绕海昏侯的考古发掘工作进行了一系列面向公众的活动，其中较具代表性的工作有对挖掘现场进行的直播。江西广播电视台都市频道联合卫视频道进行了5场全媒体多屏直播，对考古前方发掘现场进行了全方位报道，并在后方新闻演播室开设主持人与嘉宾的同步解说环节，动用了诸如SNG直播车、负责信号回传的4G移动直播设备、摇臂、文物保护实验室的固定机位、GoPro以及无人航拍机等设备。这样的举措可以令观众实时洞悉一线考古动态，仿佛在近距离地参与考古工作，并对我国的文物有了一种相异于书本、博物馆的知识性理解，使观众与中国文物和文化的通感心理得到了极大的加强。除电视直播外，海昏侯墓的一系列考古挖掘工作还伴随着系列讲座和学术研讨会的举办、新闻发布会的召开，以及对阶段性考古成果第一时间进行展览展示，并在后续编纂图册、图书，制作电视节目等，将公众与考古的距离拉近，帮助民众深入解读海昏侯墓及中国传统文化内涵。

海昏侯墓的"出圈"并非孤例，各领域有很多面向公众的展示实践都很成功。早在1990年，我国便开始举办一年一度的"全国十大考古发现"评选活动，范围除了涉及常规的学术界、政府及相关部门外，更是获得了媒体和公众的高度关注。另外，如四川广汉三星堆遗址也曾利用互动式直播的方式向公众展示考古工作的进展。除此之外，在疫情期间，更是有无数的观众日夜坚守地关注着火神山、雷神山医院的建造。有网友留言："我做工程17年，第一次遇见2000万个监工的情况。"可见，在那一刻，亿万中国民众的内心紧紧联结在一块块屏幕之前，他们尽管隔着遥远的物理距离，但却因共同的历史记忆而分外亲密。这些先进经验都可以运用到大运河非遗的日常发掘、保护和发展工作中，让民众有可以了解非遗工作的途径，在闲暇时光中可以随时关注运河非遗工作的点滴，由此呈现的内容的丰富性和有趣性甚至胜过娱乐节目，在寓教于乐的同时，更能激发大众强烈的爱国情感。

因此，当下需要我们转换思路，将具有深厚历史文化内涵的非遗与自由度和灵活度极高的短视频、直播平台等相联系，根据不同的内容和传播场景的需求，合理运用传统媒介、公共媒介和网络媒介，适应"微时代"的发展样貌，以公众兴趣点反哺大运河非遗和传统文化，对非遗保护工作进行内容和形式的优化升级。网络媒体的短、平、快特性固然给今天的文化和社会发展带来一些问题，许多也早已为文化界、传播界所关注，但如果能善加利用这些特点，无疑能在碎片时间为民众带来更好的艺术文化体验，与他们产生深深的共鸣。

四、利用非遗资源，凝铸民族共同历史文化记忆

大运河沿线涉及四省二市，绵延流长，辐射范围广泛，通过博物馆的实物展示、影视和网络媒体的动态影像呈现，配合整体的文化架构，公众能够收获到的将是一个立体的、丰满的、充满情感的运河文化，在每一次与这些文化资源的接触中，将有许多真实的感受通过多元的媒介印刻在他们的心中。

大运河不仅是中国古人高超的科学技术和物质文明创造，也必将深刻地影响今天的民众生活，在国家重大发展战略和文化认同的确立中发挥作用，形成中国民众深刻的共同历史记忆，这也是大运河非物质文化遗产在今天所被赋予的使命和功能。在对大运河非遗的研究中，我们也应多加关注其所带有的文化属性和文化价值，注重其经历历史发展、进入当代社会后具有的极强的适应能力。讲述文化传承不是一个被强迫的任务，而是人们自发地认识到传统文化的美好，真心地热爱中国文化，并在当代生活中找到传统文化的定位和意义。运河非遗以一种常态化的形式融入百姓的日用生活，并润物细无声地影响和塑造着人们的生活态度、行为准则，从实用需求上升到审美需求，从生活属性上升到文化属性，从表征上升到秩序。不论是非遗、手工技艺、传统文化，还是博物馆、

动画片、网络直播，它们的整个发展史都不仅仅是技术熟练程度的不断攀升，更是观念和要求随时代更新的变化史。

  今天的我们怀着对母亲河的炽热真情，对运河沿线非物质文化遗产和历史文化进行当代的诠释，投入全部的热情和智慧去进行再创造。不断更新自身的大运河非遗可以融入现代社会，作为现代民众的内心表达而存续下来，并且它的内在精神也将不断地补益人们的现实和精神生活。运用多元媒介，凝聚民族共同历史记忆。当我们面对大运河所带给我们的文化内容时，我们便能深深感到其在我们整个民族构成中的重要意义——那便是将每一个个体与过去漫长的历史联结起来，同时也与民族国家的未来紧紧地捆在一起，每一个人都不再只是短暂、苍白的，他们不再孤独，他们的生命和记忆得到了无限的延长。而今天，在多种信息技术媒介如此发达的情况下，利用多种途径手段，让大运河非遗真正地走进千家万户，走进民众内心，走进他们对于国家、民族等概念的理解范畴中。对于我们当下的社会来说，非遗让民众真切地感受到自己作为本民族历史的一部分，每一个人的行为和选择都将作为文化的一部分，进入整个民族的历史。

移动短视频平台中的非遗传播
——以抖音为例

宋俊瑶[1]

一、非遗 + 短视频

（一）中国非遗传承和传播的现状

2011年，《中华人民共和国非物质文化遗产法》经全国人大常委会批准通过，以2001年昆曲艺术入选世界"人类口头和非物质遗产代表作"为标志，中国非物质文化遗产的抢救与保护工作，在近十多年来掀起了一个新高潮。北京大学社会学、人类学教授高丙中认为："广泛的非遗传播能为非遗保护凝聚全社会的文化共识，为传承发展非遗奠定更加厚实的基础。"传播作为《中华人民共和国非物质文化遗产法》第三条中提到的非遗保护两个措施之一，其重要性和必要性不言而喻。可以说，传承和传播就是非遗得以有效保护的"双保险"。

随着我国非遗传播工作的开展，"非物质文化遗产"成为名副其实的热词，媒体出镜率愈来愈高，社会各界广泛关注。可与此同时我们也应当看到，名词的盛行并不意味着非遗传播已经完全达到了深度传播的层次。尽管传播渠道日益多元化，机制不断健全，传播范围和影响力也进一步扩大，但我国的非遗传播工作目前还处于初级阶段，在传播具体成效、民众参与度等方面都有待进一步提高完善。

（二）短视频平台赋能非遗传播

对于长期以来"养在深闺无人识"的非物质文化遗产而言，短视频可以为其带来巨

---

[1] 宋俊瑶：中国艺术研究院研究生院硕士研究生

大的流量，流量就意味着关注度，意味着被更多人所知晓，意味着传承的可能性。根据中国互联网络信息中心发布的《第44次中国互联网络发展状况统计报告》显示，我国短视频用户人数截至2019年6月，已经达到了6.48亿。可以说，短视频平台遇上非遗，前者凭借着自身流量优势很大程度上可以为非遗的传播插上翅膀。

习近平总书记在文艺工作座谈会上作重要讲话时指出，传承中华文化要"以古人之规矩，开自己之生面"，实现中华文化的创造性转化和创新性发展。在此背景之下，以抖音、快手、微视、梨视频、火山小视频等为代表的短视频平台纷纷主动在非遗领域发力。例如2018年4月火山小视频联合中国国家地理地道风物，开展了"发现乡土之美"征集活动，呼吁保护非遗，弘扬乡土文化。[3]同年快手APP与央视财经频道联合推出了"我的家乡有非遗"主题活动，并在2019年3月发起了"快手非遗带头人计划"，紧随其后，抖音短视频也于2019年4月推出"非遗合伙人"计划。

二、抖音中的非遗内容

（一）情况概述

抖音于2020年1月6日发布的《2019抖音数据报告》中显示，现今全国1372项国家级非遗代表项目中有1275项在抖音上有相关内容的传播，覆盖率达到93%，并且展现这1275项国家级非遗的视频2019年全年在抖音被点赞了33.3亿次。2019年4月抖音在杭州推出了"非遗合伙人"计划：在全国招募50位非遗合伙人，并且力争在一年之内帮助10名传承人通过抖音实现百万收入或百万粉丝。计划发布仅一周就收到了超过2200份报名申请，其中除了各级非遗传承人之外，还有媒体、政府有关机构、MCN（Multi-ChannelNetwork）[1]公司以及致力于传播非遗的个人和机构等。此外，截止2020年2月，抖音平台中与"非遗"相关的话题多达197个，播放量均在十万以上，其中更不乏数个亿次以上的大话题。

（二）账号主体分类

1. 非遗传承人

这一部分展示非遗内容的账号归属于非物质文化遗产项目的传承人，传承人借此平台自主展示自己所掌握的非遗项目内容、文化和技术。例如抖音账号"古法造纸第十九

---

1 即多频道网络，是一种为实现流量稳定变现的网红经济运作模式。

代传承人"就是非遗皮纸制作技艺传承人本人的账号,他在抖音拥有 48.2 万粉丝,获得 517.9 万点赞[1];象山竹编传承人张心荣,在抖音收获了 467 万赞;还有"中国非遗剪影传承人刘期培",他是刘氏剪影第三代传承人,拥有 19 万粉丝和 210.7 万个点赞。

这类账号数量庞大,众多"国家、省、市、县"四级传承人纷纷"触网",点赞数可观。

2. 官方保护主体

这类账号的主体是非物质文化遗产保护的专业机构或文化主管部门。在当下的非物质文化遗产保护工作实践当中,想要使非遗以活态形式继续传承、发扬,除了妥善保存和积极保护,传播更是不可或缺的重要环节。传播既是保护的"因",也是保护的"果"。

在抖音平台当中有数个此类账号存在,例如浙江省非物质文化遗产保护中心的官方账号"浙江非遗",在抖音有 1.2 万粉丝和 2.5 万点赞;"山西非遗"是山西省非物质文化遗产保护中心的官方账号,获得 2.8 万个点赞和 3478 个粉丝;"广东非遗"是广东省文化和旅游厅非物质文化遗产处官方非遗账号,获得 6241 点赞和 1046 个粉丝;"湖南非遗"账号是湖南省文化和旅游厅非物质遗产处的官方账号,有 425 个粉丝和 3591 个点赞。

3. 公司及团体

这部分展示非遗内容的账号主体为公司、集团或社会团体。例如"南山竹海旅游"账号归属于江苏溧阳市天目湖旅游股份有限公司,是其开发的旅游景区天目湖南山竹海的旅游官方账号,在其景区内有贵州省省级非物质文化遗产"赤水独竹漂"的表演。通过展示该项非物质文化遗产项目,该景区在短短时间内就收获了 270.4 万点赞和 8 万粉丝;抖音账号"非遗有范儿"认证为郑州嘉佰伦文化传媒有限公司,拥有 4.4 万粉丝和 15.5 万赞。另外,账号"多彩湘粤·非遗相约"账号属于湖南沅陵县非遗保护传承发展促进会这一社会团体,它在抖音有 14.1 万粉丝,点赞数达到 41.4 万。

4. 媒体

这类账号主体为电视台、电台或节目摄制组。例如账号"深圳非遗"就是深圳广电集团《深圳非遗》节目的宣传平台之一,其拥有抖音粉丝 50.7 万,获赞 170.9 万;抖音账号"非遗在行动"则是上海 SMG 长三角之声《非遗在行动》官方账号,获赞 34.5 万,粉丝数为 11 万;"非遗皮一下""广东非遗合伙人"账号则都归属于南方报业传媒集团旗下非遗项目,前者拥有 33.8 万粉丝和 2.9 万赞,后者拥有 96.8 万获赞和 21 万粉丝。

5. 个人

除了以上这四类主体,还有一部分展示非遗内容的账号为对非物质文化遗产、我国

---

[1] 此处及下文数据统计截止 2020 年 4 月。

传统文化以及民间风俗感兴趣的个人,其视频内容一般不会单单展示某一种非物质文化遗产,覆盖范围较广。这类账号中既有专注于非遗内容,稳定产出视频,并且拥有一定粉丝数量的账号:如"非遗大宇",获赞 2919.9 万,拥有粉丝 124.3 万;"非遗空间",粉丝数 3.4 万,点赞数 34.1 万。又有出于兴趣,随机发布非遗内容的个人。后者的基数与前者相比较为庞大,但是影响力各有大小。

通过分析账号主体这一问题不难发现,在这五类主要的展现非遗内容的抖音账号中,官方保护主体是较为缺位的。注册有抖音账号的各省市有关部门数目尚少,已经注册的账号的影响力和关注度也尚待提高。

三、短视频平台传播非遗的优势及传播动力研究

(一)于受众主体而言的优势

从传播学的角度讲,广义的受众是指信息传播的接收者。对于非物质文化遗产来说,人民大众作为非遗的实践者是其传播的主要受众。这其中既可能有喜欢传统文化的学生、工人、白领,也可能有从事非遗相关行业的手艺人、商人、媒体人等等。我们甚至可以说,所有的老百姓都可以是非物质文化遗产的受众。那么,在如今这个注意力稀缺的时代,抖音缘何会吸引到如此宽泛的非物质文化遗产的受众呢?

1. 去中心化,门槛低

安迪·沃霍尔曾经有两个预言:"在未来,每个人都能出名 15 分钟"和"每个人都可能在 15 分钟内出名",随着 Web2.0 的兴起,这一切成为可能。在抖音 APP,每位普通用户都可以在平台中制作和收看任何类型的短视频。在我国的非遗保护实践过程中,许多传统广播和电视媒体都推出了表现非遗主题和内容的视频产品。如央视纪录片《伽蓝梵音》讲述了北京智化寺京音乐的前世今生,纪录片《本草中国》向大家揭秘中国传统医药,电影《百鸟朝凤》则展现了传统的葬礼文化与唢呐艺人在现代面临的困境。然而,由于这些作品大多是传统形式的纪录片、电影、专题片,并且普遍时长较长、体量较大,不仅有知识门槛还有时间门槛,除却专业人士外很难能够静下心来去细细品味,一些原本有兴趣去了解的人群可能也会因为时间成本望而生畏。

例如很多传统戏剧、戏曲类的非遗,观看一个剧目需要几个小时的时间甚至更久。国家级非物质文化遗产上党落子的经典剧目《三关明月》全本要连唱三小时,且不谈生活在其他城市的人们,就是当地人也很少会花三个小时完整聆听。如今在抖音平台,制作者摘取该项目精彩的片段,通过声、画、影像等多元素结合,在短短几十秒的时间内

就非常直观、立体、生动地把其精华展现在受众眼前。

2. 参与度高，体验佳

抖音 APP 的宣传口号为"记录美好生活"，在这里每个人都可以是记录者和表达者。用户可以观看、点赞自己喜欢的视频，通过写评论的方式与创作者或其他用户进行交流，与此同时也可以把视频链接分享给平台上其他的好友。这种人际传播的互动模式让受众能够在获取信息的同时有一种参与感和认同感，形成一种社交氛围，从而拥有更好的用户体验。例如账号"闻叔的伞（寻古）"的非遗传承人闻仕善就通过有选择地回复评论区里的问题来和用户进行互动。除此之外，用户还可以发私信与视频的发布者直接沟通，获得自己感兴趣的信息。这种互动方式一定程度上给非遗揭开了"神秘面纱"，使大众感受到非遗不仅仅是遥远的名词概念，更是可以与自身发生互动的日常生活。

3. 传播内容更多元

在如今的短视频生态中，反智主义越来越盛行。然而随着时代和社会的进步，人们需要的绝不仅仅只是"卖萌""审丑"和千篇一律的"烂梗"。以博大精深的中华文化为依托的非物质文化遗产作为内容输出的母题，更能满足人们的精神文化需求。丰富多彩的手艺、风俗和节庆等内容既新奇又能使人们获取到有效信息。

我国已先后于 2006 年、2008 年、2011 年、2014 年和 2021 年公布了五批国家级项目名录共计 1557 项，包括民间文学、传统音乐、传统舞蹈、传统戏剧、传统美术等十个门类。根据抖音平台的数据显示，截至 2019 年，已经有 1275 项国家级非物质文化遗产在抖音上发布了相关的内容，不论是已经为大众所熟知的剪纸、昆剧、皮影戏，还是过去不为大众所熟悉、缺少传播平台的地方小戏、民间工艺、神秘的传统医药，都可以在抖音与之相见。2019 年在抖音播放量前十的国家级非遗项目分别为：京剧、咏春拳、黄梅戏、赛龙舟、舞狮、豫剧、庙会、秧歌、东北二人转以及越剧。不仅展示的内容多样，借助短视频后，内容呈现的方式也更加活泼多元。

（二）对传承主体产生的积极影响及其传播动力

传承主体是指某项非物质文化遗产项目的优秀传承人或传承群体。我们这里讨论的传承主体不仅限于某个非遗项目的代表性传承人，也包括了从事该项目的其他传承人，或与其有师徒、血缘等关系的从业者，是广义上的传承主体。原因有二，一是当前我们认定的非物质文化遗产代表性传承人的年龄普遍偏大，对于各种新兴媒体的接受能力有限，自身可能缺乏市场策划、包装、运作等想法与手段。二是短视频作为声画一体的传播方式，尽管门槛极低，但是想要制作出水平精良的作品仍需要一定的技术含量，这时就需要他人的一些帮助。这些人可以是徒弟、子女，也可以是专职成为其视频制作者的人。

那么传承主体为何要通过短视频平台进行传播，抑或是在短视频平台传播非遗能为其带来哪些积极影响呢？

1. 扩大知名度

一项非物质文化遗产项目，如果没有民众的广泛参与，仅仅靠一两位传承者是难以活态延续下去的。例如国家级非遗项目，享有"立体国画"之称的上党堆锦，以丝绸为主要面料，以硬纸板、海绵、棉花絮等为骨肉，要经过描图、裁剪、排布、贴飞边、着色等十几道纯手工工艺加工而成，精巧绝伦。但是如果没有人知晓、欣赏、喜爱和购买它们，时间久了手艺人的生活难以为继，情感也得不到抚慰，就会失去创作的动力和热情。

一直以来有非常多非物质文化遗产项目都是"养在深闺无人识"，而短视频平台一个巨大的优势就是其用户流量。数据显示，2020年1月5日，抖音平台日活跃用户数量超过了4亿。这为非遗项目及其传承人带来了前所未有的热度，并且吸引到大量年轻粉丝对其进行关注，非遗正逐步"飞入寻常百姓家"。

在抖音APP中，动辄上百万的点赞和上千的评论附加于内容之上，令庞大的受众群体产生强烈的身份认同和归属感。一方面，这提高了传承人对自己所从事事业的自我认同，另一方面也满足了其传播自身所掌握非遗项目的需求，得到一种心理满足感。这种满足感可以使其更积极地投入到非遗的传承工作当中去，并且继续在短视频平台中进行视频内容的生产和分享。同时，在打开知名度以后，传承人的社会地位在无形中提高了，有助于打消其在传承之外的后顾之忧。另外，还有不少非遗项目在抖音走红后找到了项目传承人。例如账号"闻叔的伞（寻古）"的非遗传承人闻仕善，不仅在抖音走红、圈粉，还为该非遗项目的传承带来了转机，如今有不少年轻人主动联系他想要拜师学艺。

2. 带来经济收益

我国非物质文化遗产项目的大部分代表性传承人都是生于民间、长于民间的淳朴艺人，长久以来没有得到市场足够的认可和回报，生活条件艰苦的情况普遍存在。再加上在如今的现代社会中，大多数人更认可现代艺术，偏爱现代化的生活方式，追逐时尚潮流，越来越少人对传统文化、传统艺术和传统技艺保有昔日的热情，这也导致非物质文化遗产的市场日益萎缩。例如现代的音像制品对傀儡戏、皮影戏的冲击，印刷技术对剪纸艺术的冲击等等，甚至一些兼具物质和非物质文化遗产双重属性的老字号也在经济社会的转型中面临生存危机。

在这样的情况下，短视频平台可以说为非遗项目"变现"打开了一扇新的窗口。抖音推出的"非遗合伙人"计划通过平台流量支持、开通小店以及长视频权限、现代品牌管理培训等手段提升非遗的传播能力，带来经济收益以改善传承人的生活状况，从而使非物质文化遗产在"人"的手中继续保持活力。泸州油纸伞技艺传承人余万伦于2018年11月开始在抖音上发布制作油纸伞的系列视频，2019年突然的走红让余万伦杭州店里的存货一下子就卖光了。很多网友包括年轻人纷纷向他订货，2019年第一季度已出售的产品中，来自抖音的订单占到60%，其中一些热门款式的订单已经排到了第二年。

在快手APP中也有像"浪漫侗家七仙女"这样"非遗+短视频"助力乡村脱贫的例子。七姐妹在快手平台录制展现独特民族文化和曼妙歌舞的短视频，给大家介绍侗族的日常生活和世界非遗侗族大歌、国家级非遗侗族服饰等内容，获得了广大网友的线上打赏。与此同时她们还尝试在快手平台上直播"带货"，卖起了当地的农产品、稻田鱼，帮助当地村民和群众增加收入。

（三）于保护主体而言的优势

保护主体是指负有保护责任，从事保护工作的国际组织、各国政府相关机构、团体和社会有关部门及个人。政府在保护工作中起着主导作用，公共文化机构、文化艺术研究所、传统艺术表演团体和社区民众等非遗保护机构是非遗保护工作真正的实施者和实践者。通过短视频平台进行非遗传播与非遗保护机构以往的传统工作方式相比，具有以下优势。

1. 传播成本低，效率高

大众参与是非物质文化遗产保护工作当中极其重要的一点，很大程度上可以决定非遗保护工作的进展和成败，而影响大众参与度高低的重要因素之一就是传播。通过短视频平台传播非遗与以往报纸、广播、电视、举办大型活动等传统传播方式相比成本更低，效果更好。

2019年，我国各级非遗保护主体通过多种方式对非遗进行了展示与传播：在山东济南举办了"全国非遗曲艺周"，在浙江象山进行"非遗影像展"，在四川成都举办了第七届中国成都国际非遗节，评选出"中国非遗年度人物"，中央电视台录制并播出《非遗公开课》特别节目等等，这些活动很大程度上使非遗的社会认知度得到提升。但是，我们不难发现这些活动皆集中于展陈、展览、展演等形式。这种定期集中的技艺展演与作品展示，受时间和空间限制较大，传播覆盖面和影响力都有限。另外，策划举办大型活动所耗费的人力、物力、财力也都不容忽视。

反观当前的短视频传播方式，用户只需下载软件和非常简易的操作就可以进行视频的拍摄和制作，成本极低。既可以减少保护主体的开支，其移动收看的特点也可以使受众足不出户就参与其中。另外，移动短视频平台可以利用大数据技术对用户的浏览轨迹进行数据信息分析，从而实现有针对性地精准推送符合用户喜好的同类型视频，传播效率更高。例如抖音平台中拍摄山东省非遗项目的视频就更有可能出现在山东用户的推荐页面中。

2. 消除传播时空局限

我国疆域广阔，不同的地域有不同的风土人情，也造就了数量极其庞大的非物质文化遗产项目数量。截至目前，我国列入联合国教科文组织非物质文化遗产名录（名册）项目总数位居世界第一，共计42项。除此之外还有1557项国家级非遗项目以及省、市、县各级非遗项目。但即使数量众多，非遗和广大民众的日常生活还是有很大一段距离。更多的普通老百姓只是会在书籍、活动、节日中偶尔遇到非遗，或认为"非遗"是一个很高大上、虚无缥缈的名词，距离真正的"见人、见物、见生活"还有一段距离。

短视频传播去中心化的特点和视频即时制作、即时分享的模式很大程度上消减了这种局限性。例如在傣族泼水节当天，傣族男女老少穿着节日盛装互相泼水、尽情嬉戏，还有青年男女"丢包"传情的内容都可以通过短视频平台马上传播到世界上任何一个移动终端，无论身在何方都可以在当天一起感受傣家传统节日的欢乐氛围。并且，去中心化使得每个用户都可以成为信息源和视频的制作者，只要他愿意分享。由此，这产生了大量身份各异，拍摄视角也有所不同的传播主体，用户可以从这些第一视角的叙事中全方位、多角度地感受民族风情，仿如身临其境。短视频使傣族泼水节这项国家级非物质文化遗产不再局限于新闻报道、电视荧幕和书籍，更接地气、更真实地贴近了受众。

四、存在的问题及相关对策

（一）类型局限

短视频的动态特点使其传播过程直观、生动，然而这同时也使其在表现题材上有所局限。

在各类非遗项目中，表演艺术门类如歌舞、戏剧、音乐、杂技等，以及工艺美术门类如传统绘画工艺、传统印染工艺、传统雕刻工艺、传统造纸工艺、传统陶瓷制作工艺等因其有具体的表现形式或物质载体，可视性较强，更容易成为短视频的题材，拍摄和制作难度也较小。而像民间文学、民族语言、民间信仰等这类非遗项目，相对而言更难以视频形式展现，在30秒至1分钟的短时长里较难表达清楚，在短视频平台中极少出现。

尽管该问题符合非遗自身的传播规律，我们也应该认识到非遗的传播并非只是注重它在美学或娱乐性方面的价值，有关部门以及平台都应倡导呼吁关注各个类别的非遗项目。

（二）缺乏把关

在抖音平台，每天都有数以千万条视频正在被上传分享。由于极低的准入门槛，人人都可以拍摄、制作、传播视频，很容易就显露出某些主体的非专业性以及UGC（UserGeneratedContent）即用户原创内容的质量不高。在运营非遗内容账号的主体中，每个主体的媒介素养和内容生产能力各不相同，对于一些上了年纪的民间老艺人而言，录制一个完整的视频可能都有难度。还有一部分账号主体本身并不是从事非遗工作的专业人士，他们对于非遗专业知识概念等也许自身并不明晰。

面对海量的短视频，平台需要严密把关，鉴别它们的"成色"并进行筛选过滤。非物质文化遗产是中华民族存在于血液中的DNA，如果低质量的视频内容向大众传递了错误的概念、信息和认知，误导了对非遗认识尚浅的大众，对于非物质文化遗产的保护和传播来说则更加得不偿失。

另外，现在非遗在短视频平台的传播过程中普遍存在一种不顾传承现状和事实就使用"最后的……""唯一""独有"等词语的现象，这一方面与平台把关力度不够有关，另一方面还应归因于传播者的不专业和功利心态。因此，笔者认为在短视频平台传播非物质文化遗产内容的过程中，主体除了"发声"还应该为自己的"声音"负责，要保证信息传达的准确性，同时平台也应当为维护"发声的环境"而努力。

（三）流量与质量不对等

短视频传播的低门槛优势同时带来了作品质量参差不齐的问题，一些内容精美、信息含量极高的视频可能因为没有团队的运作而少有人问津，而某些画面夸张、迎合热点噱头的所谓"非遗"可能获得数十万人点赞。

例如非遗土布纺织技艺传承人郑芬兰在抖音的账号"小巷三寻"，截至2020年4月共发布了三十余个作品，且风格统一、画面精致，配有恰到好处的音乐与画外音解说，然而其目前只拥有1678个粉丝和1.2万个点赞数。另外还有很多非遗传承人没有学过专业的摄影摄像、音视频制作、传播和营销知识，虽有心传播非遗但无力实践，视频的质量一般并且不能形成长期稳定的创作风格。

对于此问题，一方面平台可以对优秀的内容生产者进行流量支持，对进驻的非遗传承人提供培训和教学，对低俗、暴力等内容进行清查；另一方面视频生产者也应该以发扬中华文化为己任,自觉努力地提升学习技能。相关机构和部门也应及时引导,制定相应的奖惩机制等。

(四)过度迎合市场

在人工智能时代,算法推送使用户的喜好和意愿得到了极大的加强,表现什么内容、热点是什么、"网红"是谁,都由用户说了算。这种用户导向让短视频内容的生产越来越取决于市场,产生一种经济、利益至上的现象:什么点击率高拍什么,什么赚钱生产什么,一切取决于经济效益。这在进行非物质文化遗产的传播中会带来一些弊病。

例如,MCN(Multi-ChannelNetwork)公司为了进行包装和推广,很可能将传承人进行艺人化运作,为传承人安排一些"表演"或是商业活动,抑或是为了视频效果对传承多年的非遗进行人为改变。这些种种都违背了非遗独特性的基本特点,也使传承人的传承工作受到了一定影响。再如传承人为了迎合现在市场的喜好和口味,对非遗做一些竹板变纸板、刻刀变激光的"现代化改造"以增加产品销量,也损害了非遗的历史认知价值。

将祖先的智慧原汁原味流传下来是我们保护非物质文化遗产的目标,当然我们要求的原汁原味,只是要求在表现内容、表现形式、使用原料上保持不变,至于其他小的变化并不在我们禁止之列。创新的前提是"守正",如果为了眼前的经济效益而一味迎合市场,人为将非遗改造地面目全非,则背离了保护的初衷。这是我们所不愿见到的。

对此,我们应该充分注意在非遗传播过程中的伦理规范问题,避免"去语境化传播"——即有损非遗完整性和准确性的传播。例如用户在拍摄过程中为了画面的美观抑或是赶时间而对当地人心怀敬畏的节庆民俗活动进行摆拍,人为地精简某项工艺美术类非遗的制作步骤等等,这些都是对非遗项目原真性和整体性的伤害。在进行短视频的拍摄与制作中,内容生产者应该力争将非物质文化遗产的面貌进行诚实地表现,并且最大限度地尊重当地社区人民的风俗、习惯和情感。

(五)信息茧房局限传播

今天,大数据和智能技术引领着潮流,人工算法在解决海量信息爆炸和用户个性化需求的问题上取得了一定效果,但与此同时也形成了一定程度的信息茧房,导致传播效果受到局限。所谓的信息茧房就是平台为了吸引某一群体的关注,会针对其兴趣和特点来提供相应的信息。这样无疑进一步强化了其原本固有的喜好,而无法关注到别的领域,无意之中给自己搭建了一个茧房。例如某位白领日常观看的视频大部分是搞笑视频,那么在他的抖音主页出现非遗有关内容的概率则极低,如此用户导向的模式无疑迎合了用户的心理，但是对于非物质文化遗产的广泛传播是十分不利的。

针对这个问题平台可以采取线上和线下相结合的方式来扩大影响。通过举办线下的实体活动，邀请一些平台中自带粉丝和流量的内容生产者进行网络直播。由于他们都是在一定领域之内的意见领袖，拥有固定的粉丝群体和巨大流量，在他们的加持之下，会有更多人关注到非遗项目。另外，在线下实体的非遗展示活动中，参与者可以对非遗项目在声音、画面、文字之外进行味觉、嗅觉、触觉以及情感上全方位的体验，一定程度上能够提升公众对于非物质文化遗产传播的参与度，让非遗不仅仅是书本上的一句解释，更是活生生可触、可感的老百姓的日子，由此自发参与到后续的非遗人际传播当中。

（六）保护主体缺位

通过上文对于账号主体这一问题的分析我们发现，在展现非遗内容的抖音账号中，官方保护主体是较为缺位的。注册有抖音账号的各省市有关机构部门数目尚少，而这少数已经开通短视频账号的有关机构部门也很少更新视频，粉丝寥寥。例如浙江省文化馆的抖音账号仅有 139 个粉丝和 205 个点赞；南昌市民俗博物馆的抖音账号从未发布过任何视频内容。

针对此问题，政府有关部门应该积极主动作为，讲好非遗故事，打造"非遗符号"，帮助塑造良好城市形象。非物质文化遗产经过长久以来的传承很大程度上已经是城市人文精神的载体，通过非遗的传播工作可以使大众对所在城市产生一种情感上的共鸣，增强文化自信。

与此同时，政府机构还可以加强与平台企业的合作，一同推动当地非物质文化遗产的传承与传播进程。例如 2019 年 9 月广西壮族自治区与抖音合作开展的"行走广西，探秘非遗"宣传活动。活动期间在省会南宁开办了抖音宣传培训班——聘请专家老师对非遗从业者和相关人员进行视频拍摄、账号运营等方面的专业培训。此举不但使广西非遗传承人自身内容生产能力得到了提高，也使广西壮族、苗族、侗族、彝族等各民族的非遗之美被全国乃至全世界的人们看到，亮出了一张广西的非遗"名片"。

五、结语

无疑，在短视频平台展示非物质文化遗产内容的形式为非遗的传播工作打开了一条新路子，给原本相距甚远的非遗从业者、研究者、保护者和普通大众之间架起了一座沟通、链接的桥梁。尽管存在着这样或那样的问题，但同时我们也应该看到其在互联网时代发展的广阔前景。现如今随着越来越多人的加入以及机制的成熟、观念的普及，非遗短视频传播正在逐步向着专业化、制度化和系统化的方向迈进。

相信通过传播会有更多人了解非遗，关注非遗，喜爱非遗，使非遗能够立体地活在当下。正如刘魁立先生所期望的那样：留下手艺、留下智慧与传统、留下精神、留下中国心。

参考文献

[1]. 王文章. 非物质文化遗产概论 [M]. 北京：文化艺术出版社，2006.

[2]. 杨红主编. 非物质文化遗产从传承到传播 [M]. 北京：清华大学出版社，2019：54.

[3]. 杨莹. 中国国家地理携手火山小视频"发现乡土之美"助力非遗保护 [EB/OL]. http://culture.ifeng.com/a/20180427/57929155_0.shtml，2018-4-27.

[4]. 郭庆光. 传播学教程 [M]. 北京：中国人民大学出版社，2011：67-74.

[5]. 赵轩. 网络短视频的受众心理分析——以抖音短视频为例 [J]. 视听，2019（12）：166-167.

[6]. 匡野. 遇上短视频，非遗活了、靓了、年轻了 [EB/OL]. http://news.gmw.cn/2019-11/27/content_33351956.htm，2019-11-27.

[7]. 顾军，苑利. 如何理解非物质文化遗产保护中的五大关系问题 [J]. 赣南师范学院学报，2016，04：77-81.

非遗传统舞蹈在高校艺术教学中的传承与推广

汤旭梅[1]

摘要：本文基于对当前非遗传统舞蹈在高校民族民间舞教学中的考察，力求以更多维的方式对非遗传统舞蹈的教学体系进行系统构建。笔者将以人类学研究中"田野调查"和"民族志"的方法为参考、以"身形"与"心性"两种模式相互交融为基本教学思路，寻求在民族民间舞课堂中进行多元形式的教学实践和探索，从而实现为非遗传统舞蹈教学的传承和推广，为未来非遗传统舞蹈教学的良性发展提供更多的思路。

关键词：非遗传统舞蹈；高校艺术教育教学；文化传承

一、非遗传统舞蹈概念及其在高校艺术教育教学中的现状

（一）非遗传统舞蹈的定义与种类

2003年，联合国教科文组织颁布了《非物质文化遗产保护公约》，由此有关保护人类文明的宝贵财富不再仅仅是口头的召唤，它俨然已经成为在全球范围内的切实拯救行动。作为非物质文化遗产表现形态之一的表演艺术是凝聚着不同国家、不同民族文化的精髓。非遗传统舞蹈作为非物质文明、非物质文化遗产的重要组成部分，它包含着对自然、图腾、神灵、祖先、土地等元素崇拜的原始主题，并在肢体动作、舞蹈语汇、情感表达中展现民间劳作、祈祷祭祀等场面和情节，是劳动人民智慧的结晶。

我国非遗传统舞蹈的种类和表现形式也相对较多，如果从内容和主题方面来分，有表现生活形态的，有以群落、图腾、神宗仪式为主题的，有以表现"天人合一"、赞颂农耕社会文化的等等。同时，作为民族民间舞蹈重要组成部分，亦有以汉族非遗传统舞蹈和少数民族非遗传统舞蹈两大类型的区分：第一类是汉族非遗传统舞蹈，它

---

[1] 汤旭梅：北京联合大学艺术学院副教授，教师

大多源自华夏大地的农耕文明，随着汉民族地域从西北迁移扩张至东南，汉族非遗传统舞蹈不断适应了传统民俗和地域风格的变化，包含以表现婚丧嫁娶的民俗性舞蹈和反映古代封建社会的祭祀性舞蹈两个部分，前者例如京西"太平鼓"、陕北"秧歌"、广东潮汕"英歌"、河南"官会响锣"；后者例如四川"卡斯达温舞"、广东"麒麟舞""跳花棚""龙舞"等。第二类少数民族的非遗传统舞蹈则更为丰富多样，不同民族、不同风俗习性成就了舞蹈艺术的绚丽多彩，云南和广西地区的非遗传统舞蹈，如婀娜多姿的傣族"孔雀舞"，西北藏蒙维地区的非遗传统舞蹈，如粗犷豪迈的藏族和羌族的"锅庄舞"、锡伯族"贝伦舞"等。这些具有典型性的地域与民族的"鲜活名片"正在不断走出地域与空间的围墙，走进"象牙塔"，走进高校艺术课堂，走进民族民间舞的教学中，非遗传统舞蹈的保护传承、创新推广也在高校民族民间舞教学中逐步构建起可持续性的教育体系。

（二）高校非遗传统舞蹈艺术教学的传播推广路径

近年来，以北京舞蹈学院、中央民族大学等为代表的全国专业舞蹈院校、综合类大学、师范院校等均已逐步确定起了自身的特色课程，树立了自己的专业教学品牌。目前非遗传统舞蹈的教学形式主要分为三种：

首先，以舞蹈课堂为主渠道。在传统舞蹈课堂教学中，选取特色的民族民间舞蹈传承。目前各高校舞蹈教学在以"汉藏蒙维朝"为主流的民族民间舞蹈的范围内进行基础训练。

其次，以通识课程为载体，开展以艺术鉴赏、艺术欣赏为主的普及教育。这种教学形式在全国各大专业舞蹈院校和综合类大学均有所开设，有些以选修、辅修课程教学为主，有些则作为某项专业课（例如民族民间舞实践教学）的理论延伸，通过鉴赏品读来感受非遗传统舞蹈的独特艺术魅力，既有效提高学生的综合素质和艺术修养，又有效地传承与推广中华文化精神和传统价值观念，将美育与非遗完美融合。

第三，通过高校艺术团、舞蹈团活动得以传播与推广。这种教学培养目标非常明确，通过创排出优秀的舞蹈作品，参加各类舞蹈演出，并在各类活动、比赛、展演中寻求更广阔的发展空间，实现资源整合，优势互补，让非遗传统舞蹈的教学传承、推广与发展取得更好的效果。如北京舞蹈学院青年舞团与江西省南丰县石邮村傩班联袂创排的舞剧《傩·情》，于 2016 年 11 月参加"国家大剧院第九届春华秋"展演周，获得热烈反响。

二、高校非遗传统舞蹈艺术教学的多维度体系构建

讲求"心形合一"正是对高校非遗传统舞蹈艺术教学的多维度体系构建的基本思路。对此,笔者借鉴人类学领域的部分研究方法,力图从微观到宏观、从行动到审美角度实现可持续发展。

(一)形与体的"田野调查"

作为行动、身体、形态的舞蹈教学,借以肢体表达的场域,通过融入技术、技艺之精髓是构建起非遗传统舞蹈教学体系的第一维度。人类学中被公认为最基本方法之一的"田野调查"(FieldResearch)所涉及范围领域相当广泛,这项人类学的研究方法旨在强调观察的重要性。但无论是民俗、行为、艺术、人类,都讲求透过"田野"获得第一手资料(原始资料)的收集和记录,在此基础上进行分类、研究、整合从而形成科学的系统体系。的确,在特定时空范围内记录人们普遍性的日常行径、独特性的生产生活和文化精神在此得以提炼,成为更多诉求的表达、欲望的呈现。非遗传统舞蹈正是将其看作明确的表达目标,经过独特舞蹈语汇的加工,以独具匠心的方式呈现,故而教学体系的构建可分为以下两方面:

其一,应用独特的舞蹈语汇,提炼成专业训练方法,完成动作技巧元素的训练。这也是"田野调查"中关于收集与整理的有效实践。以北京地区非遗传统舞蹈"大栅栏五斗斋高跷秧歌"教学为例。这类舞蹈最早起源于清朝乾隆年间的民间花会,"五斗斋"之名也是因创始人所居住的大栅栏地区街巷而命名,在长达200余年的历史发展中形成了自身独特的舞蹈表达体系,是一种广受民间欢迎且很容易进行教学传播的集体性舞蹈。基于这类舞蹈的表现形式,进行教学前的关键步骤就是组建秧歌舞蹈队,其数量可根据内容编排由小及多的分配,双人舞、三人舞、集体舞等等;随后还要有相关道具,手持物如雨伞、手绢、鼓、手鞭,在舞蹈中伴随特定的节奏也相应呈现出扭、抛、抖、缠绕、甩等不同姿势;有时候还有特定的舞者吹奏唢呐、击打锣鼓乐器,时而铿锵有力、时而柔美俊俏,形成欢腾热闹的场面。

作为北京市级的重点非遗项目,需更能体现当地民俗文化,因此也便有了区别与其他地区秧歌舞的独特之处——五斗斋高跷秧歌也正是在传统秧歌基础上,其类型又有文武之分,"文"强调以歌唱和走场为主,"武"则强调武功、武术的特点,形成独特的舞蹈语汇也更为硬朗。清末的《旧京社戏图·高跷》中所记载五斗斋高跷秧歌总共有12

个角色（常见的多为 10 个角色），分为丑鼓、丑锣、文扇、武扇、大行头、小二哥、渔翁、膏药先生等等。因此舞蹈教学中则更是强调对基本元素的训练，这样是"田野调查"法最重要的实践教学环节——对学生进行相关的训练，即"文"时需要有唱响高亢的京腔大韵，是训练舞者跟随节奏的呐喊，有时需要音高、有时需要低沉，由于内容多表现祝寿等仪式活动，文辞则与之相关，但经过多年的变化，多由专业的领舞者唱响，而更多的集体群舞者根据节奏呐喊即可；"文"时还经常会借助于扇的小幅度扭晃，伴随文扇的推、折、叠等动作，常常强调舞蹈过程中的即兴表演。"武"的过程则更强调舞蹈的集体表演，也常由男性的"走场"表演为主，其舞蹈基本元素为扭、悠、颤、摆，动作整体幅度大，讲求队列的样式排列组合，表演充满刚强之劲。这些无疑都让非遗传统舞蹈的教学更注重元素、独特语汇的基本功训练，使之形成完整的作品。

其二，是集合多元的舞台语汇，循序渐进地实现从单一元素到完整舞台作品或剧目的综合创造与实践。这属于"田野调查"中关于研究与提炼资料的科学整合环节。值得特别说明的是，将教学成果展现必经过音乐、舞美、服化道等多种艺术表现手段的渲染，才能使其作为具有形之美、魂之魄的完整舞台作品得以呈现。

以云南地区傣族的非遗传统舞蹈孔雀舞教学实例。2006 年傣族孔雀舞经国务院批准被列入第一批国家级非物质文化遗产名录，经过民间艺人的不断创作和发展，孔雀舞也呈现出不同流派和风格。其中包括以经典民间传说为规定情景的舞蹈作品，例如讲述启树屯与吾罗娜这类孔雀公主传说神话戏剧性较强的故事；也有仅仅呈现孔雀之美的纯粹动作（如跳跃、转动、翘首等）为主的动态展示，有时还可细分成强调柔韧健美的雄孔雀舞、轻盈灵敏的小孔雀舞等多种类舞姿。总体上孔雀舞呈现出"优美恬静、感情内在含蓄、手的动作丰富、舞姿富有雕塑性，四肢和躯干各关节都要求弯曲，形成特有的'三道湾'造型"的舞蹈特点。如今无数的观众无不沉浸于以杨丽萍为代表的傣族舞蹈之美，《雀之灵》《雀之恋》等耳熟能详的剧目更是做到了非遗传统舞蹈的创新，让纯粹感原生态与现代意味相融合，这种"运用现代技巧和综合表现手段进行创作，着意于神似而不是形似，不刻意地堆砌原始元素，但却保有民族舞蹈独有的审美，充满当代气息，又不失艺术水平和欣赏价值……"[1] 因此这为创新非遗传统舞蹈作品和剧目教学编排指明了方向——即如何形成完整作品和剧目，并运用创新的方式方法将作品升华。

---

[1] 王克.孔雀舞的前世今生 浅谈中国民族民间舞作品创作何去何从[J].舞蹈，2016(12)：32.

（二）性与情的"民族志"

每一种文明都扎根于自己的生存土壤，凝聚着一个国家和民族的非凡智慧和精神追求、延续着精神血脉，需要薪火相传、代代守护，更需要与时俱进、勇于创新。非遗传统舞蹈的"非遗"意义，正是强调以"人"为载体的传承，既要经得起历史和时代变迁，又要能够在循序渐进发展过程中直观形象地表达出重要的价值，将独特的思想精神传承。作为审美教学，讲求对舞蹈者性情的培养、对审美能力的提升，因此如何在舞动中阐释美感、如何在舞动中传达出文化精髓和魂魄，这也是非遗传统舞蹈教学的关键因素。

任何类别舞蹈的教学总是以身体训练为载体，往往忽视精神思想的美育培养。因此教学体系在此构建的重点也将更多放在对理论知识的培养，包括不同非遗传统舞蹈种类的起源、形成、发展的历史、与之关联的多样生态的表现力，这些能够帮助学生深入理解并展现非遗传统舞蹈的独特魅力。

以"普米族搓蹉"舞蹈教学为例，教师首先应向学生介绍这类舞蹈的基本知识和构成，可以通过观看相关舞蹈图像、视频资料等方式让学生有所了解。作为云南省兰坪白族普米族自治县的"普米族搓磋舞"早在 2006 年就被列入国家非物质文化遗产名录，但是这类舞蹈的传承、普及和影响力却相对局限，甚至对很多专业舞者来说也相当的陌生。这类舞蹈的"搓"是指代词，即"这个、这种"，"蹉"为动词"跳"，跳这种舞蹈正是对特定时空中当下性的强调，是普米族在重要节日欢聚时刻的自娱性民间舞蹈；同时它又称作"羊皮舞"，强调领舞者要按照固定的节奏敲击羊皮，所敲打的声音类似鼓声，这无疑是借用动物皮声音发出的声响，强调生态与原始的神圣，舞蹈的表达中就会融合着对生灵的敬畏、对自然的赞叹，并通过舞者的性情阐释着独特"民族志"。

目前这种舞蹈保留下来的仅有"团聚舞""碗筷舞""相近舞""鞋底相碰舞""臂部相撞舞""结尾舞"等共 12 套，因此在舞蹈教学过程中也要求教师对其进行钻研细化。这类舞蹈形式上分为开放式和封闭式两种"搓蹉"，既有以强调脚的踏踩为主要动作的纵向舞蹈力量表达，又有以胯部及上身表现力量为主的横向舞蹈呈现，动作节奏上有快有慢，包含的舞姿既有舒展的优美之感、也有热情奔放的粗犷豪情，体现着自然界的平衡，具有崇高之美；舞者要善于根据节奏韵律变换丰富的队形——单圈、双圈、对跳、开门等形式均不受固定框架的限制，而是讲求根据节奏自由而随性的组合，"普米族搓蹉舞"舞蹈时还会根据四弦或打击乐特有的音乐节奏进行不断的变化,将送别、赞扬、歌颂、缅怀、崇拜、相会、祈福，以及宗教感等等的精神诉求和情感寄托得以直观性呈现，在舞蹈过程中体现出韵律感。

这样一来"普米族搓蹉舞"已经不再是单一的形体呈现，而俨然成为独特的文化"民族志",因此要做好对当地人独特的审美情趣、民俗文化、民族特色等基本常识的了解、观察当地人的生活起居的各个方面,若有条件,可以亲自走访进行实地考察,让美学知识、人文常识、审美阅历、生活经验等形成完整的结构,构建起每个学生、每位舞者独特的综合认知。这正是如何在舞动中传达出文化精髓和魂魄的关键方法,就要在了解的基础上不断深入和探索其文化的意味,在舞蹈中呈现集体仪式感,达到"心形合一"的至高境界。这更吻合了习近平总书记于2017年10月18日在《中国共产党第十九次全国代表大会上的报告》中所强调"深入挖掘中华优秀传统文化蕴含的思想观念、人文精神、道德规范,结合时代要求继承创新,让中华文化展现出永久魅力和时代风采"的重要理念。

三、期待与展望——高校非遗传统舞蹈艺术教学的未来

(一)高校非遗传统舞蹈艺术教学未来发展新举措

高校非遗传统舞蹈未来要实现很好的发展,是需要从教学源头不断注入创新的想法,但更离不开切实可行的实施举措,使非遗传统舞蹈的精髓可以得到充分的继承和发扬。具体包括以下三点具体举措:其一,要突破学院派束缚,增加教师采风活动。即深入民间、走进基层、获取最活灵活现的非遗传统舞蹈素材并对其进行整合。这些素材既有舞蹈形体动作、原生态的民谣曲调、服饰和道具样态,更有当地的民俗民风、神话传说、风土人情等文化内容,将为形成完整舞蹈作品、舞台剧目提供丰富叙事内容的故事。其二,可以让民间艺人走进课堂,增加交流互动。即寻找具有精湛技艺、被称作"民间舞蹈活化石"的民间艺人走进课堂,邀请其给学生带来原生态的表演,增强双向交流互动,实现教与学的创新融合。民间艺人的舞蹈往往更具自由性,会以拥抱自然、土地的姿态表达出松弛自如之感,这也是从另一个角度向学生传授如何平衡肢体动作、神态表情与思想情感。其三,应打破固化模式,实现开拓创新。即打破现在学院派民族民间舞教学的以"汉藏蒙维朝"为主流的固化教学模式,关注更多具有民族特色的非遗传统舞蹈,并对其二度创作进行艺术提炼加工,将单一性的动作丰富形成多元素的融合,适时融入故事情节,创作出更完整而精彩的剧目。

(二)高校非遗传统舞蹈艺术教学未来发展新影响

丰富宣传渠道,扩大传播影响力,是高校非遗传统舞蹈进行传播和推广的重点目标,非遗传统舞蹈要积极传播,扩大其影响力,则需多方面齐头并进。一方面,可定期在高校、社区等邀请非遗传统舞蹈传承者、民间艺人进行表演交流;另一方面,作为独立的非遗

传统舞蹈教学体系构建的重要一环，更要善于利用高等院校资源整合的能力，通过相关组织和活动，如国家级文化艺术基金、精品课程计划、联合项目研发计划等对非遗传统舞蹈教学课程、优秀人才培养计划、舞台剧目研发创排等相关工作进行整合。同时，更要争取让非遗传统舞蹈教学成果走进剧院、走入民间、彰显中华民族文化艺术的独特魅力。

四、结语

习近平总书记强调"文化自信，是更基础、更广泛、更深厚的自信。在5000多年文明中孕育的中华优秀传统文化，在党和人民伟大斗争中孕育的革命文化和社会主义先进文化，积淀着中华民族最深层的精神追求，代表着中华民族独特的精神标识。"当下，我国的非遗传统舞蹈艺术正是中国文化自信的重要表现，有着相当可观的开发空间，而作为高校舞蹈的教育者，在教学实践中努力使非遗传统舞蹈的魅力发扬光大，这既是要靠构建好严谨的教育体系、传递创新理念，又要给予非遗传统舞蹈乃至民族民间舞蹈更多的关注，弘扬、传承、推广民族气韵和文化精神，使之与当代社会全球化、现代化进程相吻合，故而坚信文化自信，努力让教学成果走向世界，真正实现"越是民族的，就越是世界的"理念的可持续意义。

参考文献

[1] 王克.孔雀舞的前世今生 浅谈中国民族民间舞作品创作何去何从[J]舞蹈，2016(12)：32.

[2] 费孝通.乡土中国[M].北京：生活·读书·新知 三联书店，2013(09).

从三部戏谈作为非遗的戏曲如何良性传承发展

景俊美[1]

习近平总书记指出，中华优秀传统文化是中华民族的精神命脉，是涵养社会主义核心价值观的重要源泉。地方戏作为传统文化的重要组成部分，具有悠久的历史和鲜明的地域特色，是我国优秀传统文化的瑰宝，是表现和传承中华优秀传统文化的重要载体。近年来，随着非物质文化遗产保护意识的不断加强，作为非遗的戏曲有了新的面貌呈现。全国上下开展了一系列丰富多彩的展演活动，有力推动了地方戏曲的传承和发展。当下，戏曲界正在执行"三并举"方针，即整理传统戏、新编历史剧、创作现代戏三者并举。有鉴于此，笔者通过三种戏曲样式与剧目深入探讨作为非遗的戏曲如何更好地传承发展。

一、整理改编传统戏既要接古映今也要别开生面

2019年7月8日，"浙漾京城"2019第四届浙江戏曲北京周在长安大戏院拉开帷幕。作为开幕大戏，温州市瓯剧艺术研究院的瓯剧《杀狗记》获得了观众的一致好评。舞台上的演出早已结束，但是该剧的艺术影响依旧留在观众心中。戏曲艺术的最大生命力，在于能够得到观众的认可。瓯剧虽是地方剧种，甚至还是一个地方小剧种，为什么能在京城圈粉无数？关键在于戏本身具有的巨大艺术魅力。这种艺术魅力通过唱腔、表演、文辞、舞美、灯光等得以呈现，感染观众的同时，也传递着传统文化的博大、丰赡、包容。

（一）删繁就简的"文本"

熟悉戏曲史的观众对《杀狗记》并不陌生。作为荆（《荆钗记》）、刘（《刘知远白兔记》，又名《白兔记》）、拜（《拜月亭》，又名《幽闺记》）、杀（《杀狗记》，全名《杨

---

[1] 景俊美：北京市社会科学院副研究员

德贤妇杀狗劝夫》)"四大南戏"之一的《杀狗记》,以提倡亲睦、孝友、妻贤的封建伦常秩序为核心要义。虽被冠为"之一",但思想性较差,艺术呈现也相对粗糙,在"四大南戏"中排名最后。清人梁廷枏在其《曲话》中评论道:"《荆》《刘》《拜》《杀》曲文理俗不堪,《杀狗记》尤恶劣之甚者。"[1]正因为"它的文辞俚质,又受到明清曲论家的讥议,不仅晚明各种戏曲选本难以见到它的曲文,而且完整的刻本也极稀见。[2]"今天我们能够看到的全本名为《绣刻杀狗记定本》,是明代毛氏汲古阁刻本,内署"明徐□著,龙子犹订定"字样。这里的"龙子犹"就是"三言二拍"的作者,著名的思想家、文学家、戏曲家冯梦龙。当然,明人对南戏《杀狗记》进行改编的人很多,除冯梦龙外,还有吴中情奴、沈兴白、吕天成、徐时敏等。他们或"调整场次",或"校正文辞",或"改动曲律",不一而足。今天的研究者反观当时的历史,有人认为翻改古本南戏是当时文人的一种风气。笔者以为,与其说是"跟风潮"的表面现象使然,不如说是《杀狗记》的戏剧性、民俗文化意义等潜在的文化、艺术因子在激发着文人的巨大兴趣。无独有偶,近代以降的《杀狗记》也在改动之中。相继在舞台上以不同形式演绎过的剧种有昆曲、青阳腔、梨园戏、莆仙戏、秦腔、评剧、粤剧等,但完整大戏已经久别舞台很多年,这是一个耐人寻味的话题。

瓯剧《杀狗记》创演于1998年,由已故温州本土编剧尤文贵根据毛氏汲古阁本改编。一经搬上舞台,被视为温州南戏"活化石"。舞台版瓯剧《杀狗记》的成功,自然得益于"鬼才导演"谢平安的精湛构思以及蔡晓秋、方汝将等优秀演员的精彩表演。但是一剧之本的重要意义仍然是不言而喻的。从内容上看,毛氏汲古阁本共计家门大意、谏兄触怒、蒋园结义等36出,内容繁杂,类似"奉劝世人行孝顺,天公报应不差移""妻贤夫祸少,子孝父心宽"的道德说教气息浓郁。瓯剧《杀狗记》共计逐弟、住店、救兄、被诬、打狗、劝夫、杀狗、醒悟8出,内容紧凑,更加强化人性、人情、人理的意义。从人物关系上看,前者有夫妻、妻妾、兄弟、官民、土地与狗等。后者将主要矛盾集中在兄弟二人在性格、文化程度、为人处世等方面,这是显性的最大问题;而妻贤的线索是隐性的,与显性矛盾交织与共、贯穿始终。从结构上看,前者整体脉络比较清晰,但结构松散,篇幅拖沓。后者关目调整鲜明,并以"三进式"结构推动了故事情节发展,繁琐枝蔓或删除、或整合、或改写,最终化为李渔所指出的"一人一事""立主脑"。通过对比,我们能够很清楚地捕捉到瓯剧《杀狗记》的现代理念,这种以主角的行为与行为背后的动机所引发的叙

---

1 俞为民.宋元四大戏文读本[M].南京:江苏古籍出版社,1988:392.
2 黄仕忠.《杀狗记》版本考略[J].文献,1991(2):38.

事方式,更加注重内容的合理性、故事的逻辑性和人物的戏剧戏曲性。

(二)技艺共融的"表演"

如果说文本的成功可以让一出剧具备一半的成功,那么另一半必然是演员的表演。所以戏曲艺术又是"角儿"的艺术,其主要魅力在于"角儿"的唱、念、做、打。

瓯剧的"唱"以乱弹为主,兼有高腔、昆腔、徽调、滩簧、时调,是一种多声腔剧种。伴奏以笛、尺子胡、极胡为主,打击乐多用大鼓大锣,击法手足并用,声音富于变化,音感粗犷喧嚣。《杀狗记》中,曲牌有二十多个,音乐随人物的情感起伏而张弛、疾缓,对演员的声音要求较高。比如蔡晓秋的唱,既要体现她作为妻子的贤良顺从,又要体现她作为女性的聪慧、觉醒,以及她作为嫂嫂的理解、包容,身为主人的端庄、持重,所以她这个大青衣是有变化的,不是传统意义上的青衣。而她的唱,必然不只是"节以鼓,其调喧"的一成不变。因着乐体的变奏,瓯剧旋律的流畅性和表现力被加强。虽然"不托管弦,徒歌干唱,锣鼓助节"的主体还在,但是温婉的美、质朴里的华彩,都洋溢在舞台之上。

瓯剧的"念"不全用温州方言,而是吸收了中原音韵中的一些字音,加入温州方言的声调的一种特殊的舞台语言,俗称"乱弹白",亦叫"书面温话"。戏谚有云:"千斤话白四两唱"。强调的正是念白在戏曲表演中的重要作用。专注于瓯剧剧种研究的李子敏先生在其《瓯剧史》中指出:"文化的核心,说到底是语言文字。语言文字是所有艺术创造的依据。舍此,艺术便成为空中楼阁。[1]"这句话以很强烈的情感色彩诠释了"念"在戏曲剧种中的重要意义。《杀狗记》中,丑角的人物感主要体现在"念"和"表"上,且其"表"具有戏曲的相通性,而其"念"则彰显了瓯剧的个性魅力。

瓯剧的表演,文武不挡、唱做并重,尤以"做"功见长。比如小生有"麻雀步""寸步""跌步""三脚步""踢球""飞锣"帽功、扇功等各种做功戏。表演上善于调动生活细节,放在舞台上特别真切动人。《杀狗记》中的第四场"被诬"便有一段特别精彩的表演,即孙荣风雪中救了哥哥回来,而自己却因长期不得温饱几乎与"叫花子"并无两样。即使这样,当嫂嫂劝饭之时,他首先是推辞"只怕哥哥醒来又是一场风波",后在嫂嫂的极力劝解下才开始饮食。而这段饮食,剧本上没有一个字,舞台上却演出了一个活生生的"饥不择食"状态——狼吞虎咽、被噎、无声的指点、以碗筷敲打头部、抚顺慢咽……这是一场看似全新表达实则化用传统的完美的程式性动作,一抬手一投足都是戏。

---

1 李子敏.瓯剧史[M].北京:中国戏剧出版社,1999:50.

瓯剧的"打"即武戏也别具风格，它吸收了很多民间拳术的"打短手""手面跟头"等，其"打台面"中的"上高""脱圈""衔蛋"等技巧颇具特色，也十分惊险。《杀狗记》虽以文戏为主，"狗"的出场点亮了整个舞台。它"见钱眼开""贪生怕死""趋炎附势""作茧自缚"，它的动作需要扎实的武戏根基，或蹦跳、或扑咬，舞台上俨然形成了类似"猴戏"的"狗戏"。此外，舞台上暴风雪的设计也包含了武戏的成分，雪旗的调度与举旗人的衣饰融合在一起，动作干练、样式新颖，老观众看了不觉出挑，新观众看了甚感时尚。

（三）别开生面的"舞台"

承传着南戏基因的瓯剧艺术是一个古老的剧种，其发生发展过程中积累了内容上人情味儿足、表演上质朴粗犷、音乐上多声腔共融的特点。也正因为这种质朴、人情和粗犷，瓯剧一直充满着浓郁的民间色彩。但是随着时间的流逝、世事的变迁，特别是近几十年来，瓯剧和全国很多其他地方剧种一样，走过了一段坎坷不平的道路。21世纪之初，曾有研究者发出"传媒时代地方性艺术的宿命……极易成为社会与人类文化整体中被遗忘的存在"[1]之类的喟叹。不过令人庆幸的是，随着经济条件的渐趋好转以及国家政策的不断调整，特别是非物质文化遗产保护事业开展以来，戏曲艺术等优秀传统文化获得了新的生机。以蔡晓秋、方汝将这两位优秀领军人物为首，瓯剧艺术研究院是一个不仅注重传承、注重剧目、注重人才，而且关注市场、关注观众、关注时尚的团队。他们给瓯剧这一古老艺术注入了很多现代元素，比如故事的时代性、表演的细腻性、舞美的精致化、审美的时尚感等，为瓯剧赢得了越来越多的观众，特别是年轻的受过高等教育的知识分子观众。

所有的艺术形式都有其时代性，所以它必然要因着时代的变化而在内容、形式、审美等一系列方面呈现出新的理念。以《杀狗记》为例，无论是文本还是表演以及舞台呈现，都被创作者赋予了新的涵义。如前所述，文本上更加体现人情、人性，表演上更加细腻、精致，那么舞美的表现如何呢？笔者认为是现代与古朴交织、时尚与传统共在。比如剧的演出样式，道具简单、勾栏呈现，检场人灵活串场剧内剧外。演出一开始是乐队的逐一呈现，充满着庄严的仪式感，体现了回归，也融合了创意。这样看似矛盾体的两面集中在舞台和表演之上时，会给观众带来全新的审美体验。它甚至有一种引领性，引领着观众阔步向前的同时不忘回望，不忘根脉的意义与价值。

---

1 傅谨.我们如何失去了瓯剧[J].读书，2004(09)：61-67.

二、历史剧既要注重人文意蕴的审美表达，也要善于捕捉观众新的观剧诉求

历史剧是向"过去的时代"取材的艺术作品。回望过去，历史剧不仅在戏曲创作中占据着十分重要的地位，而且曾出现过一度的辉煌。特别是20世纪80年代，以"三驾马车"王仁杰、郑怀兴、周长赋等为代表的福建史剧的勃兴，以强有势的力度彰显了新编历史剧的磅礴之气与慷慨沉郁。进入21世纪，特别是近几年来，戏曲界越来越高度重视现代戏特别是现实题材现代戏的创作与演出，历史剧的数量和质量都呈现出不可与改革开放初期相媲美的"瓶颈"现象。艺术发展尤其离不开百花齐放的环境，不能少竞相争春的劲头。这就需要广大的文艺工作者尤其是评论者去审视在新的历史语境中历史剧的新动向，并分析这样的动向可能带来的新的艺术潮流或艺术隐患。

（一）注重人文意蕴的审美表达

近年来创作和演出的历史剧更加注重人文意蕴的审美表达。王新生创作的京剧《游百川》，既注重戏剧结构、戏剧冲突的铺陈与营造，也注重人物塑造时的内外对比和前后反差。特别是用唱段的方式去抒发人物的情感波澜与内心独白时，编剧渗透了浓浓的人文情怀，又通过"唱腔"这一独特的艺术形式很好地诠释了历史剧的人文素养与审美特征，这样的择取可谓既精准又得体，使得游百川这一人物的士大夫身份、文人心态以及执拗又挚诚的性格跃然于纸上，立在舞台上的"人"也便显得更加饱满和丰厚。刘兴会编剧的丝弦《大唐魏徵》，通过魏徵与李世民的几次"矛盾纠葛"，映现了一代贤臣的拳拳之心。

2017年7月，全国基层院团戏曲会演中，福建省福州长乐市大众闽剧团带来的闽剧《苏秦还乡》令人满怀期待又不负众望。作为地方戏，它以其独特的构思、戏曲化的艺术处理和好听好看的音乐与表演再一次证明了闽剧艺术的强大实力。题材上，苏秦的故事属于历史剧，甚至还可以说是一个历史正剧。一般的结构方式，多数编者会浓墨重彩于苏秦的智谋与雄略，似乎不如此不足以彰显苏秦这样一个历史人物的光辉。《苏秦还乡》偏不如此，它不仅几乎从未写苏秦是如何面对秦王、如何以雄辩之才赢得六国的信任，它甚至在诠释苏秦的治世之略时，用的是最朴素的生活道理——一个人一张口谓之"合"。一次吃面的机会，为了与家人共享那份相知相乐的幸福，他选择一双长筷子折成两截，当数根放在一起时，发现很难折断。这是一个任何人都可以理解的道理，却也是他合纵大略的本质。好一个删繁就简的主意！这样的解决方案看似戏剧化，但也未必没有它的

合理性。于是一切都迎刃而解。在处理家庭关系上,苏秦的故事已被《史记·苏秦列传》那洋洋洒洒的如椽史笔记录在了历史的档案里,其妻、其母、其嫂面对苏秦两次还乡时的不同表现,几乎已成历史定论。一个戏该如何取舍、剪裁,这是需要智慧也是需要才华的。编剧林芸生在这里用的是"分"的方式,一边是人性中的温暖和良善,另一边是人性中的缺陷和丑恶,还有兼而有之、侧而重之的灰色地带。用"具体"代替"一般",于是妻子周氏不下织布机的"微言",深蕴着宗法社会中一个女子的无限凄凉和迫不得已。这样的人物关系既符合历史的"定论",也合乎人之常情常理。其母、其嫂,自然是守财奴的一种代表,虽然是刀子一般的"口",老虎一般的"恶",但是在面对苏秦四散家财外出求学时,在面对苏代"偷"走盘缠资助苏秦远走他乡时,《苏秦还乡》与闽剧传统戏《苏秦假不第》的艺术处理有所不同,一方面在此处做了省略,另一方面以沉默代表着默许的方式意味着她们最终选择了接受现实,这是潜在的人性"善"的细腻表达,也是改编者创作初衷的得体反映。总之,在《苏秦还乡》的故事里,真切地描述了乡土世界里一个"人物"的成长历程。他既有个人的先天禀赋与喜好,但同时还需要正、反、合的较量与撕扯,越是逆境,越是能凸显出他所做的选择以及他所顽强坚持的东西是多么的不易。诚如司马迁所言:"苏秦被反间以死,天下共笑之,讳学其术。然世言苏秦多异,异时事有类之者皆附之苏秦。夫苏秦起闾阎,连六国从亲,此其智有过人者。吾故列其行事,次其时序,毋令独蒙恶声焉。[1]"太史公犹怜这样一个人物的处境,作为今人,林芸生编剧真的是站在新的时代立场上给予苏秦以生命、情感以及人性上的理解与同情。

在表演体系上,该剧照顾了小生、丑儿、青衣、老旦、白须老生、花旦、麻须老生、青须老生、小旦等不同的戏曲行当,并十分精彩地立定了人物精神。剧中小生苏秦(何祖龙饰演)、青衣周氏(徐赛华饰演)的唱、演俱佳,堪比昆曲一步一科的细腻。苏母老旦、苏父白须老生的插科打诨,使得剧目鲜活立体。这种不同行当在表演上的搭配,一如李渔在《闲情偶寄》中所云:"生旦有生旦之科诨,外末有外末之科诨;净丑之科诨则其分内事也。[2]"李渔这里所说的"科诨",指的是演员的表演动作,也包括剧本对表情、做工以及程式方面上的舞台提示。闽剧表演十分考究节奏、气息,艺术的气氛更强烈,表演的色彩也更浓烈。故而在越剧、粤剧、黄梅戏和花鼓戏等南方戏曲中,闽剧有一种特别的"劲道"之美。

---

1 司马迁.史记·苏秦列传[M].易行,孙嘉镇,校订,北京:线装书局,2006:310.
2 李渔.闲情偶寄[M].杜书瀛,评点,北京:学苑出版社,1998:134.

（二）善于捕捉观众新的观剧诉求

如果说历史剧一直有"大事不虚、小事不拘"的文本定位的话，那么在舞台表达上，历史剧则一直在不断调整以适应快节奏生活中的观众诉求。大舞台上的历史剧，越来越注重表、导、演、服、道、化的整体美，灯光的语汇呈现、环境烘托更是当下戏曲舞台不可或缺的重要组成部分。以38年前郑怀兴老师编剧的《新亭泪》为例，2019年岁末，中国评剧院又以评剧的艺术形式将其立在了舞台上，这一次的改编，特别强调了时长的改动，从鲤声剧团的近3个半小时改编成现在的2小时15分钟，这就特别关照了都市观众特别是年轻一代戏剧观众的观剧情绪，在最短的时间内说明事理并实现美的传递、艺术的整体表达。与大剧场的艺术表达相呼应的另一种艺术空间是小剧场，小剧场在历史剧的呈现中往往摘取一个片段或者选取一个核心要素进行重新演绎，但是它的类型更加丰富、样式更多元，调动的艺术元素、切入的艺术视角、聚焦的艺术核心、追求的艺术效果也更加独特、现代、创新和完整。2019年10月16日至12月31日，第六届当代小剧场戏曲艺术节中，历史剧的华彩不小，像京剧《思·凡》、粤剧《霸王别姬》、豫剧《南华经》等，都以全新的视角和别样的艺术表达崭新地演绎了艺术经典，这种崭新特别善于激活观众的审美细胞，给观众带来新的观剧体验和艺术思考。

仍以闽剧《苏秦还乡》为例，在人物设定上，该剧采用了删繁就简、悬念设置、情节移植等艺术手法，实现了叙事焦点的再造与转移。与同类题材如元杂剧《冻苏秦衣锦还乡》、明传奇《金印记》以及闽剧传统戏《苏秦假不第》等其他艺术文本相比，该剧的"三弟"苏代（李燕发饰演）是个很出彩的人物。行当上他是丑，人性上他是善，职业上他是农，表演上他是"人物"。除了剧情安排他自始至终的良善、正义与温情外，第五场"偷银"一出，几乎全靠做功，全靠表演来支撑戏的可看性是最令观众津津乐道的地方。新时期以来，戏曲发展面临很多危机，其中如何适应当下生活，如何打造好听好看、耐听耐看的好剧目，是戏曲人共同面对的难题。该剧的亮点很多，在笔者看来，其最大的亮点在于编导以戏曲的思维、剧种的思维构思全篇。正是在这样的思维下，苏秦三弟苏代的设置既合乎情、也正在理。第五场中"偷银"时所用的上楼、拨门、摸黑等程式，无一不是传统的，又无一不具有新意。同样，苏秦父亲（姚福建饰演）的形象也十分有戏。他是一个怕老婆的典型，他还有些懦弱，但却不失可爱；他的懦弱与"怕"有时候让人"哀其不幸怒其不争"，但他也自有他的道理在。于是他阳奉阴违、助儿"偷银"、资儿求学、调和纠纷……这样的人物在现实生活中更是不乏其人，所以这一人物形象有很强的艺术概括性，同时还积淀着一个地域、一方水土的生活智慧——弱者未必不是智者，强者未必都是赢家。

（三）积极调动剧种特色进行有效阐释

中国传统戏曲与国外戏剧的最大不同，是剧种的分殊。中国的戏曲艺术是融合了文学、音乐、舞蹈、美术、杂技、武术等多种艺术元素而形成的综合的艺术样式，其创作规律必然遵循复杂而又互相制约的诸艺术门类的艺术规律与艺术法则。因此，戏曲艺术本身拥有着综合而多面的审美价值，不同剧种的逐渐形成与发展正是戏曲艺术的一个重要特色。且不说铿锵激越与缠绵婉转的南北大差异，即使是同一个省、甚至同一个县，剧种的艺术差异也是十分鲜明的。这就是为什么当原有的莆仙戏《新亭泪》要改编成评剧之初，很多人抱有怀疑的态度；但与此同时，评剧《新亭泪》的成功，也得益于剧种意识的强化与有效阐释。所以当观众听到最润耳的唱腔时，不但不会产生违和感，反而会误以为这就是原创。当然，对于郑怀兴老师来说，他最能深刻体味两个剧种演绎出来的艺术差异以及不同剧种对文本艺术的激荡与挖掘。所以无论原创还是移植，剧种特色的有效阐释是激活戏曲深层基因的最好方式，也是经典被有效传播的最好办法。

当然，这些所谓的新动向，并非为历史剧所独有。事实上，一切的艺术样式，都必然要尊重自身的艺术特色。同样，在戏曲这种艺术样式的内部，现代戏、传统戏、历史剧都只是"类型"的区别，好坏高低不在于这个剧目属于哪一类，而在于艺术质量、艺术表达与艺术品位。新的历史语境中，历史剧更加注重思想性、时代性和剧种特色，这是艺术从业者的一种艺术自觉，有很多可以期待的新理念、新方法、新领域和新维度将会被拓展和运用，但与此同时，我们也要警醒那些为创新而创新、为丰富而拼凑的创作，电影《星球大战：天行者崛起》中，女主角自始至终只有一套白色的衣服，它或者崭新或者因打斗而破旧，但是它仍然能很好地衬托主人公的美以及她所经历着的事情，相反我们的舞台上经常有演员为换装而换装，实在是把心思用在了错误的地方上，这是需要引起我们注意的一个地方。

三、现代戏的意义既在于对传统的有效继承， 也离不开整体性艺术构思下的探索与创新

提起现代戏，河南豫剧院三团的光辉历史必然是绕不开的。然而仅仅有历史，并不意味着这个院团是有生机和充满活力的。相反，只有不断战胜自己、创作出优异作品的院团，才是为观众负责，对得起前辈艺术家的良性院团。河南豫剧院三团便是这样一个院团，从《朝阳沟》《刘胡兰》《小二黑结婚》到《倔公公与犟媳妇》《儿大不由爹》，

三、传承传播

再到《香魂女》《风雨故园》《村官李天成》《焦裕禄》……三团的作品层出不穷,并涌现出一代又一代、一批又一批的优秀艺术家。这些作品不仅数量可观,而且艺术成就上是丰硕的,艺术类型上也实现了不同程度的拓展和挖掘。此以近期三团推出的新作《重渡沟》为例,分析其在艺术探索上的新呈现。

(一)基于文本深度上的人物呈现

毫无疑问,豫剧现代戏《重渡沟》是一部现实题材新作。同时,它又是一部现实题材力作。为什么这样说,这主要得从"一剧之本"的决定性意义谈起。众所周知,现实题材是当下舞台艺术的主力军,其内容广泛、人物鲜活。近年来还出现一些鲜明的时代特征,比如多数内容涉及当下正在或已经发生的好人好事、真人真事、典型人物、模范事迹等。这些人物是我们这个时代的精神支柱,代表着时代的风向与力度,是值得书写也应该书写的重要戏曲对象。然而,不得不面对的另一重要现实是,这些真人真事、好人好事中的人物之所以伟大,主要在于他们的那种忘我的牺牲精神,他们的难处就难在一个人一辈子执着而顽强地干一件事,奉献一生的心血与情怀。而这样的故事如果不进行提炼和艺术加工,生活中催人泪下的故事一旦搬上舞台反而给人以假大空的感觉。这是一个现实题材戏曲作品不可回避的难题。深谙这一艺术真谛的编剧姚金成一直在探索自己克服艺术难题的路径,从《香魂女》《村官李天成》《焦裕禄》《全家福》《重渡沟》这些作品看,我们可以分析出编剧的苦心。即他不断尝试提炼具有鲜明时代特征和深刻内涵的矛盾冲突,在人物命运的困境中展示人物的情怀和精神高度。诚如其在《重渡沟》编剧感言中所指出的那样:"现实题材难写,难在如何在平凡甚至琐碎的工作和生活里发现诗意的闪光、感知人性的炽热、聆听大时代的潮声,而这些,又都必须化为舞台上扣人心弦的戏剧冲突和命运交响……"

《重渡沟》有别于一般现实题材作品的主要特征,在于其立体性的人物塑造。特别是主人公马海明的人物形象,是建立在"情理交织""人事交织""生活真实与艺术真实交织"的三重坐标里的深刻呈现。首先,马海明是一名基层党员干部——栾川县潭头镇副乡长。作为干部,他做事干练,思考问题不拘泥于眼前和当下,而是站在时代发展的高度和一地乡情、水土的事实上出举措、干实事。他选择旅游,不是拍脑子、不是唯上命,而是依靠自身所学、所见、所养成的知识与智慧,解困于乡民,解困于故土。其次,马海明虽然是一名党员干部,但并不是一个干什么成什么的完美英雄。他也曾犯过让群众刨掉红薯种烟叶的错误,结果"成车成车的烟叶卖不出去,烧火呛鼻子,沤粪不壮地,各家各户都赔惨了"。也正因为这次错误,该剧更加真实地反映出干事创业的艰难,也更加具有戏剧性地刻画了扶贫路上的坎坷与曲折。马海明的伟大正在于他的智慧、他的担当，他虽然犯错误但敢于面对、勇于改正、能够克服，所以他更是一个活生生的"人"。最后，也是最需要浓墨重彩的地方是选择贾文龙这样一位优秀的表演艺术家去完成对马海明的人物塑造。此次贾文龙对马海明的人物形象塑造，是在李天成、焦裕禄人物塑造基础上的干部形象重塑，也是贾文龙突破自身艺术创作上的"真""收""高"的再表达，所以人物的"精气神"格外突出。当然，贾文龙的"好"是戏曲界所共知的，他要嗓子有嗓子，要功夫有功夫，要拼劲有拼劲，要朴实有朴实的样儿。这是一个千里挑一的好演员，身上具有鲜明而感人的农民精神。剧中，他演的马海明就是那样朴实、那样干净，同时又是那样认真和执拗。观众会因为他的表演、他的唱，感同身受于马海明的痛与泪，这是贾文龙通过该剧带给观众的艺术魅力，是一种精神的洗礼与震撼。与之相得益彰的艺术塑造是三团在人物塑造上的巨大能力，其他演员的设置与表演均有可圈可点之处，比如反面人物赵老六的几个简单动作，一个口头禅"哎"一下子就被观众铭记。

（二）整体性艺术构思下的舞台调度

意大利著名批评家卡斯特维特罗曾说："欣赏艺术，就是欣赏对困难的克服。"其实不只是艺术，做任何事情尤其是做好任何事情，也一定是对困难的不断克服。河南豫剧院三团有光荣的传统、优良的作风，他们选择一次次突破自我，便是提升和实现艺术高度的路径。他们面对历史、面对现实、面对自身，不骄傲也不气馁，既承认艺术的难题也从未向困难妥协。于是他们能够一次次得到艺术的青睐，一次次斩获艺术的荣誉。而这些突破与斩获，不仅仅是三团自证能力的体现，也是艺术女神通过艺术规律向艺术人传递信息的体现。豫剧现代戏《重渡沟》的突破，肯定是得来不易的，因为这个题材的现实性，它就有一种一体两面的矛盾：好的地方是容易上接天线，困难的地方在于距离我们太近，太近的人与事容易让我们陷入其中而不能俯瞰、不能整体地看、冷静地看。因此，《重渡沟》的一次次修改、一次次拔升的艰难程度是可想而知的。但是观众通过最终的作品还是看到了它的好，尤其是音乐上的创新、人设上的搭配、喜剧色彩的探索等，这些都得益于《重渡沟》以整体性艺术构思统摄整个舞台调度的结果，是一种在艺术创作方面的超越。

所谓"整体性艺术构思"是指创作艺术作品时的全面性、系统性、有机性思考。这样的思考不是仅仅从文本或者表演的一重或几重维度来构思作品，而是站在历史和现实、思想和艺术、文本与舞台、戏曲程式与艺术表达的多重维度里统摄整个艺术作品。从历史与现实的角度看，豫剧《重渡沟》不只是一部戏，还是一种情怀、一个艺术开拓与思

三、传承传播

想表达的结晶体。对于主演贾文龙来说,前边已经有了《村官李天成》《焦裕禄》两部现实题材现代戏力作,《重渡沟》算是他"公仆三部曲"中的第三部。村官、乡官、县官三个中国最基层的干部群体,他们是和广大民众接触最多、传递我党政策最多的干部代表,最了解基层,也最能代表广大而深沉的中国。所以这样的人物塑造在整个现代戏的人物画廊里是很有代表性的,特别是剧中的表演,有继承、突破和超越的意义,是个值得深入挖掘的话题。从文本与舞台的层面分析,《重渡沟》在调度上有新突破。比如喜剧艺术的融入与探索、融知识型干部与担当型干部于一体的人物塑造以及新的舞台样式的探索性呈现等,这些都是该剧依托于剧本内容之上的系统而有机的表达。

(三)融技术于审美的新的艺术探索

艺术探索的路径和方法是无止境的。正因如此,更加彰显探索本身的重要性与可贵之处。回望改革开放40多年来,戏剧舞台上发生了天翻地覆的变化。其中最显著的变化有两个方面:一是演剧形态的变化,从广场到剧场或者说以剧场为主的演剧方式已经成为一个既定的事实;二是舞台美术的变化,从以写实为主的单一样式发展到写实、写意、写实与写意兼备、先锋、前卫等多元化创作方式。特别是随着科学技术的迅猛发展,戏剧舞台上的各式探索打开了一个令人无法估量的大千世界。面对拥有强烈综合性的戏曲艺术,有关舞台美术的呈现程度与艺术分析成为包括戏曲艺术在内的所有舞台艺术都绕不开的重要话题。这方面,《重渡沟》亦有自己的表达。

历史地看,河南豫剧院三团一直十分重视主创人才的可持续性培养,在编剧、导演、作曲、舞美、表演等方面培养了一大批优秀的艺术人才。以音乐唱腔为例,朱超伦、李仲党、汤其河、安之语、赵国安等人才辈出。这是一种良性的艺术创作之路,是值得肯定也应该继续发扬的优良传统。但也不可否认三团对全国优秀艺术和人才的好经验、好做法的吸收与借鉴。此次《重渡沟》的创排与演出,便是既发挥了优良传统,又借鉴了新的技术。导演张平执导戏曲艺术作品30年来,战绩赫赫、佳作迭出。代表性作品有《程婴救孤》《村官李天成》《王屋山的女人》《焦裕禄》《魏敬夫人》等,可以说张平导演是在沿着老师陈新理导演风格的道路上又开拓了新的艺术创作之路,这是他多年来不断学习、不断积蓄能量之后的艺术突破。所以他的剧不重复他人,也不重复自己。已经达到了一剧一品、一剧一格的高度与境界。《重渡沟》中,他对重渡沟的"美"的发掘和主人公马海明一样,有着超越一般人的非凡之处。所以,当马海明无意间跌落一个谷底时,他发现了世外桃源般的美的所在,这正是该剧在技术和艺术上的新突破,是很好地运用多媒体与舞台道具、现代舞美手段与灯光语汇的新的艺术探索。三团邀请到被业界称为"灯光诗人"的设计师周正平加入，这使该剧在舞美呈现上获得了一种新的表达，特别鲜明的技术手段的新应用在舞台上被强化了、渲染了，并且能让观众深切地体会到每次被技术渲染出的特定氛围，正是故事应该发展到那个高度和那个位移，恰到好处。

总之，戏曲艺术是综合性的舞台艺术，编、导、演、音、舞、灯、道、服、化等都有其不可或缺的重要意义。传统戏曲相对偏重编、导、演、音的意义，而对舞美呈现、灯光设计的关注却相对较弱。无论是《杀狗记》《新亭泪》《苏秦还乡》，还是《香魂女》《焦裕禄》《重渡沟》等优秀剧目，之所以能够获得观众的肯定和赞赏，主要在于这些作品既很好地继承了戏曲艺术的优秀本体，又贴合当下进行了合乎时代特色与观众审美的艺术突破。尤其需要强调的是，针对当下观众普遍拥有良好的教育背景，好的艺术作品必须在故事内在的逻辑性和人物塑造的丰富性上下功夫，同时，重视观演关系、舞美效果和整体性艺术构思的多维性表达。当然，这样的表达一定是在"人物"身上的，因为人物是作为非物质文化遗产的戏曲艺术能够活态传承的最大明证。

京韵大鼓代表人骆玉笙唱腔艺术传承探究

吕勇[1]

摘要：京韵大鼓代表人骆玉笙演唱时的润腔、吐字、气息的合理运用、唱腔的抒情性、真假声结合演唱等技巧值得学习、借鉴与传承、发展。通过传承骆玉笙唱腔艺术可以提升声乐教学的水平，推动声乐艺术的发展，为声乐学习者提供一份实用与学术价值较高的参考资料。

关键词：骆玉笙；润腔；吐字；传承

2008年11月4日，联合国教科文组织宣布正式设立《人类非物质文化遗产代表作名录》，名录中收录了教科文组织于2001、2003和2005年宣布的90项"人类口头与非物质文化遗产代表作"，其中包括中国的京韵大鼓、昆曲、古琴曲、二人台、河曲民歌等。京韵大鼓于清末民初形成并流行于北京、天津地区。由当时的鼓书艺人刘宝全等把原用河北语音演唱的木板大鼓改用北京语音演唱，广泛吸收京剧唱腔及北京流行的民间曲调创制新腔，并在木板大鼓原有伴奏乐器三弦外，增加了四胡和琵琶，形成了一直流传至今的京韵大鼓。京韵大鼓在全国鼓曲中，占有极其重要的地位。它是迄今曲坛上流派最多，曲目最丰富，群众基础最为深厚的鼓曲形式，被称为"曲艺之冠"。在由河北的木板大鼓衍化发展为京韵大鼓的半个多世纪中，先后出现过以刘宝全、白云鹏、张小轩、骆玉笙为代表的"刘""白""张""骆"等著名流派以及之后白凤岩、白凤鸣兄弟创造的"少白派"等。

刘派的京韵大鼓是以阳刚著称，抒情以"壮美"为特征，比较激情豪迈，擅唱金戈铁马的"三国"英雄侠义故事，如《长坂坡》等，即便是《大西厢》那种才子佳人的段子也唱腔激昂高亢。白派就比较平缓缠绵，特点是依字行腔，运用和缓、低回的唱法，基本不用高腔起唱，有别于刘宝全、张小轩之处。"白派"唱腔对字音的处理十分讲究，

---

[1] 吕勇：北京联合大学，副教授

注重声音高低的配合，字音强弱的变化，气口轻重的设置，特别善于演唱大段的排比句，句子虽多，但唱腔却不重复。张派嗓音宽亮，膛音好，代表节目有《华容道》等，在天津和东北各地拥有很多听众。"顿足跺台板，瞪眼胀红脸，击鼓打碎板，观众看直了眼"，观众称张派京韵为"花脸大鼓"，说明其演唱充满激情，一丝不苟，粗野中显气魄，高亢处见精神，成为与刘宝全、白云鹏鼎足而立的京韵大鼓一个主要流派。少白派是白凤鸣先生结合自身特点对刘派的发展，嗓音较宽，但调门较低。同一个段子，刘派唱的高亢激昂，少白派则苍茫悲壮。白派、少白派变阳刚为阴柔，抒情风格变"壮美"为"优美"。

  骆玉笙是京韵大鼓艺术流派中唯一的女性演员，于20世纪40年代逐渐形成自己独有的唱腔艺术特色。其风格浓郁，艺术成熟，世称"骆派"。骆派所追求的更多的是内在的表现：含蓄、内敛、深沉。骆派大鼓优美抒情，有着独特润腔技巧（与我国民族声乐润腔技巧近似），如"疙瘩腔""颤音"等，曲目中有大量的白口，近似韵白的说唱。骆先生嗓音条件特别好，声音跨度大，唱到高音处挺拔高亢，低音处低回婉转，发音清晰，是京韵的集大成者，还借鉴了京剧的板式技巧等等，演唱悦耳动听，华美清丽。"骆派"大鼓刚柔相济，壮美与柔美、优美共存，表现传统题材与表现现代题材相结合，标志着京韵大鼓已发展到成熟阶段。在表演上，"骆派"大鼓的最大特点是唱曲、唱情声情并茂。既有刘派大鼓的高亢奔放，又有白派大鼓的深沉委婉，确立了以唱腔与表演于一身，唱做结合，人格完美的女大鼓表演风范。

  骆派是唯一的跨越两个不同时代的艺术流派，也是唯一在中华人民共和国成立后成熟、完善的艺术流派。就其艺术本身，对骆派唱腔艺术进行研究具有重要意义。骆玉笙的演唱艺术博采众长，兼收并蓄，勇于创新，雅俗共赏。她创立了华丽委婉、优美含蓄、抒情色彩浓郁的"骆派京韵大鼓"艺术，以其甜美的嗓音、宽阔的音域、醇厚的韵味唱响津门，被誉为"金嗓鼓王"。骆派艺术成就是多方面的，而在音乐方面的贡献更为突出。《天津曲艺史》对她的风格特色概括为："歌唱性、抒情性"。综观她的全部演唱，特别是她的代表曲目，可以说她的唱腔风格以及演唱方法都有别于前人，异于他人的创造。

一、骆玉笙的润腔、颤音技巧值得借鉴

  "润腔"是我国民族民间音乐中的一种创作手段，指运用各种"润色因素"，根据指定的内容要求、风格要求，按一定的规律对音乐旋律加以艺术地润色。其功能有造成特定的风格色彩（包括韵味）；造成特定的表现效果（表情、表型）；在声乐作品中，还能帮助唱腔旋律完成"正词"任务和表达语调三方面。骆玉笙就善于运用"润腔"技

法装饰美化唱腔,同时辅助"字正"并因此形成自己独特的风格。比如骆玉笙归韵时,充分利用韵母的拖腔描绘形象,抒发情感,对人辰、中东韵带 n 或 ng 的韵母,往往用鼻腔哼鸣,发挥了鼻腔共鸣的深沉效果,腔正味浓。我们在教学生演唱声乐作品时,应借鉴"润腔"技巧。用润腔手段可以辅助"字正",这种方法在运用上是很广泛的。它对于字正的作用很大,有时起决定性作用。在我国戏曲、曲艺艺术传统中,创腔实践往往统一在一人身上,演唱者也往往就是创腔者,所以在这样条件下所产生的"字正腔圆"之论,也是兼而概括创腔实践和演唱实践两个方面的。因此,"字正腔圆"对于不同的实践方面,在具体含义上有所不同。但是就"字正""腔圆"的辩证结合关系这一规律来说,这两个实践方面是相通的。另外,骆玉笙自 20 世纪 40 年代中期开始运用"颤音"润腔,"上颤""下颤""微颤""大颤"很多,形成特有的风格。在唱到动情处时颤音处理更明显。她的颤音除在"4""7"两音上使用外,举凡曲目中动情处,不论什么音符她都能处理成颤音,真可谓"举重若轻,挥洒自如"。颤音修饰丰富了唱腔,表现了人物情感,使旋律委婉流畅,更富抒情感。如她演唱脍炙人口的《丑末寅初》,其中的"渔翁出舱解开了缆"这句,"渔翁出舱"四个字她使用颤音,非常优美、极具特点。她变铿锵为委婉,将"高亢"与"低回"融合成一个和谐的整体。而达到这种和谐的一个重要手段,正是她那优美的颤音。颤音不仅使她的唱腔细腻委婉,便于抒发人物内心情感;又使她那既能高亢峭拔,能低回婉转的声音变得更加圆润华美、晶莹明丽。可以说,颤音的合理使用是她对京韵大鼓音乐的一个创造,也是骆派京韵大鼓的一个重要特征。我们在教学生演唱诸如《我住长江头》《玫瑰三愿》《思乡》《阳关三叠》等中国古典艺术歌曲时,在动情处就可以借鉴骆玉笙运用"颤音"的润腔手段,来表现、抒发歌曲的意境美与人物的内在情感。如《我住长江头》中的"共饮长江水"一句,其中的"水"字(音)可以使用颤音处理,来表达思念战友但不能马上相见时的那份缠绵悱恻与无奈、惆怅。再如《阳关三叠》中的"西出阳关无故人"一句,其中的"人"字(音)如运用颤音处理,就能把友人分别时依依不舍、不忍分离的情谊准确、传神地表达出来。

二、骆玉笙的咬字、吐字方法值得后辈学习、传承

我国宋代卓越的科学家沈括在《梦溪笔谈》中记载:"古之善歌者有语,谓'当使声中无字,字中有声'。"意思是要把字融化在歌声中,即"声中无字";将字变成音乐化的有声字,即"字中有声"。就汉语来说,构成语言的每一个汉字,都由三个因素构成,即声、韵、调。声就是声母(音节开头的辅音);韵就是韵母(声母后面的部分);

调就是声调（音节中具有区别作用的音高变化）。歌唱者要会分辨"四声"，即"阴、阳、上、去"，即字音的高、低、升、降。中国文字是单音节的，一个字只有一个音。从发声器官的构造来看，字音只能是母音，或子音与母音的搭配。从唱的角度来划分，字可能由一个到四个部分组合成。这四个部分是：字头、介母、字腹、字尾或归韵。字头与字尾都是子音，其他都是母音。因此，在我们的文字里，子音有两种形式出现：介母、字腹和归韵。当我们说话时，没有必要考虑字是如何组合起来的；在唱的时候如果不把他们划分出来，就无法把他们交代清楚和完整，听的人就无法听懂唱的内容。所谓清楚是指子音着力点的准确性和母音的腔正；所谓完整是指一个字有几个部分就应该交代几个部分，没有的就不交代。因骆玉笙自幼习京剧，演唱过"二黄大鼓"，所以她的咬字、吐字方法非常讲究。她的演唱中，音符少时吐字干净，音符多而长时，拼合旧韵得当，并且喷口有力，所以声音传得远，观众听得清清楚楚。当行腔与字音、声调发生矛盾时，她会通过加装饰音来校正，以字行腔。当她吐字时，字头（声母）有力，字头经字腹到字尾的过渡、交代自然、圆连而不露太多处理痕迹。而我们很多学生演唱声乐作品时，只注重"声"，而不注意"字"。尽管有些学生的条件很好，声音很洪亮、高亢，但却让人听不清唱的内容，无法使人产生共鸣，更谈不上美的享受。像这种字音含混，字意不清就是我们常说的"音包字"。造成此现象主要是由于字头咬得过松造成。（还有的学生受方言影响，如"zh、ch、sh"与"z、c、s"不分，也容易导致字意的改变。）在这点上我们可以借鉴骆派咬字技巧，明确"咬字"是针对语言中产生子音（即字头）发音器官着力位置而言，而产生子音的发音器官包括唇、齿、牙、舌、喉五方面，这就是我们平时所说的"五音"，每个字的字头通过五音中某一部分的形态和着力来准确咬出。例如"花"字的字头为"h"，属舌面后音，是气流通过舌根部接近软腭处而发出的辅音。其次，要让学生掌握和遵循字头发音的原则，即字头发音要做到短而快，灵敏而干净利索。如果字头拖泥带水，就会影响母音的发送和歌唱的进行。如"花"字的字头声母"h"和后面的复韵母"ua"，前边"h"如果唱得时间过长，"花"字就会变成"喝""呜啊"。另外，字头的发音要肯定，是哪个声母就肯定地唱出这个声母，不要考虑共鸣而使声母含混不清。歌唱中的咬字要比普通说话夸张些，只有这样才能加强咬字时的气息力量与弹性，使气息准确输送到声母形成的着力点，使咬字与吐字清晰、明了。

三、骆玉笙唱腔对声乐教学的启发作用

"情"是歌唱的灵魂，歌唱是用人声来表达人类情感的一种方式。但光有正确的发声，

清晰的咬字和吐字还不够,要使歌唱动人更需要动之以情。骆玉笙无论演唱哪首曲目,都把"唱出情来"放在第一位。有了准确的定位,她就想方设法挖掘、处理段子里的每一处可以抒发感情的地方,并依此去润腔唱曲。自然也就有了骆派与其他流派的区别。在处理唱腔上她变刘(宝全)派高亢激越的半说半唱为纯歌唱;变"断"为"连";变过去京韵断续的唱法为绵延一贯。同时她还把平淡中见婉约细致的白(云鹏)派风格融于其中,发挥女声优势,以歌唱来叙事、传情。比如骆玉笙演唱的《丑末寅初》,其中的"直冲霄汉",她在"汉"字后面加了个"哪"字,声调向下,显示出柔婉且含蓄的特色,辅助她淋漓尽致地抒发感情。不仅如此,她还灵活运用不同的共鸣方法来变化音色和音量,用嗓合理,持久耐用;在发声效果上,她的高低音伸缩自如,穿透力强,在声音与其他歌唱手段的关系上,声随字发,声随腔行,以情带声,以声传情。她还特别注意气发丹田,上下贯通,气息充足,演唱时一气呵成。从中我们可以得到启发,那就是要教给学生歌唱更重要的是对声乐作品的理解和对音乐的表现,不是把声音唱得越大、越高才算好,而是能把适合自己演唱的歌曲发挥到位,并把歌曲的风格体现出来,这才是宗旨。歌唱时要用心去唱,要把情感唱出来,只有当"心灵"和"情感"到位了,歌唱的发声技巧就不难掌握与运用,气息也加深了,高音也就容易唱上去;歌唱时整个人全身心地投入,把激情发挥出来,这样才能打动人。

结语

骆玉笙的演唱之所以给观众以抒情性、歌唱性的艺术享受,听来华丽委婉、圆润多姿,其原因是她的音域宽、音质实、音色美、高音苍劲(指晚年成熟期)、中音圆润、低音浑厚(在女声京韵演员中颇为少见)。她既具有女高音的音域,又具有女中音的音色,这种声音条件,堪称得天独厚,这与骆老涉猎多种艺术形式、长期刻苦实践是分不开的。她吸收借鉴京剧的发声方法,充分运用丹田气及头腔、上腭窦、鼻腔、口腔、胸腔等共鸣,加剧了音的力度。真假声结合的混音和醇厚优美的低音是骆玉笙的显著标志之一。她演唱的高音也很讲究,在20世纪30年代有"金喉歌王"的美誉,当时她运用的完全为真声;晚年运用真假声结合,在换声区过渡自然。这对于声乐界来说也是难能可贵的,对我们的声乐教学与演唱都很有启发,也更值得我们研究、学习与借鉴。

骆玉笙所创造的"骆派"是跨越两个不同时代的艺术流派,她在新的形势下,更加着力进行改革、创新,紧跟时代的步伐,使京韵大鼓这一极为完整又相当凝固的鼓曲形式,在表现新生活方面,做出了新的尝试,并取得一次又一次的成功。同时,使骆派艺术的风格更为浓郁,更为成熟,成为最受观众欢迎的一个流派。在现今,学习骆派唱腔艺术、传承京韵大鼓这样优秀曲种的唱腔技法与手段,是很有意义的一件事。

参考文献

[1] 于会泳. 腔词关系研究 [M]. 北京:中央音乐出版社,2008.

[2] 应尚能. 以字行腔 [M]. 北京:人民音乐出版社,2004.

民间陶瓷技艺的"消亡——复兴"

——以邛窑古瓷烧造技艺为中心的讨论[1]

吴秋雨 张祖群[2]

摘要：中国古代名窑都在时代的更替中进行"衰落—复兴"的生命周期。在梳理典型中国古窑址、古陶瓷基础上，以传统工艺的"消亡—复兴"为视角，以邛窑古瓷烧造技艺为中心，探索传统工艺再复兴。从传承人时序与传承人本身来对比分析不同瓷窑烧制技艺，从窑址出土地、文化传承、设计艺术美学、设计教育四个角度分析了邛窑古瓷烧造技艺的复原途径。研究认为：（1）已经消亡的传统技艺复兴是现代社会走向文化复兴的必然选择。地方遗址公园的空间定位与价值取向要求邛窑古瓷烧造技艺传承人应该立足于恢复、传承、传播、分享其传统工艺本身。（2）传统工艺的复兴要根植传统，面向未来，深入挖掘传统工艺中价值与精神。

关键词：民间陶瓷；传统工艺；文化复兴；邛窑古瓷烧造技艺

一、研究综述与视角

（一）研究综述

中国是一个历史文化大国，广袤的大地上承载着悠久的文明与古老的技艺，但因为一些不可控因素，例如战争、自然灾害等，许许多多的传统工艺在岁月中消失，例如本

---

1 北京理工大学研究生教育实践改革重点项目《设计艺术学（文化遗产与艺术创新方向）硕士生教育"三位一体"综合改革探索（2020SJJGG005）》；2019 校级教育教学改革专项——"以学生为中心"专业建设与培养模式改革项目《基于学生主体的精益课堂理论建设与实践探索——以环境设计（文化遗产与现代设计方向）本科专业为例》、2020 年校级教育教学改革立项项目《美育与专业教育有效融合：困境、改革和创新》、2020 年校级研究生教育培养综合改革项目《以学生为导向的研究生培养模式：精益课程、理论素养与综合实践——以设计艺术学（文化遗产与艺术创新方向）为例》课题成果之一

2 吴秋雨：北京理工大学设计与艺术学院硕士研究生
张祖群：北京理工大学设计与艺术学院文化遗产系副教授、硕士研究生导师

文中重点分析研究的陶瓷技艺领域的钧窑、定窑等。川蜀地域的邛窑烧造技法也曾短暂地失去了传承。伴随着新中国的成立，中国社会主义体制逐步完善，中国特色社会主义文化的不断发展，近年来许多领导方针、政策都在大力提倡发扬优秀传统文化。因此传统工艺作为传统文化中重要的组成脉络之一，得到了重视与传承发扬。

中国陶瓷历史源远流长，是世界上最早出现陶器的文明古国之一，同时也是瓷器的诞生地。瓷的生产离不开烧制的窑穴。自宋代起始有五大名窑之说，而在宋代之前，西蜀之地曾诞生了一支庞大的窑系，起始于南朝，经过隋朝发展、唐朝兴盛繁荣，于宋元没落，这就是邛窑。现在政府对于古窑址的保护不断加强，邛窑古陶瓷烧制技艺也得以复兴。曾经的邛窑在繁荣昌盛、文化多元交流的川蜀盆地连续烧造长达8个世纪之久，主要生产青瓷、高温乳浊绿釉、高温三彩釉等。邛窑古陶瓷烧制技艺十分成熟，其中古陶瓷类型包括日用器、陈设器、建筑构件等多种形式，器物造型明确，色彩独特，文化底蕴深厚，在中国历代陶瓷的发展历程中占据着重要的地位。其烧制技艺精美绝伦，今天大家耳熟能详的长沙窑、岳州窑都与邛窑有着密不可分的联系，然而伴随历史的发展，邛窑在南宋时期走向衰退，遗址发现时间较晚并且在挖掘前遭到过严重的破坏，而现今保护遗址的过程中也存在诸多问题。

目前学术界关于古陶瓷的研究，落脚点始终是在瓷窑的技艺复兴上。例如张夫也在《元明青花瓷纹饰中的外来文化影响》（收入《"岁寒三友——诗意的设计"》，2014）一文中阐述了元明青花瓷装饰纹样在发展过程中"古为今用、洋为中用"的历程。方李莉的《新工艺文化论》分析了整个传统工艺文化在现今社会的语境变化，再从多篇以景德镇为代表的田野考察报告中了解个案的发展情况。此外，大量的文献材料对不同地域的瓷窑工艺进行了分析，例如《当代定窑的复兴之路》（王焕，《中国艺术时空》2016年第2期），《名窑复兴时期中国定瓷之父：陈文增传》（朱红赤，中国青年出版社，2019年）讲述定窑传承人成长为一代宗师的传奇，《钧窑瓷鉴定与鉴赏》（赵青云，赵文斌，江西美术出版社，2000年），《钧窑三问——论钧窑研究中的几个问题》（《故宫博物院院刊》2002年第5期）对定窑钧窑的复兴历程以及复兴历史中的关键人物都有了一定的分析。其中《关于手工技艺类非物质文化遗产的保护范式的思考——以"邛陶烧造技艺"的保护为例》（《四川省干部函授学院学报》2013年第2期）、《论邛窑装饰技法在现代陶艺中的运用》（李玥样，四川美术学院2017年硕士学位论文）等相关文献，极大帮助了笔者对邛窑在现代的发展与工艺复兴现状的研究。

（二）"消亡—复兴"视角

邛窑古陶瓷作为中国最早的彩绘瓷器，历史长远、产量丰富。既承载着千年以来西蜀地域的民间文化底蕴，也蕴藏着其独特的烧造艺术，是中国古陶瓷史上的重要一脉。因此生产邛崃古瓷的窑包也具有重要的历史记忆与历史价值。郑建明在《21世纪以来唐代高温加彩瓷窑址考古的新进展》（《文物天地》2019年第1期）中认为：所谓邛窑其实是"邛崃窑""邛州窑"的简称，并非某一处单一的窑址地，而是包括邛崃境内文化属性一致、陶瓷烧制方法、工艺技术相似的境内窑包，是每个窑与窑之间前后承袭、相互影响，彼此联系紧密，具有文化传承性、连续性的古瓷窑遗址的总称。

邛窑发现的时间较晚，学术界进行考古调查时已经发现大量邛窑产品流失、窑包遭到损坏。经过初步发掘保护后，现今大部分邛窑出土物被完好存放于当地博物馆中。笔者在考察的过程中，与邛窑古陶瓷技艺第三代传承人何丹大师进行了交流与访谈，了解了邛窑烧制技艺自20世纪30年代至今的复兴历程以及此传统手工艺及其传承人的现状。经过调查现在其他古陶瓷技艺不同程度的工艺复兴境况，这样复兴的失传技艺是否有价值？是否与原本的陶瓷器物一模一样？技艺的复兴方法是否合理等都是需要时间深入研究证明的问题，也是本文研究的意义所在。

二、邛窑古瓷烧造技艺的复原与当代复兴

（一）技艺复原的背景

邛窑古瓷窑烧制技艺属于我国传统工艺美术，随着国家经济的进步社会的发展，传统工艺美术也越来越受到重视。工艺美术界众多工艺开始进入复兴蓬勃发展的新阶段。然而，在感叹我国工艺美术发展迅猛的同时也要思考一些问题，在这些许许多多的工艺美术作品里，不尽如人意的作品并没有得到正确的指导与客观的批判。一些复兴技艺的工艺美术作品存在着文化精神虚无化、奢侈化、高度商业化、极端功利化等一系列问题。[1]因此在传统工艺美术文化复兴的同时也需要注意到这样潜在的问题。传统工艺美术的复兴是一项漫长又艰巨的伟大任务，关乎民族自信、文化自信，因此在复原传统工艺技术、复兴工艺美术产业时不能被商业经济的浮躁所干扰。

---

1 张夫也.关于传统工艺美术保护与发展的思考[J].创意设计源，2009(2)：6-9.

表 1 邛窑古瓷的发展时序与艺术特征

代表窑址名称	烧造年代	艺术特征
青羊宫窑	东晋	灰白、紫、淡红色三种，紫色和淡红色胎体较粗糙、疏松，瓷化程度较低。
固驿瓦窑山窑	南北朝—唐初	装灰白少见、青中泛白。
大鱼村窑 1 号窑址	隋—中唐以前	釉料色彩以青瓷为主。
大鱼村窑 2 号窑址、3 号窑址	初唐—中唐	出现青蓝色、灰绿、黄绿色的胎质。
尖子山窑	盛唐	灰白、青绿色瓷器增多，色彩明显丰富。
十方堂窑 3 号窑包	五代—北宋早期	出现彩绘纹样。
十方堂窑 5 号窑包	五代—宋	纹样色彩开始以具象图形为主，色彩丰富。

邛窑古瓷在历史上烧制时间持续了 8 个世纪之久，是西蜀地域一支璀璨的艺术奇葩。依据古陶瓷专家陈丽琼、陈显双以及《邛窑古陶瓷研究论文资料选编》（邛窑文物管理所编印，2001 年）中梳理：最初南朝的邛窑作坊规模有限，所产出的日用器物不多，早期邛窑陶瓷艺术装饰比较简单，大多瓷器以单色釉料装饰为主，少部分器物上有弦纹、褐斑点彩等。初期邛窑烧制的工艺水平普遍不高，直至隋唐时期，邛窑陶瓷的烧制技艺才有了显著的提升，邛窑陶瓷有着一个显著的特点：粗瓷细制，邛窑瓷器的原瓷土普遍粗糙，因为地域限制的系列原因，生产邛窑的原产瓷土含铁量较高，烧制出来的成品较为粗糙，并且无法呈现出出彩的釉色与质地，因此智慧的古人采取精细的烧制打磨，在瓷器胎体的外沿细细地填充一层白色的化妆土，这样烧制出的邛窑表面洁净，能恰到好处地掩盖住胎体内部粗糙的瓷质，最终呈现出的陶瓷十分有光泽，细腻美观。因此这样的材质与制作也成就了邛窑陶器的一大特色。

（二）技艺复原的途径

第一，从不同窑址地出土的邛窑古陶瓷来看，不同时代陶瓷产出有高端、中端、低端差异。高端的陶瓷使用的原土更加精良细腻，烧制工艺也更加成熟，是当时上层社会所使用的器物。而中低端的陶瓷产品更加大众化、更加普遍。从发掘出土的邛窑陶瓷可以直观反映出当时社会不同层级人们的经济能力、购买能力，侧面了解古代人们的社会生活。邛窑烧制的窑包多以斜坡长形的龙窑为主，烧制的原材料以木柴为主。邛窑发展至唐代时期，其烧制技艺已经相当成熟，当时已开始使用圆筒式匣钵，从一匣钵残片上有"贞元六年润"可证明唐时已普遍使用。匣钵的使用，使得邛窑产品的质量得到极大的提升，避免了烧制过程中瓷器表面颗粒、气泡的出现，使产品着色稳定，表现力大大加强，这都是使邛窑产品得以名扬天下的重要条件。1 邛窑三彩是邛窑古瓷出土器物类型中最具代表性、最出名的器型之一，与唐三彩的烧制温度不同，烧制邛窑三彩时，所需温度要达到1200℃之上，远高于唐三彩的温度区间。邛窑三彩烧制的釉料是石灰釉，主胎体用氧化铜着色，进行彩绘图案的装饰之后，在高温长时段的烧制下，最终呈现出邛窑高温三彩釉。

第二，从传承的角度分析，邛窑近代的复兴是一个漫长曲折的过程，技艺的复兴从来都离不开传承人的坚持。近代邛窑唯一古法传人是何平杨先生。邛窑古瓷烧制技艺在宋代衰亡，明清两代都没有恢复。邛窑的近代工艺复兴要从1973年一位叫康兆铭的民间艺人说起，虽然邛窑已经失传了几百年，但他坚持开始重新生产邛窑，还原邛窑技艺烧造。此时的何平杨只有二十岁，因为有出色的美术功底，此后跟随康兆铭成为当时邛窑厂的首批窑工。邛窑窑厂渐渐发展，厂内窑工越来越多，鼎盛时大约有一百多人，其中有著名的邛窑古陶瓷收藏家尚崇伟等人。但是好景不长，1999年邛窑陶厂改制，多数窑工离开，从事别的行业谋生，只有何平扬师傅坚持了下来。他在自己家中十来平方的地方研制邛窑，回忆起当时的情景，何平扬先生仍记忆犹新，他说："当时没有任何一个人知道邛窑的烧制技术，我们只能拿着出土的邛窑残片，一边烧一边比对。"他将二楼改成邛窑拉坯工作间，因为不懂材料化学，对于邛窑的技艺烧造全凭细心的观察与不断失败中的经验对比。前往何先生家中参观时，还能看到许多邛窑的工艺品、半成品，其中包括生活器具、装饰艺术品等等，满满一屋子的邛窑古陶瓷承载着何先生对邛窑的喜爱。值得惋惜的是，何先生去年已离开人世，但值得庆幸的是，他的儿子何丹先生已熟练掌握了从练泥、制坯到上釉、烧瓷的整套工艺流程，能独立进行雕塑设计，创作烧制新作品，其作品多次获得省级以上奖项，并于2005年被评为四川省工艺美术大师荣誉称号。何平杨师傅门下的几个徒弟也逐渐成长起来。在与何丹先生的交流过程里，了解到他制作邛窑的现状，一般是在家中拉坯制作，做好几十个样品后，一起寄往现代化的窑厂烧制，一般多为电烧或气烧。自2010年之后，邛窑的状况好了很多，因邛崃市被评定为"西部国家生态文化旅游融合发展试验区"，让邛崃"文化创新引领"工程进入了一个崭新的阶段，从而真正开始了打造邛窑特色文化品牌的道路。在这之后的邛窑总算被更多的人所熟知、了解。何丹先生平日里有了与企业合作的机会，订单多用于公司对客户的赠品。有了资本力量

---

1 王崇东，何毅华.邛窑陶瓷艺术的语言特点[J].中国陶瓷，2010，46(5)：84-88.

的推动,邛窑古陶瓷的技艺传承困难似乎得到一些缓解,何丹先生在邛窑遗址公园正式开放之后,在园区内也有了自己的工作室,有机会便招收学工,传承邛窑技艺,进一步传播邛窑文化,为遗址公园增添新唐风邛瓷文化艺术品。与何先生的交流中,他希望可以和四川内部一些高校展开合作,把充满地域文化的邛窑与现代高校艺术教育结合。何先生最后说:"目前邛窑的生存条件还是很艰难,希望邛窑能够走出邛崃市,走向世界。"

第三,从设计艺术的美学角度来看,邛窑出土的众多工艺品是推陈出新与文化融合的产物。在漫长的岁月中,瓷器不断推陈出新,蕴藏着中国人传统的审美意识、伦理道德、文化历史与精神情感,同时又融合了来自西方的艺术设计思潮。邛窑的装饰工艺从整体上讲可大致分为三个具体方面:分别为胎、釉、彩三种方法,或者单独使用,或者两两、三种互相结合使用,幻化成无穷无尽的瓷器装饰。早期南朝生产出的邛窑瓷器釉料变化比较单一,多数器物胎体以单色青瓷为主,直至隋唐时期烧制水平逐渐成熟,制出的胎体更加完善美观后,窑工们的技艺重点逐渐从材质、烧制、外形上转移到对器物的装饰审美上,出土的大量瓷器上不难看到多样的平面图案、文字装饰等。因为邛窑窑系范围很广,出土的陶瓷器物中大多以蓝、绿、青、褐为主要颜色,延伸出的装饰纹样还有联珠纹、套圈纹、花卉纹、草叶纹、圆纹,以及釉下褐、绿、黄斑纹等。邛窑陶瓷烧制时间久远,一直持续不断,其所在地的浓厚地域文化、民族文化对它的艺术表达产生了重要的影响。例如在许多出土的邛窑瓷器上能清晰地看到"邛""蜀""临"等字的装饰,隋唐时期的图案装饰变化更加丰富,更加多样,其中广泛应用印花、划花、贴花、釉下彩绘、彩点、彩斑、弦纹、附加堆纹等。

邛窑陶瓷的色彩艺术已是十分考究,从部分出土陶瓷碎片的截面可以看出,邛窑在烧制的过程中不单单用釉料平涂作为装饰效果,个别邛窑陶瓷在白色化妆土覆盖表层后,先涂上一层透明釉,然后再在其基础上进行彩绘,邛窑彩绘的手法也十分丰富,从整体上可分为点彩、斑彩、绘彩、划花填彩、釉绘彩等几种。点彩顾名思义就是将颜色在胎体上进行点缀装饰,多在器物的边沿、手柄上,在整体的彩绘装饰中不占据主体成分。斑彩与点彩有一些相似,但具体的彩绘形式有区分,斑彩通常用蓝、绿、褐色对胎体进行装饰,与点彩大同小异,在许多陶瓷体上能看到点彩斑彩混合使用的方式。绘彩则是在胎体表层的釉料上进行具象描绘,多以植物花卉纹样为主体,例如兰花纹、卷草纹、莲花纹、水草纹等,不用细致描绘刻画。划花填彩是指胎体上绘制人形、鱼纹、凤纹、龙纹以及其他植物类纹样,在普通绘彩的基础上更加复杂化,在一些大型的胎体装饰上十分常见,往往用于一些大型的瓶身、盘底、盆底等主要部位,主体装饰物大气鲜明,与其他色彩慢慢融合延伸,再加上点彩与斑彩的装饰,使个胎体装饰富有层次、色彩明亮、主次分明。釉绘彩的特点在于用釉料对胎体进行装饰绘制，根据出土邛陶的装饰变化能够判断，这种彩绘装饰方法初始于五代，在两宋时期盛行，是一种通用的陶瓷上釉装饰方法，除了在邛窑窑系十分常见之外，在四川其他诸多窑系也能看到釉绘彩的使用。

第四，从设计教育的角度来看，将浓厚的地域工艺美术文化与高等院校的设计艺术教育展开合作的方式，也是传统工艺复兴的一大途径。中国高校的艺术设计专业脱胎于传统的工艺美术教育，但与传统艺术又有着千丝万缕的联系。从20世纪70年代末开始，欧美及一些发达国家的教学理念和方法引入中国，随着社会发展，高校设计艺术教育系统也逐步完善。近年来，越来越多的高校艺术教育更加注重艺术的实践体验，不再是单纯的书本理论知识输出，而是更专注于学科的实践体验教学，并开展了许多相关合作性课程，例如北京理工大学的陶瓷艺术文创设计项目、清华大学美术学院生活陶瓷创新设计等学术实践活动项目。与高校学生开展合作教育有利于加深学生对传统文化艺术的了解认识，能够提高高校学生视野、激发学生兴趣，同时又有利于传统文化艺术的传承发展。邛窑技艺具有显著的地域性、民族性，是一代又一代手艺人的智慧结晶，将地域的文化优势与高校艺术设计相结合能在教育上达到事半功倍的效果。2009年邛窑与北方工业大学艺术设计学院开展合作，学院老师带领工业设计陶瓷设计专业的学生前来实地考察，欣赏博物馆中的每一件邛窑器物、参观邛窑古瓷窑遗址、与园区内工作人员展开交流，感受当地历史文化并进行思考。此次交流是邛窑首次与高校合作，是邛窑文化与高校实践合作交流的良好开端，高校学生深入当地进行文化研究有利于推动学校艺术课题成果化、学校艺术教育多元化。邛窑应加强与本地高校的合作研究，与院校建立紧密的学术交流通道，让更多的大学生有机会了解邛窑历史、了解邛窑传统工艺、并实践体验，紧密不同学科、不同领域之间的联系，传统的邛窑与现代设计艺术学科不断交叉产生新的创新动力。除了与高校艺术教育领域合作交流之外，还可以在一些高校开展人文讲座，请何丹师傅进行邛窑科普，与学生进行面对面学术交流，普及邛窑文化。综上与高校合作方式如下：（1）紧密相关学科开展相关课题的实地调研与学术交流。（2）与高校开展合作项目。（3）前往高校置办宣传科普讲座。如此与高校加强紧密合作所产生的文化力量能帮助地方经济发展，推动文创产品的新开发、新研究，为邛窑文化的发展输入新鲜人才，推动当地文旅事业的发展与繁荣。高校现代设计艺术教育与传统文化实践交流合作产生的是一加一大于二的效果。

（三）民间陶瓷消亡技艺的当代复兴

在当代的社会中，许多传统手工艺正处于濒危的境遇，不再具有特殊的实用性，有的失去了不可替代的价值，有的正在失去传承。有一些历史上已经消亡的手工艺正在被慢慢复兴，例如传统的定窑工艺、钧窑工艺、建盏工艺等等。曾经消亡的原因诸多，有的手艺在改朝换代时间断，有的手艺因为缺失原材料而衰亡，有的手艺则没能扛过历史上战争的冲击。种种原因让我国很大一部分传统工艺在历史的发展中消亡。

表 2 四种陶瓷技艺的复兴对比

	相似境遇	复兴核心要点
邛窑		民间传承人
定瓷	王朝更替走向衰落	研究人员
钧瓷		研究传承人
建盏		日本研究人员

邛窑、定瓷、钧瓷、建盏都是中国古代名窑，相似的困境都是在时代的更替中逐渐走向衰落。其中定窑和钧窑十分相似，在北宋末年走向衰亡。四者的当代复兴也有着许多共同点：首先是得力于现代针对工艺美术保护、工艺美术复兴的一系列政策号召，使得这些濒危的传统工艺重建希望。其次是偶然也是必然，四种工艺在发展到一定阶段出现了精通这门技艺的人，也就是所谓的传承人。这四种瓷器工艺比较起来，邛窑的名气远不如其他三种名窑，这与瓷器所在的地域和复兴历程都有关联。四者不同的是，邛窑古瓷的技艺复兴有着民间传承人的努力，定瓷、钧瓷都有相对更专业的人士进行复原研究，而最初复兴的建盏技艺则是日本人完成的。人与文化工艺是相互成就的，在差不多的大背景下不同瓷器的复兴发展也各有差异。今天来看，邛窑的复兴产业是不如定瓷钧瓷完善的，邛窑消亡的时间更长，又深居内陆，在古代就没有如定瓷、钧瓷一样开展贸易往来，因此邛窑工艺文化复兴的历程还需继续前行。

三、结论

（一）基本结论

已经消亡的传统技艺复兴是一个时代发展的趋势，是现代社会向前走的必然选择。根据调查研究，现今的工艺复兴再难达到原本技艺的水准，虽然现代手工艺恢复的本质是技法的复兴，但伴随着技艺重现的是生产的过程、产业再现、一方名瓷的再生。这些都是文化复兴的统筹现象。尽管在纯技艺上无法到达曾经的高度，但笔者认为这样对传统技艺的复兴是十分必要的，陶瓷技艺的再复兴丰富了多彩的中国当代陶瓷艺术，为陶瓷的研究提供了更加多元的艺术价值，从宏观上看能对现代文化的发展起促进作用。

邛窑古瓷烧造技艺的基本复原，是通过传承人的努力和国家政策的扶持，现在邛崃当地出现了集中的邛窑遗址文化展示园区：邛窑遗址公园，并设置了博物馆、展览园、体验馆等多功能体验馆，向前来的大众更加清晰地展示邛窑文化。遗址公园的空间定位与价值取向表明，邛窑古瓷烧造技艺传承人在这里主要做的工作就是恢复、传承、传播、分享他的传统工艺。

邛窑偏于一隅，走出西蜀之地、走向世界还需要一段很长的时间，仅是技艺的复原是远远不够的，庆幸的是邛崃市政府、邛崃文保局已经有意识地对邛窑未来的发展进行规划。

（二）研究讨论

日本的传统工艺都是家族传承，以"人间国宝"为代表的工艺美术大师都在做保护环节的专门研究，以工艺美术师和设计师合作完成工艺美术创新，两者之间的界限比较分明1。苑利、顾军也多次呼吁，要将非物质文化遗产保护与非物质文化遗产的创新分开，不要混淆两者之间的使命2。传统工艺的复兴要根植传统，面向未来，深入挖掘传统工艺中的价值与精神。

传统工艺的恢复与文化创新发展，能够刺激地方经济、文化产业、城市IP的特色发展，不断开拓文创产业的发展，提高人民的文化自信。文化发展的道路离不开物质载体的依托，消亡工艺复兴的现象既是现代市场的选择。邛窑古瓷烧造技艺的复兴发展能够促进邛窑文化IP的打造与发展。打造邛窑文化品牌是一个漫长的过程，是多方协助、相互协调进步的结果。邛窑古瓷烧造技艺的恢复与现代文化产业、邛窑文创事业相融合，经过长时间的探索发展，逐步融入城市文化，结合现代生活，打造出城市文化IP，最终能够使生产者、消费者、使用者产生一致的文化信念、文化认可、文化共鸣。传统消亡工艺复兴发展是时代的必然选择，而复兴工艺所能到达的高度则是一个未知的偶然。对于未来希望有更多的传统文化、传统技艺得到重视，对于不同领域的文化发展、传承创新，

---

1 张夫也，袁园，冯晨.感化生命 呼唤灵魂——张夫也的传统手工艺传承拓进之思[J].民艺，2020，（2）：36-39.
2 苑利，顾军.非物质文化遗产保护的十项基本原则[J].学习与实践，2006，（11）：118-128.
3 苑利，顾军.传统工艺技术类遗产的开发与活用[J].民艺，2018，（1）：22-27.

这样的传统工艺复兴有着至关重要的作用，工艺的复兴不再局限于传统的技法本身，复兴带来的更多的是文化产业延续、区域经济发展，是文化产业创新转型发展的关键内核。因此对于消亡工艺再复兴是一种必然的时代选择。